本书为安徽理工大学高层次引进人才科研启动基金资助项目
"《三体》系列英译研究"（批准号：2024yjrc31）
最终研究成果

古典传奇与未来探幻

《射雕英雄传》与《三体》英译研究

Classical Legends and Futuristic Fantasies: A Study of English Translations of The Legend of the Condor Heroes Series and The Three-Body Problem Series

邓高胜 ◎ 著

 四川人民出版社

图书在版编目（ＣＩＰ）数据

古典传奇与未来探幻：《射雕英雄传》与《三体》
英译研究 / 邓高胜著 . -- 成都：四川人民出版社，
2025. 4. -- ISBN 978-7-220-13931-4

Ⅰ . H315.9；I207.4

中国国家版本馆 CIP 数据核字第 202558EC89 号

GUDIAN CHUANQI YU WEILAI TANHUAN:《SHEDIAO YINGXIONG ZHUAN》YU《SANTI》YINGYI YANJIU

古典传奇与未来探幻：《射雕英雄传》与《三体》英译研究

邓高胜　著

出 品 人	黄立新
责任编辑	王定宇　蒋东雪
封面设计	廖小源
内文设计	李其飞
责任校对	李隽薇
责任印制	周　奇

出版发行	四川人民出版社（成都三色路238号）
网　　址	http://www.scpph.com
E-mail	scrmcbs@sina.com
新浪微博	@四川人民出版社
微信公众号	四川人民出版社
发行部业务电话	（028）86361653　86361656
防盗版举报电话	（028）86361661
照　　排	成都木之雨文化传播有限公司
印　　刷	四川机投印务有限公司
成品尺寸	170mm × 240mm
印　　张	15.5
字　　数	237 千字
版　　次	2025 年 4 月第 1 版
印　　次	2025 年 4 月第 1 次印刷
书　　号	ISBN 978-7-220-13931-4
定　　价	68.00 元

学者点评

（以姓氏拼音为序）

  《古典传奇与未来探幻：〈射雕英雄传〉与〈三体〉英译研究》对《三体》系列的英译进行了深入的研究。通过分析副文本、科技术语以及资本视角下的海外评价与接受情况，书中揭示了《三体》在英语世界的传播和影响。该书通过构建"翻译—传播—接受"的全链条分析框架，深化了中国文学外译研究，在实践层面为中国文学参与全球话语体系建构提供了学理支撑。

——陈婷婷（安徽大学外语学院教授、博士生导师、博士后合作导师）

  通过综合运用文本分析、读者反馈和市场数据等多种方法，该书全面分析了《射雕英雄传》《三体》两部作品在英语世界的接受和影响。书中不仅总结了成功的翻译和传播经验，还提出了对未来跨文化传播的有益建议。这种整体的综合分析为中国文学的国际传播提供了理论基础和实际操作指南。

——陈文（湖南大学外国语学院博士）

  本书以《射雕英雄传》《三体》为经典样本，立体解剖中国文学外译的文化转码机制。研究通过武侠与科幻的互文性解读，呈现两种文化转译范式：张菁对金庸武侠的"文化意象重构"使"侠义精神"突破语言藩篱，周华对《三体》的东方宇宙观植入则重构了西方科幻话语体系中的文明认知坐标。二者共同演绎了中国叙事从被动阐释到主动建构的质变——前者通过武侠符码的再生确立传统文化解释权，后者借科幻概念的跨域旅行争夺未来话语权。

研究尤其凸显译者的主体性突围：无论是武侠翻译中的隐性介入策略，还是科幻转译时的文化反哺现象，均彰显中国文学从"走出去"到"走进去"的深层变革，为文明互鉴提供了动态双文本研究模型。

——邓世平（南京大学大学外语部副教授）

《古典传奇与未来探幻：〈射雕英雄传〉与〈三体〉英译研究》系统地介绍了中国当代文学"走出去"的背景及其重要性。书中详细分析了《射雕英雄传》和《三体》在英语世界的传播路径与接受情况，揭示了中国文化在全球范围内的影响力。这本书不仅为研究中国文学的国际传播提供了新视角，也为进一步推动中国文学走向世界提供了宝贵的经验和启示。

——丁立福（淮南师范学院外国语学院教授、硕士生导师）

该书特别关注了《射雕英雄传》的英译研究，深入剖析了武侠小说在英语世界的译介过程。通过详细分析人名绰号的翻译、侠文化词的英译变化以及合译中译者惯习等细节，这本书为读者展示了《射雕英雄传》在英语世界的具体传播路径和接受情况，为中国文学的跨文化传播提供了翔实的案例和理论支持。

——葛厚伟（滁州学院外国语学院教授、硕士生导师）

《古典传奇与未来探幻：〈射雕英雄传〉与〈三体〉英译研究》选题独辟蹊径，聚焦"中国文化、文学走出去"的两维——古典武侠与现代科幻主题，利于对比两类作品文化内涵，揭示中国文化在传统与现代语境下的跨文化传播路径差异。《射雕英雄传》英译本研究讨论了如何向世界展现中国"侠""义"世界的英译策略，诠释了中国传统武侠文化当代化门径，《三体》英译本研究探讨了科幻小说翻译如何赢得"共情""共义""共通"的国际读者市场。"武侠"与"科幻"可谓当代中国文学之"双璧"，该研究是探讨"中国元素"国际化的有益尝试。

——侯杰（北京交通大学语言与传播学院教授、硕士生导师）

　　该研究系统梳理中国文学外译的历时性演进轨迹与共时性传播图景。通过建构包含历时比较分析、副文本阐释框架与社会文化语境三维度的方法论模型，该书对武侠经典与科幻巨著的译介机制展开互文性考察。研究发现：在文本转换层面，译者在语义保真与文化调适之间采用动态平衡策略；在传播接受维度，目标语境的诗学规范与意识形态对译本形态产生显性规约；在话语重构过程中，副文本元素（译序、注释、封面设计等）作为文化协商的隐性场域，有效搭建起源语文本与目标读者的认知桥梁。该研究突破传统单一视角的局限，将微观文本分析与宏观文化阐释有机结合，为建构中国文学外译的理论范式提供了可资借鉴的实证依据。

　　　　　　——李波（香港岭南大学翻译系副教授、博士生导师、博士后合作导师）

　　《古典传奇与未来探幻：〈射雕英雄传〉与〈三体〉英译研究》以金庸武侠宇宙与刘慈欣科幻体系的英译为研究对象，构建中国文学外译研究的对照性范式。研究通过解密张菁、周华两位译者的深度访谈，揭示武侠与科幻两大文类在全球化转译中的异质同构性：前者展现武侠精神从东方江湖到英语世界的符号再生，后者解码中国科幻从文化输出到参与人类命运叙事的范式升级。二者共同印证了译者作为文化调停者的双重使命——既需平衡归化与异化的策略张力，更要通过"隐性介入"实现东方思维对目标语文学传统的创造性互构。

　　　　　　——王峰（山东大学翻译学院教授、博士生导师、博士后合作导师）

　　《古典传奇与未来探幻：〈射雕英雄传〉与〈三体〉英译研究》以深度田野调查的实证数据为基底，运用文化拓扑学的理论框架，建构起翻译实践与跨文化传播的辩证分析模型。这种双文类（武侠/科幻）、双维度（微观符号转换/宏观文化流动）的比较研究范式，开创性地将译者主体性决策矩阵与目标语域接受参数纳入同一解释系统，形成文化转译研究的立体坐标系。

　　　　　　——肖飞（南京林业大学外国语学院教授）

《古典传奇与未来探幻：〈射雕英雄传〉与〈三体〉英译研究》通过详细的文献梳理和综述，深入探讨了中国文学"走出去"的背景和现状，采用社会学理论、副文本理论、文本分析、比较研究等多种理论与方法，全面剖析了两部作品的英译过程和传播效果。这种古典传奇与未来探幻相结合的创新研究给读者带来时空穿越感，跨学科研究方法确保研究结果的客观性和可信度，为中国文学作品的海外传播研究提供了新视角、新思路、新范例。

——余承法（湖南师范大学外国语学院教授、博士生导师、博士后合作导师）

致 谢

《古典传奇与未来探幻：〈射雕英雄传〉与〈三体〉英译研究》的完成，得益于诸多学界前辈的指导、同仁的合作以及家人的支持。在此，谨向所有在研究过程中给予帮助的学者与机构致以最诚挚的谢意。首先，衷心感谢硕导欧剑龙（AU Kim Lung Kenneth）教授与博导吴尚雄（Goh Sang Seong）教授，他们的学术引领不仅奠定了本研究的理论框架，也培养了我在翻译研究领域的学术素养与批判性思维。两位恩师的治学精神和学术洞见，对本研究的深化起到了至关重要的作用。同时，诚挚感谢陈婷婷教授、陈文博士、邓世平副教授、丁立福教授、葛厚伟教授、侯杰教授、李波副教授、王峰教授、肖飞教授、余承法教授，他们慷慨撰写推荐语，对本研究的学术价值给予了专业肯定。

在研究过程中，张菁（Gigi Chang）与周华（Joel Martinsen）两位译者的访谈内容为本研究提供了极具参考价值的实证资料，他们在翻译决策、文本策略及文化适应等方面的见解，深化了本书对《射雕英雄传》与《三体》英译研究的实证分析。

此外，本研究的推进离不开科研团队的支持。特别感谢陈文、彭晶、唐静、徐雅静、叶铖铖、叶小宝教授等学界同仁，他们在学术交流、研究合作及数据分析等方面提供了重要助力。特别感谢《安徽理工大学学报（社科版）》洪梦绮老师、《上海理工大学学报（社科版）》朱渭波老师、北京博传国际文化传播有限公司苏航宇老师、图书责任编辑蒋东雪老师和王定宇老师、责任校对李隽薇老师，他们在研究方法论与学术规范方面的指导，为本书的学术质量提供了关键保障。安徽理工大学外国语学院的领导在研究过程中给予了重要的学术支持与资源保障，使本书的撰写与出版得以顺利进行。在此，对学院的学术环境与平台建设表示由衷感谢。

最后，衷心感谢家人的理解、鼓励与长期陪伴。他们的支持不仅为本研究提供了精神动力，也让我能够在学术探索的道路上保持专注与坚持。

由于本人学术水平尚浅，研究尚存在诸多不足，本书的完成并非终点，而是进一步探索翻译研究、跨文化传播与文学经典全球化流变的新的出发点。未来，我将不断拓展学术视野，以期取得更为扎实和深入的成果。谨以此书，向所有关心与支持本研究的师长、同仁及学术共同体表达最深切的谢忱。

目 录

CONTENTS

引　言

党的二十大报告指出："全面建设社会主义现代化国家，必须坚持中国特色社会主义文化发展道路，增强文化自信，围绕举旗帜、聚民心、育新人、兴文化、展形象建设社会主义文化强国，发展面向现代化、面向世界、面向未来的，民族的科学的大众的社会主义文化，激发全民族文化创新创造活力，增强实现中华民族伟大复兴的精神力量。"文学自信作为文化自信的重要组成部分，与中国文学的繁荣发展密不可分。数千年来，中国文学不仅创造了辉煌的成就，而且作为中国文化的重要载体，与中华民族精神有着深刻的内在联系。民族精神为文学创作提供了丰沃的土壤，而文学创作则不断拓展民族精神的深厚内涵。

近年来，国家高度重视包括中国文学在内的中国文化"走出去"工作，尤其是"十三五"以来，出台并实施了一系列政策措施。这些政策在国家的积极倡导和支持下，通过举办文学节、推广翻译计划等活动，显著推动了中国文学的国际传播。同时，大批出版社和民营图书机构也逐渐加大中国文学"走出去"的探索力度，取得了显著成效。

大量中国文学作品，尤其是当代文学作品，在国际上传播，使得各国读者能够深入了解中国社会生活、精神面貌和风土人情。文学的独特魅力使得这种了解更加深入，对国际读者的文化认知和情感体验产生了潜移默化的影响。中国文学在国际上的影响力不断增强，外国读者对中国经典文学作品的需求和关注度逐步提升。这不仅提升了中国文学在国际文化交流中的地位，还促进了中国文化的全球传播与认同。

近年来，中国武侠小说和科幻小说作为代表性流派备受全球读者青睐，凸显了中国文学国际地位的提升。《射雕英雄传》和《三体》系列作为武侠和科幻领域的杰出代表，在国际上备受关注，并引发了广泛的学术和文化讨论。本研究主要关注《射雕英雄传》和《三体》系列作品的英译版本及其翻译策略，通过比较分析这些英译版本在国际上的接受程度、翻译策略和效果，探讨中国古典武侠小说和未来科幻小说在跨文化传播中面临的挑战和机遇。选择上述两部作品作为研究对象的原因在于：第一，《射雕英雄传》作为中国武侠小说的代表之一，在国内外享有广泛的知名度和影响力，其丰富的文化内涵和复杂的叙事结构使其成为译者和读者关注的焦点；第二，《三体》系列作品作为中国科幻文学的杰出代表，在国际上也获得了广泛的认可和赞誉，荣获了国际最高科幻奖项。因此，研究这两部作品的英译版本及其翻译策略，不仅可以全面了解中国文学在国际上的传播情况，还可以深入探讨古典武侠作品和未来科幻作品这两种不同体裁在跨文化传播中所面临的挑战和机遇。

首先，笔者通过文本分析和比较研究的方法，收集整理了 Goodreads、英美亚马逊等平台上关于《射雕英雄传》英译版的读者评价和销量排行数据，并借助译介学理论，系统分析了该作品在英语世界的影响力和成功传播经验，深入了解不同版本之间的差异以及读者反馈情况。其次，借助布迪厄社会学理论，对《三体》系列英译本的翻译策略和传播效果进行了深入研究。通过分析翻译过程中涉及的场域、惯习和资本，理解译者在翻译过程中所面临的挑战和选择，以及这些选择对作品传播效果的影响。同时，运用热奈特副文本理论，分析《三体》系列英译本中的副文本因素，如封面、注释、译者序等，探讨了这些因素在翻译、传播与接受过程中的作用。副文本不仅是对原文信息的补充和阐述，也是翻译文本中不可或缺的一部分。通过副文本解读，可以深入理解译者在翻译过程中所作的选择和努力，以及这些选择和努力对作品传播效果产生的影响。通过综合运用这些研究方法和理论，可以全面、深入地分析《射雕英雄传》和《三体》系列作品的英译版本及其翻译策略，从而更好地理解中国古典武侠和未来科幻文学在跨文化传播中的表现和影响。

本研究旨在探讨《射雕英雄传》和《三体》在英语世界的译介和传播情况，并深入分析其英译研究对中国文学"走出去"的影响。引言和文献综述部分回顾了中国当代文学在国际传播中的历史背景和现状，并指出了研究的理论基础、研究意义及其必要性。第三章对《射雕英雄传》和《三体》这两种具有代表性的作品进行了英译的综述研究，提出了作品在翻译过程中面临的独特挑战和文化冲突。第四章详细探讨了《射雕英雄传》的英译研究。除分析《射雕英雄传》在英语世界的译介史外，还探讨了武侠小说中特有的人名和绰号的翻译策略。运用埃文-佐哈尔的多元系统理论，研究了"侠"文化在英译中的变化与适应；借助德里达解构主义理论，研究了郝玉青英译本对原作的解构与重构，分析了合译过程中译者惯习一致性的问题及其对文学合译的启示。不仅如此，该章还探讨了《射雕英雄传》英译中译者的多重角色及其"红娘"作用。第五章重点分析了《三体》系列的英译研究。从热奈特的副文本理论出发，研究了《三体》英译本的副文本和背景资料对作品理解的影响；通过分析科技术语的语义一致性，探讨了科幻小说翻译中的专业性问题；从布迪厄的政治与文学场域角度，分析了《三体》三部曲英译的政治和文化背景，并从资本视角窥视了《三体》系列英译本的海外评价与接受情况。通过访谈译者周华，获得一手资料，探讨了传播中国特色想象的策略。结论与展望部分总结了研究的主要发现，强调了中国文学在国际传播中的重要性，并提出了未来研究的方向和建议。

研究发现，武侠小说和科幻小说在跨文化传播中具有共性和差异，翻译在文学作品国际传播中扮演着重要角色，成功的翻译策略和传播路径为中国文学国际化提供了有益的经验和启示。通过对古典传奇与未来探幻两大流派作品的英译研究，本研究旨在为中国文学的国际传播提供新的视角和思路，促进中外文学的交流与融合，推动中国文学走向世界。

第一章 中国当代文学"走出去"的
背景与研究脉络

1827 年，歌德（Johann Wolfgang von Goethe）首次提出世界文学的概念，并将中国文学作为其重要组成部分（爱克曼，2008：104）。1890 年，清末外交官陈季同①以唐传奇小说《霍小玉传》②为蓝本，翻译出版法文小说《黄衫客传奇》（*Le Roman de l'Homme Jaune*），在世界文学领域发出了迷人的"中国声音"。70 年间，世界文学发现中国，中国文学走向世界，中国文学与世界文学从此联系起来。1949 年，新中国成立，中国文学海外传播一改之前民间零星译介的模式，开启以国家机构为主导、大规模译介的新局面。70 多年来，《中国文学》杂志英文版（*Chinese Literature*）创刊，"熊猫丛书"等项目工程相继实施建设，中国当代文学③海外传播呈现出一派你方唱罢我登场的热闹景

---

① 陈季同（1851—1907 年），字敬如，号三乘槎客，清代福建侯官（今福州）人。作为晚清时期的重要政治人物、外交家及作家，陈季同不仅活跃于国内的新政运动中，亦在国际舞台上扮演了重要角色。他在新政的推动和外交事务中的表现，在晚清政坛和文坛都产生了深刻的影响。

② 《霍小玉传》是唐人传奇中的经典名篇，作者为唐代文人蒋防。该篇叙述了陇西书生李益与名妓霍小玉之间的爱情悲剧。李益与霍小玉相恋，并在赴任郑县主簿前立下生死誓言，承诺在八月返京后迎娶霍小玉，"皎日之誓，死生以之"。然而，李益归家后迅速变心，顺从母命，抛弃霍小玉，转而迎娶凤阁侍郎卢志之女。侠士黄衫客因不满李益背信弃义，挟持李益至小玉家请罪。霍小玉得知真相，悲愤而死，化为厉鬼，致使李益夫妻不睦。该作品通过展现爱情、誓言与背叛，深刻反映了唐代士人功名与道德之间的冲突。

③ 虽然世界文学地理中的中国更多是文化意义上的，而不是政治或疆域上的。但本研究讨论的中国当代文学更多指涉的是 1949 年之后中国大陆作家以及具有大陆生活背景的海外华人作家所撰写的小说、诗歌、散文和戏剧。1949 年中华人民共和国成立，标志着中国进入了一个新的历史阶段，之后中国大陆文学具备了社会主义属性，与之前的新民主主义文学相比，文学性质产生了变化。港澳台地区由于社会制度与历史发展背景的不同，其文学也呈现出与大陆文学迥异的发展路径和面貌，因此并未纳入本书的考察范围。

象。在中国当代文学海外传播理论研究方面，谢天振（2014）、吴赟（2015）、马会娟（2016）、胡安江（2018）、朱振武（2019）和刘云虹（2019）等专家学者做出不少学理思考并取得重大进展，他们的研究对中国文学外译的理论建构、范式建构、突破方向等作出了全方位的学术梳理并提出了富有洞见的学术主张。在中国当代文学海外译介文献整理与研究方面，倪秀华（2012）、林文艺（2012）分别从社会政治语境与国家形象塑造方面分析了1949年至1966年间《中国文学》（英文版）对传播当代文学的贡献。耿强（2012）则以"熊猫丛书"为例，分析中国当代文学各传播模式的优劣长短。

第一节　海外汉学期刊的先锋作用：
文学译介与文化传播的初始平台

在中国文学的海外传播中，期刊的刊载一直都早于翻译单行本的出版。在中国当代文学本土译介方面，《中国文学》也比"熊猫丛书"先行出现。在海外，日本的《季刊中国现代小说》和《火锅子》，美中合办的《路灯》和德国的《胶囊》等期刊同样为中国当代文学的海外传播作出了巨大的贡献。

最早关注和译介中国文学的国家是日本（杨四平，2014：39）。在日本，自古以来，中国文学作品都是日本知识分子获取修身立世之道的源泉（舒晋瑜、饭塚容，2013）。1987年，日本发行《季刊中国现代小说》，专门介绍同时代以短篇为主的中国小说。《季刊中国现代小说》每个季度发行一本，由日本的中国现代小说刊行会主编。刊物不考虑经济效益，故译者可以完全按照自己的审美标准选择作家和作品。但，正是因为不考虑经济效益，2005年因经济原因停刊。从1987年5月到2005年7月，《季刊中国现代小说》共翻译介绍了中国当代小说300多篇（孙若圣，2019：234），在日本作家、读者和学术界中产生了深远影响，其中余华作品第一次在日本发表，就是刊载在《季刊中国现代小说》上的《十八岁出门远行》。除《季刊中国现代小说》外，名古屋经济大学教授谷川毅于1991年创立的《火锅子》也是一本专注于介绍和翻译中国当代文学的期刊。谷川毅以创造有趣的读物为创刊理念，除了文学作品，还刊载介绍了中国电影和戏剧等。自 2004 年以来，《火锅子》在中国诗人田原的协助下，设立了重要专栏"华语文学人物"，每次翻译介绍几位当代中国代表作家、诗人和评论家的作品，这在日本文艺杂志中尚属首创（王新新，2010：201）。

2011 年，由美国青年艾瑞克·阿布汉森（Eric Abrahamsen）创立的面向中国当代文学爱好者的民间翻译平台"纸托邦"（Paper Republic）和中国作家协会的官方文学出版物《人民文学》开始合作出版《路灯》（*Pathlight*）。《路灯》寓指"中西文化交流道路上的灯"，其翻译内容是《人民文学》上发表的作品，每期都围绕一个主题进行重新组合。2011 年 11 月的试刊号选择了当时文学界的重大事件"第三届茅盾文学奖"作为主题，及时反映了国内文学趋势（许诗焱，2015：43）。《路灯》最初以纸质形式出版，后推出了在线期刊下载模式，创新了传播发展方式。《路灯》以自然、神话、历史、性别和人民等为主题，希望通过当代文学来呈现中国社会的现状。中国当代文学"走出去"是一个长期的过程，所以海外期刊译介当代文学就需要更多的耐心、更长的眼光与更大力度的扶持。在纸质刊物读者越来越少，但印刷和发行成本越来越高的趋势下，像《路灯》这种通过电子刊物形式对中国当代文学作品进行推广不失为一个既能降低成本，又可以扩大受众、拓扩展自己生存空间的优秀典范。

中国当代文学在德国的译介，学界知之甚少，相关研究也比较薄弱（冯小冰、王建斌，2017：34）。改革开放之后，随着与中国关系的回暖，东德于 1984 年开始译介中国当代小说，陆续推出了 13 部文集和单行本；西德在关注"经济中国"的同时也对中国当代文学富有极高热情，不仅译介的数量多，译介渠道也呈现多样化的特点，涵盖了报纸、杂志和文集/单行本，涉及的报纸均是当时影响力较大、读者众多的地区乃至全国性大报。如 1986 年 7 月 27 日，西德《每日镜报》刊载张辛欣的《北京人》节选；1987 年 7 月 13 日，西德《德国日报》刊载王安忆的《小城之恋》节选。20 世纪 90 年代，国际、国内形势发生巨变，1990 年东西德统一，1991 年苏联解体，西方世界在美国的带领下纷纷对中国形象进行歪曲和妖魔化。在这一时代背景下，中国当代文学的对外译介形势急转直下，德国图书代理商更是中断了同中国的图书贸易关系（耿强，2010：193）。直到 2000 年，中国当代文学译介情况才有所改善。2000 年，克莱特出版集团（Klett-Cotta）出版余华的《许三观卖血记》。2005 年，罗沃尔特出版社（Rowohlt Verlag）出版莫言的《酒国》。2016 年 12 月起，德国海纳出版社（Heyne）陆续出版《三体》三部曲，在德国掀起一股中国科幻热潮；次年，德国甚至出现了专门译介中国当代科幻小说的文学杂志《胶囊》（*Kapsel*）。

2017 年，德国青年卢卡斯·杜布罗（Lukas Dubro）因撰写硕士论文与中国科幻文学结缘，从而创刊了专门译介中国当代科幻小说的文学期刊《胶囊》。《胶囊》每期主推一位中国科幻作家，全文刊登他/她的一篇中篇、短篇小说，另加一些作者的访谈和不同读者的评论来信。虽是一本发刊频率不高的年轻期刊，《胶囊》已经取得了不小的成功。在纸媒日益衰落的今天，《胶囊》作为一本小众的独立期刊不但奇迹般地活了下来，第二期就收到了德国科幻作家、《法兰克福汇报》文化版主编迪特马尔·达特（Dietmar Dath）的来稿，从单纯的期刊发展成为一个中德文化交流的平台（张恒，2019）。2018 年，《胶囊》成功从柏林市政府申请到了 56000 欧元的项目基金，用于支持他们的系列线下活动，同时陆续邀请了刘宇昆、夏笳、陈楸帆、王侃瑜、江波、迟卉等中国优秀科幻作家前往柏林，和德国当地的出版人、插画家、艺术家、汉学家齐聚一堂。此外，《袖珍汉学》《东亚文学期刊》《东方文学学报》《取向：亚洲文化期刊》《远东：远东国家语言、学术和文化期刊》《亚洲非洲拉丁美洲》《中国杂志》等杂志也都定期刊载中国当代文学作品。近年来，德国对于中国当代文学作品译介数量逐渐增多，但多为零散翻译，集中的研究专著较少。

第二节　海外汉学家译者主体性的发挥：
跨文化交流中的关键角色

近 70 年来，中国当代文学在海外译介种类繁多、形式多样，这背后离不开海外汉学家们的努力。最早大范围打开美国市场的中国当代小说是由葛浩文（Howard Goldblatt）① 翻译的莫言小说《红高粱》，于 1993 年由企鹅出版集团旗下维京出版公司出版，为中国当代小说在英语世界的译介打下了坚实的读者基础，该书至今仍在亚马逊中国文学畅销榜上名列前茅。莫言作品第一次打开美国市场也是葛浩文翻译的《红高粱》，葛浩文英译《红高粱》在海外的良好接受度也促成了作者和译者之间的良好合作关系。此后，葛浩文多次翻译莫言小说（见表 1），成为莫言作品在英语世界传播的重要推手。

表 1　葛浩文英译莫言作品汇总表

序号	书名（英文书名）	出版单位	年份
1	红高粱（*Red Sorghum*）	Viking	1993
2	灵药（*The Cure*）	Grove Press	1995
3	酒国（*The Republic of Wine*）	Arcade Publishing	2000
4	师傅越来越幽默（*Shifu, You'll Do Anything for a Laugh*）	Arcade Publishing	2003
5	丰乳肥臀（*Big Breasts and Wide Hips*）	Arcade Publishing	2004
6	生死疲劳（*Life and Death are Wearing Me Out*）	Arcade Publishing	2008
7	变（*Change*）	Seagull Books	2010
8	四十一炮（*Pow!*）	Seagull Books	2013
9	檀香刑（*Sandalwood Death*）	University of Oklahoma Press	2013

2012 年，莫言获得诺贝尔文学奖，成为获此殊荣的第一个中国人。除葛

---

① 葛浩文（Howard Goldblatt, 1939—）是美国著名翻译家，现任圣母大学讲座教授。他于 1961 年毕业于加州大学长滩分校，1971 年获旧金山州立大学硕士学位，1974 年取得印第安纳大学博士学位。葛浩文因其在华语文学翻译领域的杰出贡献而享誉国际，被誉为"西方首席汉语文学翻译家"，并且在中国当代文学传播方面发挥了重要作用，小说家厄普代克曾形容其为中国当代文学的"接生婆"。在旧金山州立大学求学期间，葛浩文首次接触到中国作家萧军和萧红的名字，并阅读了他所接触的第一本中国小说《八月的乡村》。此后，他决定继续深造，进入印第安纳大学攻读博士学位，师从旅美学者柳无忌（柳亚子之子），并开始深入研究中国古典文学及现代左翼作家作品，如元杂剧、鲁迅及其他左翼文学作品，同时阅读中文原著及其译本。1974 年，葛浩文完成了以萧红为主题的博士论文，奠定了其后出版的《萧红评传》的基础。该传记于 1979 年在香港出版，成为推动萧红重新受到华语世界广泛关注的重要契机。在求学期间，葛浩文尝试翻译中国台湾作家黄春明和王祯和的作品，但真正促使其翻译事业起飞的是翻译家杨宪益与戴乃迭的建议，他翻译了张洁的《沉重的翅膀》。然而，葛浩文翻译事业的巅峰则是在翻译诺贝尔文学奖得主莫言的小说《红高粱》时达成，著名作家谭恩美还为其争取到了更高的版税待遇。这些作品的成功翻译，使葛浩文成为华语文学在西方世界传播的重要桥梁。

浩文外，莫言获诺贝尔文学奖还离不开另一位译者的努力，就是 2012 年作为莫言作品日译译者代表，并受邀参加莫言诺贝尔文学奖颁奖典礼的吉田富夫①。1999 年，日本平凡社出版吉田富夫翻译的《丰乳肥臀》（上、下），由此拉开其翻译莫言文学作品的大幕。2002 年，平凡社出版《师傅越来越幽默——莫言中短篇选集》，该选集共收录《师傅越来越幽默》《长安大道上的骑驴美女》《藏宝图》《沈园》《红蝗》5 篇小说。2003 年 7 月，中央公论新社出版《檀香刑》（上、下）；同年 10 月，日本放送出版协会出版《白狗秋千架·莫言自选短篇集》，共收录莫言的 14 部早期作品；2006 年，中央公论新社出版《四十一炮》（上、下）；2008 年，中央公论新社出版《生死疲劳》（上、下）。以上均为吉田富夫翻译，由于对莫言文学的深刻理解和强烈共鸣，吉田富夫后来者居上，一跃成为日本最重要的莫言文学作品独立译者。

在亚洲，中国当代文学作品还受到越南读者的喜爱。1945 年越南独立以后，迈上社会主义道路，先后遭到了法国与美国的侵略。经过多年奋战，越南分别于 1954 与 1975 击败入侵者。在抗战时期，越南选择充满革命性和斗争性的中国现代文学作品（如鲁迅、茅盾、郭沫若的作品）作为其民族救亡运动的"武器"（裴氏翠芳，2011：17）。1979 年对越自卫反击战爆发后，中越两国关系断裂，一直到 1992 年才正式正常化，与政治密切相关的中国文学译介工作在此期间也几乎被停滞，到 1990 年初才逐渐恢复起来。

2005 年 8 月，余华的新作《兄弟》（上）在中国出版。两个月后，越南人民公安出版社出版了《兄弟》（上）的越南语译本。2006 年 3 月，《兄弟》（下）在中国出版发行。三个月后，越南再次率先翻译和出版了越译《兄弟》（下），成为《兄弟》最早的海外译本。在译者主体性方面，许钧教授曾指出译者主体性是译者在翻译过程中体现出的一种自觉的人格意识及其在翻译过程中的一种主观创造意识（许钧，2014：120），而这种主观创造意识是译者

---

① 吉田富夫（1935—），日本著名中国文学翻译家，广岛县人，京都大学毕业，现为佛教大学名誉教授，并担任现代中国研究会的代表。吉田富夫以其对中国当代文学的深刻理解及翻译贡献而广受赞誉，尤其以翻译莫言的作品而著称。2003 年，莫言访问日本期间，曾下榻于吉田富夫家中，两人建立了深厚的友谊。此后，莫言在 2012 年荣获诺贝尔文学奖时，特意邀请吉田富夫夫妇、葛浩文夫妇、陈安娜等一同出席颁奖典礼，进一步彰显了吉田在中日文学交流中的重要地位及其对中国当代文学国际传播的贡献。

根据自身经历进行选择性翻译的主要推动力。余华的《兄弟》在越南的译介，离不开武公欢①的努力。2002 年，越南文学出版社出版武公欢翻译的《活着》，这是在越南出版的第一本余华小说。而武公欢选择翻译这本小说则源于自己的一段经历，他曾于 1964—1967 年在辽宁鞍山钢铁公司当翻译。其间，他经历了"文化大革命"的开端。因此，武公欢决定翻译《活着》这部有着相同时代背景的作品（陶秋惠、刘江凯，2019）。《活着》越译本的成功促使余华授权武公欢为他在越南的合法代理人，通过武公欢的翻译，余华的几部重量级作品，如《古典爱情》（2005）、《兄弟》（上、下，2006）、《许三观卖血记》（2006）、《在细雨中呼喊》（2008）等都先后在越南翻译出版，为余华作品甚至当代中国文学作品在越南的传播作出了巨大贡献，促进了中越之间的文学和文化交流。

同样发挥主体性的译者还有泰国诗琳通公主②。1973 年，诗琳通公主代表泰国国王访问瑞典，访问期间她参观了斯德哥尔摩远东古玩博物馆，观赏了大量的中国古代文物和瓷器，从而萌生了对中国文化的兴趣。1980 年，在诗丽吉王后的建议下，诗琳通开始师从中国大使馆选派的教师学习中文，从此，对中文的爱好一发不可收。由于身份的特殊性，诗琳通不好出面直接向人民表达自己的心声，所以她利用文学语言巧妙地传达自己的思想，这在她的译作中有明显表现。例如，1994 年，她翻译王蒙的《蝴蝶》；2005 年，翻译巴金的《爱尔克的灯光》和严歌苓的《少女小渔》；2012 年，翻译王安忆的《小鲍庄》；2013 年，翻译池莉的《她的城》；2014 年，翻译铁凝的《永远有多远》；2015 年，翻译老舍的《茶馆》。诗琳通公主选择翻译的中国小说都极富教育意义，作为泰国统治阶级的一员，她翻译小说不仅是因为喜爱，

---

① 武公欢（Vu Cong Hoan）是越南著名的中国文学译者之一，在促进中国当代文学走入越南语境中发挥了重要作用。通过他的翻译工作，中国当代文学的丰富多样性得以在越南文学界获得广泛关注与认可，推动了中越两国文化交流的深入与拓展。

② 玛哈·扎克里·诗琳通公主（1955—），为泰国扎克里王朝公主，普密蓬国王的次女。诗琳通公主以其聪慧与好学著称，自幼便在国王及王后的引导下开始深入学习中国历史与文学。她不仅能够流利使用汉语，还精通汉诗词的鉴赏，并擅长中国书画和中国民族乐器的演奏，如二胡。2019 年，为表彰其长期以来对推动中泰传统友好合作及双边关系发展的杰出贡献，我国政府授予其"友谊勋章"。在授勋仪式上，诗琳通公主用中英双语致辞，并引用唐代诗人张九龄的诗句"相知无远近，万里尚为邻"来高度评价中泰两国的深厚友谊，彰显了她在促进两国文化交流中的重要地位与贡献。

更是希望通过这些小说向泰国读者传达正确的人生观、价值观和世界观。诗琳通是中泰友谊的杰出使者，她为促进中泰两国人民之间的相互了解和传统友谊，以及促进中泰两国在教育、文化和科技领域的务实合作作出了积极贡献，在泰国掀起了"汉语热"和"中国文化热"（江云凤，2010：343）。

海外著名汉学家在促进中国文学海外传播中的作用日益突出（刘云虹，2019：110），当代中国文学作家需要加强与海外汉学家的交流与联系。在具体实践中，中国当代文学可以采用中外合作的形式进行翻译和传播。例如，中国出版商提出翻译的作品目录，建议或邀请海外汉学家进行翻译；或组织国内译者翻译第一稿，并请汉学家协助修改。通过这种合作，中外译者都可发挥自身优势，中国译者熟悉文学内容，对现代汉语和当代汉语有更准确的理解；海外汉学家在目标语的表达方面有独特的见解，能更好地掌握目标语言的表达方式。中外译者发挥各自的优势，更能取得超出预期的效果。

第三节　通俗文学作品的翻译与全球传播：从中国市场到国际舞台

中国当代文学"走出去"需要科学的市场思维，需要关注通俗小说在海外的影响。从 20 世纪 90 年代开始，泰国文坛的中国小说就明显向通俗小说发展。华语电视剧的到来助长了泰国长久的"中华热"，1998 年在泰国上映的《还珠格格》系列及随后发表于 2000 年的小说载体是泰国读者喜爱阅读古代言情小说的开始。如果不提中国武侠小说，在所有种类的泰译版中国小说当中，出版量最多的小说就是言情小说。加盟赛（Jamsai）出版社是泰国最大的出版中国言情小说的出版社，该社在 2006 年出版的第一部中国现代小说，即明晓溪的《烈火如歌》，一经推出就受到女性读者的热烈欢迎。除了现代言情小说，古代言情小说（穿越与非穿越）在泰国也很受欢迎，如《寻秦记》的小说和电视剧的到来使穿越小说逐渐流行，桐华的《步步惊心》、金子的《梦回大清》等也相继被翻译成泰语。在非穿越小说中，如风弄的《孤芳不自赏》、流潋紫的《后宫·甄嬛传》也成为泰国读者窥探中国古代皇室生活的途径之一。泰国的君主立宪制使国王权力至上的观念在泰国人心里根深蒂固，百姓一直被隔绝于王室的私事之外，而中国的后宫小说能带领他们穿越禁区的土墙，洞悉王宫生活百态。

在英语世界，我国官方的主动译介，无论是《中国文学》英文版还是"熊猫丛书"，虽付出巨大努力，但海外销量并不理想。相反，由国外译者、出版社翻译、出版的一些通俗小说则在海外获得了巨大的成功。2014 年，麦家的《解密》英文版在欧美 21 个国家同步发行，并被收入英国"企鹅经典文库"，成为首部被收进该文库的中国当代小说。《解密》融合了革命历史传奇故事和西方间谍小说与心理惊悚文学，形成了独特的异质性和神秘风格，在国内文学界和影视界刮起一股强劲的密码风和谍战潮，开启并带动了一个全新的谍战文学影视产业，被誉为"中国谍战之父"，现在这股风潮正在吹向海外。除麦家的《解密》外，同样在海外获得成功的还有刘慈欣的《三体》。2014 年，汤姆·多赫尔蒂集团（Tom Doherty）下属公司托尔出版社（Tor Books）出版《三体》第一部的英译本。2015 年，《三体》以各轮票数第一的成绩摘得雨果奖最佳长篇小说奖项，在英语科幻界激起强烈反响。此后，托尔出版社相继出版了《三体》第二部和第三部的英译本。《三体》里的人性是人间，大写"人"的概念。故事中的人物为一个更大的主旨而存在，他们不为救爱人或孩子，而是为人类的未来战斗。

通俗文学通常具有"普遍性"，也就是说，读者不需要深厚的中国文化背景就可以理解和引起共鸣。而且国内的通俗文学作品为了能获得海内外出版商的青睐，其故事本身就有趣味性和亮点，所以更能迎合海外图书市场的审美需求和阅读口味。从目前发展情况来看，中国通俗小说在海外广受欢迎，输出国家涵盖东南亚、美洲和欧洲等许多国家和地区，可挖掘市场广阔。从文化产业和知识产权的角度看待当代文学的海外传播，除文字形式的输出外，还需要更多关注 IP（Intellectual Property）的打造。随着高质量作品越来越多，中国故事"出口"到海外的形式也应多样化，不再局限于翻译平台、数字出版和实体书出版，影视剧和动画等新形式也可以传播中国故事；只有这样，我们才能为中国的好故事创造更多的成长和发展空间。

金庸的《射雕英雄传》和刘慈欣的《三体》作为中国通俗文学在英语世

界的重要代表，在国内外均拥有广泛的读者基础和深远的影响力。其英译本在海外市场的成功进一步证明了这一点。《射雕英雄传》作为武侠小说的经典之作，以其丰富的中国文化元素和扣人心弦的英雄故事吸引了众多海外读者。对《射雕英雄传》英译的研究，可以深入探讨其翻译策略、文化适应性以及译者在中国文化传播中的角色。同时，刘慈欣的《三体》系列作为中国科幻文学的代表，以其深刻的哲学思考和复杂的故事结构，成功吸引了全球科幻爱好者。对《三体》英译的研究不仅可以揭示其中的翻译技巧，还能探索该作品在海外市场的接受度和影响力。通过对《射雕英雄传》和《三体》英译的研究，不仅能够深入分析其翻译策略和文化适应问题，还能为理解中国通俗文学在全球范围内的传播和接受提供宝贵的经验。这对于中国文学在国际上的进一步推广具有重要的理论和实践意义。

第二章　跨文化对话中的经典传承与全球传播研究：《射雕英雄传》与《三体》的英译解析

　　本章旨在从理论与实践的多个维度深入探讨经典文学作品在跨文化对话中的传承与全球传播，重点分析金庸《射雕英雄传》和刘慈欣《三体》的英译本。通过系统化的研究，结合文献综述的方式，探讨经典文学与现代科幻作品在全球传播过程中所面临的翻译挑战、文化适应策略及其影响，旨在为全球化背景下的文学翻译提供理论支持和实践指导。

　　第一节从翻译理论的视角分析《射雕英雄传》的英译本，重点探讨该作品在全球传播中的文化再现问题。《射雕英雄传》作为金庸的经典武侠小说，蕴含了丰富的中国传统文化内涵。相关文献表明，《射雕英雄传》翻译过程中的核心问题是如何在保留原作文化特质的同时，实现目标文化的可接受性。通过对语义翻译与交际翻译理论的应用，文献综述揭示了译者在翻译文化负载词、武功招式及人物字号等方面倾向于使用的策略，并探讨了这些策略在文化适配和接受度之间的平衡。此外，文献中还结合接受美学、翻译策略及叙事文体学等多个维度，系统分析了《射雕英雄传》在跨文化传播中的读者接受度及对目标文化的适应性。第二节从生态翻译学与翻译伦理的视角，探讨文化传递过程中的理论框架与实践挑战。相关文献表明，该理论强调译者在翻译活动中的适应性与选择性，通过"选择"与"适应"实现翻译生态平衡。同时，翻译伦理理论关注译者在跨文化传播中的伦理责任及其决策对目标文化的影响。第三节从文化与传播视角，系统分析《射雕英雄传》英译本在国际市场中的传播模式及其成功要素。文献中对文化传播理论与传播学框架的应用揭示了《射雕英雄传》在跨文化传播过程中的路径选择、策略实施及其文化适应性。第四节结合社会学与跨学科的视角，探讨文学翻译在跨文化互动中的社会动力与文化传播机制，以此揭示译本在国际市场中的接受度及文化认同形成过程，为理解翻译过程中社会资本的作用提供新的视角。

第二部分将重点研究《三体》的全球扩展与文化翻译策略。首先，从翻译理论视角探讨《三体》系列如何在全球范围内获得有效传播，并结合生态翻译学与翻译规范理论，分析译者在翻译过程中的策略与文化适应。其次，从文化与传播的学术视角，系统分析全球科幻文学传播中的文化传递与接受机制，特别是刘宇昆翻译的《三体》在国际市场上的传播表现与文化适配。随后，从译介与传播的视角，探讨科幻文本的全球译介策略与知识传播机制，并评估大众媒体在促进《三体》国际影响方面的作用。最后，从理论与方法应用的角度，探讨翻译创新与跨学科方法的结合，特别关注《三体》系列英译本的翻译策略与理论应用。

本章通过综合理论与实践研究，力求为经典文学及科幻作品的跨文化传播提供深入的理论分析和实践指导，推动对跨文化翻译与传播机制的系统理解。

第一节　江湖情怀的全球传播与文化适应：
《射雕英雄传》的英译研究综述

《射雕英雄传》① 是金庸②的代表作之一，被誉为新武侠文学③的典范。金庸凭借独特的文风和丰富的想象力，开创了武侠小说的新纪元，超越了传统范式，成为广为人知的文学巨匠。他的作品不仅深受各阶层读者的喜爱，还在文学界引发了一场革命，改变了人们对武侠小说的看法。在金庸的笔下，武侠小说不再是通俗文学的代名词，而是提升到了与严肃文学同等的高度。他独创的文风和深刻的审美内涵，打破了传统文学的单一维度，不仅涵盖国家、社会、历史等方面，还扩展到超验世界和内心世界，极大地丰富了中国文学的想象力。金庸的小说赋予了武侠故事更高的文学价值，引领了中国文学的发展方向。

---

① 《射雕英雄传》是金庸创作的经典武侠小说，作为"射雕三部曲"的第一部，亦被称为《大漠英雄传》。该小说的发表奠定了金庸在武侠文学中的至尊地位。自 20 世纪 50 年代末期问世以来，《射雕英雄传》多次被改编为电影、电视连续剧及游戏，成为广泛传播的文化现象。小说以宋宁宗庆元五年（1199 年）至成吉思汗去世（1227 年）为历史背景，描绘了南宋抵御金国与蒙古双重强敌的斗争，饱含强烈的民族主义情感。尽管作为武侠小说，它表面上讲述江湖恩怨和武林纷争，但其深层次则唤起了中国历史书写的核心隐喻：以历史为鉴，透视古今，以此观照现实。金庸的武侠作品为当代中国保留并延续了一种强大的文化想象力与历史意识。

② 金庸（1924 年 3 月 10 日—2018 年 10 月 30 日），本名查良镛（英文名：Louis Cha Leung-yung），浙江海宁人，是香港著名作家和媒体人。自 20 世纪 50 年代开始，金庸创作了多部脍炙人口的武侠小说，包括《射雕英雄传》《神雕侠侣》《倚天屠龙记》《天龙八部》《笑傲江湖》和《鹿鼎记》等，这些作品多次被改编为影视作品，广泛传播。因其影响力，有赞誉称"有华人的地方，就有金庸的武侠"。他不仅在文学领域取得巨大成就，还与倪匡、黄霑、蔡澜并称为"香港四大才子"，与古龙、梁羽生并称为"武侠小说三剑客"。金庸的作品不仅开创了新武侠小说的先河，还通过其独特的叙事结构和深刻的文化意涵，深刻影响了华人世界的文学与文化想象。

③ 新武侠文学，又称新派武侠文学，兴起于 20 世纪 50 年代初的香港，是一个以虚构的历史武侠故事为主要内容的文学流派。该流派由金庸、古龙、梁羽生、温瑞安等作家所代表，因其在创作手法、叙事结构和思想内涵上较 20 世纪三四十年代的旧派武侠文学有所突破和创新，故俗称"新武侠"。新武侠文学不仅承继了传统武侠的江湖侠义精神，还融入了现代思想与叙事技巧，成为一种具有深刻文化影响力的文学现象。在众多武侠小说作家中，金庸、古龙、梁羽生、温瑞安被誉为"新武侠四大宗师"，他们在武侠文学创作领域的卓越贡献，使得"金、古、梁、温四大家"成为武侠文学史上不可忽视的重要象征。

金庸的作品不仅在中国广受欢迎，也在世界范围内产生了巨大影响。20世纪70年代，金庸的小说吸引了许多东亚和东南亚国家的关注，陆续被译成越南文、泰文、印尼文、柬埔寨文和马来文等多种语言。20世纪80年代末，12家韩国出版社盗译了韩文版（直到2003年才获得金庸正式授权）；1995年，新加坡和马来西亚出版了金庸作品的简体汉字版，在东南亚地区广泛流传；1996年，日本德间书店翻译出版了他的第一部小说《书剑恩仇录》，并多次再版，后来陆续出版了其他作品的日文译本。

与在东亚、东南亚的广泛传播相比，金庸小说在西方世界的正式译本却相对稀少。直到2004年，《射雕英雄传》的首个法文译本才由巴黎友丰出版社出版，而英译本更是到2018年才首次出版。在金庸的15部小说中，除《射雕英雄传》外，正式译成英文的还有4部：《雪山飞狐》（1993年由莫慧娴翻译，香港中文大学出版社出版）、《鹿鼎记》[1997年至2002年由闵福德翻译，牛津大学出版社（香港）出版)]、《书剑恩仇录》[2004年由恩沙翻译，牛津大学出版社（香港）出版]、《神雕侠侣》（2023年由张菁翻译，英国麦克莱霍斯出版社出版）。

2018年至2021年，由郝玉青、张菁和白雪丽合作翻译的《射雕英雄传》由英国麦克莱霍斯出版社出版，这是金庸武侠小说首次由西方商业出版社出版。该书一经面世，即引起英国主流媒体的广泛关注，如《卫报》《泰晤士报》《经济学人》等，同时在亚马逊和Goodreads等大型图书网站上获得高度评价。从翻译版本的热销情况来看，《射雕英雄传》的翻译传播非常成功。

《射雕英雄传》的首个英译本距离1957年金庸在《香港商报》连载该作品已过去了整整61年，但一经出版便获得了巨大的成功与反响。第一卷在发行后一个月内就加印了7次，引起了国内外主流媒体的广泛评论，如《中国日报》《卫报》《石英》。相比之下，此前3部金庸小说的英译本在社会反响和销量上并不理想，与大众市场接轨困难。尽管武侠小说的翻译具有极大的挑战性，但翻译家们并未被阻挡，不断尝试将这些精彩的故事传播给世界各地的读者。例如，莫锦屏、闵福德、晏格文等翻译家相继完成了金庸作品的英译本，为武侠小说的国际传播作出了贡献。郝玉青的《射雕英雄传》英译在国际学术界引起了广泛关注和讨论，成为推动中国文学国际传播的重要契机。武侠小说作为中国文学的重要类型，其译介对文化翻译研究及中国文学在全球范围内的传播具有深远意义。金庸的武侠作品不仅展示了中国传统文化的丰富内涵，也为中国文学在国际文学界赢得了更为广泛的认可。

近年来，围绕《射雕英雄传》英译的研究涵盖翻译理论、接受美学、翻译策略、翻译风格与规范，以及叙事与文体理论等多个方向。在翻译理论层面，学者们重点探讨了如何在语义翻译与交际翻译之间实现平衡，尤其是在文化负载词的处理方面，力求在保留原文化意义的基础上提升译文的可读性。郝玉青的译本通过灵活运用翻译策略，在文化传递与文本可读性之间取得了有效平衡，成为跨文化翻译的典范。

接受美学的研究侧重于《射雕英雄传》英译本在英美市场的传播与读者反馈。学者们通过对书评的分析发现，译本在主题和文化元素的传递上获得了一定程度的认可，但也暴露出翻译标准不统一等问题，反映出文化接受过程中的复杂性。与此同时，翻译策略的研究关注文化负载词、古典诗词及虚构世界的处理，展示了译者在文化传递与读者理解之间的复杂调适过程。音译与意译相结合的翻译方式，被认为是应对文化空缺问题的有效策略之一。

翻译风格与规范的研究则通过量化分析揭示了译者如何在保持译文符合目标语言规范的同时，成功传达原作中的文化信息。此类研究凸显了译者在跨文化传播中的关键作用，并展现了译者个体风格与翻译策略的多样性。在叙事与文体研究中，学者们探讨了译者在叙事结构上的调整如何影响读者的阅读体验。通过叙事学和文体学的分析，研究者们指出，译者在翻译过程中调整叙事视角与叙事距离，以更好地适应西方读者的审美预期，但这种调整同时也可能引发文化误读或误导的风险。

学术界通过理论与实践相结合的多维度研究，对《射雕英雄传》英译本进行了深入解析。这些研究不仅为武侠小说的跨文化传播提供了坚实的理论支持，也揭示了其中存在的挑战与成功经验，为未来的翻译实践提供了重要参考。

一、翻译理论视角：文本转换与文化再现

本部分旨在探讨金庸武侠小说《射雕英雄传》英译本的翻译理论，进而

构建经典文学翻译的理论框架。作为承载浓厚文化内涵的武侠小说，金庸作品中的武功招式、人物字号等文化负载词，不仅具有文本意义，更在深层次上反映了中国传统文化的思想精髓。这些独特的语言元素为翻译过程带来了巨大的跨文化传递挑战，在文化特质的保留与目标文化的可接受性之间实现平衡，成为翻译的关键。基于语义翻译与交际翻译理论，学者们通过文本分析与案例研究，揭示了翻译过程中文化传递的复杂性与策略性选择。此外，研究者们从接受美学、翻译策略、叙事文体学等多维度分析了《射雕英雄传》英译本在跨文化传播中的读者接受度及其对目标文化的适应性。本部分基于现有研究，深入探讨经典文学翻译中的文化差异处理、文化缺省及其跨文本对话机制，旨在为未来经典文学的跨文化翻译与传播提供理论支撑与实践参考。

1. 翻译理论研究：经典文学翻译的框架构建

程功（2019）针对《射雕英雄传》中武功招式和人物字号的英译进行了深入的研究。通过语义翻译与交际翻译理论的结合，程功试图探讨如何在跨文化翻译中平衡文化特质的保留与有效交际的实现。研究的核心问题主要围绕文化负载词的翻译，特别是武功招式和人物字号，这些词语不仅在文本层面具有字面意义，更承载了丰富的文化内涵和社会象征意义。例如，武功招式往往蕴含了中国传统武学的哲学思想，而人物字号则反映了人物的身份和江湖地位，具有强烈的文化背景，因此其翻译面临复杂性与挑战。程功通过文本分析，揭示了译者在处理这些文化负载词时如何在语义翻译与交际翻译之间作出策略性选择。郝玉青在翻译武功招式时，注重在保持原有文化内涵的前提下，增强译文的可读性，努力平衡文化保留与读者理解之间的张力。在人物字号的翻译中，她则更加灵活，结合人物的性格特征和外貌描写，力求在传达准确含义的同时，展现其中的文化符号。这种策略的选择不仅反映了她对源文本的深刻理解，也凸显了她对目标文化的敏感性。

在此基础上，程功运用纽马克（Peter Newmark）的语义翻译（Semantic Translation）与交际翻译（Communicative Translation）理论框架，探讨了不同翻译策略在文化传递中的作用。语义翻译侧重于忠实再现原文的形式与内容，强调对原作文化特质的保留，交际翻译则更加注重译文的易读性及其对目标读者的交际效果。程功的研究揭示了郝玉青在面对深层文化意涵时，尽管力求保留文化内涵，但不可避免地产生了文化亏损的问题。然而，即便如此，郝玉青的翻译仍然在很大程度上成功地再现了原作的文化特质，为武侠小说的跨文化传播提供了一个重要范例。

通过文本对比与分析，程功不仅揭示了语义翻译与交际翻译在武侠小说翻译中的应用及其局限性，还通过具体实例探讨了不同翻译策略对文化再现与读者接受的影响。

2. 翻译接受理论：读者接受度与文化适应性分析

在金庸小说《射雕英雄传》英译本的研究中，学者们从出版传播与接受美学两个维度展开了深入的学术探讨。从出版传播角度，学者们重点分析了译本在国际出版体系中的发行机制、传播路径及其对跨文化传播的影响；而在接受美学层面，研究者们进一步考察了译本在不同文化背景下的读者接受情况，探讨了译本在目标文化中的审美契合度及其所引发的文化解读与反应。这些研究揭示了译本在全球文学传播中的复杂性与多维度影响。徐赛颖与韩嘉辉（2022）分析了《射雕英雄传》前三卷英译本在西方的传播与接受情况，关注其在英美文化圈中的接受度。他们采用书评分析法，通过对英美媒体与读者反馈的系统梳理，揭示了译本在英语世界的传播效果。研究发现，译本的流畅性与副文本信息的丰富性在西方读者中起到了重要作用，作品在主题、故事情节和武侠文化元素等方面获得了广泛的认可。然而，译本在翻译过程中也存在一些问题，如人名翻译不一致、出版进度缓慢等。为解决这些问题，徐赛颖与韩嘉辉建议统一翻译标准、加快出版进度，并拓展更多样化的传播渠道，提出了有益的理论与实践建议。

相比之下，时应权（2021）则以接受美学理论为基础，采用接受美学的三个关键概念——读者中心论、召唤结构和期待视野，分析了《射雕英雄传》译本在西方读者中的接受过程。时应权认为，郝玉青在翻译过程中通过归化和异化策略，成功回应了目标读者的文化期待，同时保留了原著的独特性，确保了译文的文化认同。这种策略不仅提升了译文的可读性，还促进了中国武侠文化的国际传播。尽管该译本在文化细节处理上存在某些不足，但总体上取得了较好的翻译效果，为未来的武侠小说翻译提供了宝贵的经验。

综合来看，两项研究虽然采用了不同的理论框架与方法，但都聚焦于《射雕英雄传》英译本的传播与接受问题。徐赛颖与韩嘉辉强调了译本在英美市场的实际传播效果及其背后的文化因素，时应权则深入分析了读者在理解与接受译文中的重要性。这两项研究互为补充，共同揭示了《射雕英雄传》英译本在西方的传播成功与挑战。

3. 翻译实践与策略：不同文化背景下的翻译方法对比

学者们深入探讨了《射雕英雄传》跨文化翻译中的关键问题与挑战，研究重点涉及文化负载词的翻译处理、古典诗词的跨文化转化、副文本的设计功能以及称谓词翻译中的操控因素等。通过不同的理论框架，研究揭示了译者在文化传递与市场需求之间的复杂平衡，深化了对跨文化文学传播机制的认识。这些研究不仅为武侠小说的翻译提供了重要的理论依据，也为未来的翻译实践提供了有益的学术参考。雅玉国（2019）通过对文化负载词的翻译研究，揭示了在跨文化翻译中，文化负载词的"语义空缺"问题。这些词汇承载着丰富的中国传统文化，尤其是江湖文化、武功招式和传统医药概念，给译者带来了巨大的挑战。雅玉国对比分析了郝玉青的《射雕英雄传》英译本和 Wuxia Society 的非正式译本，发现两种译本在处理文化负载词时，虽然在绝对语义空缺上趋于一致，但在相对空缺概念上有显著差异。郝玉青结合音译与意译，试图在保留原有文化内涵的同时，适应英语读者，而 Wuxia Society 团队则采取了更为直接的音译策略，忽视了部分文化细节。雅玉国的研究不仅揭示了语义空缺理论在文学翻译中的应用与局限性，还展示了译者在文化适应和再现之间的平衡策略。

蔡高梅（2021）的研究接续了这一主题，进一步探讨了《射雕英雄传》中古典诗词的翻译。她以目的论为框架，分析了郝玉青在翻译古典诗词时如何通过释义、替换、增译等策略来满足目标读者的文化理解需求。蔡高梅指出，译者在大多数情况下成功地应用了目的论原则，但仍存在部分误译现象，尤其在文化内涵的传递上出现了偏差。这与雅玉国的研究有着内在的呼应，二者共同揭示了文化负载词和诗词翻译中的复杂性，即如何在跨文化翻译中既保持原作的文化精髓，又能适应目标语言的表达方式。

张莹（2023）从副文本翻译的角度提出了"第二世界构建意识"的概

念，特别是针对《射雕英雄传》中复杂的命名体系和虚拟世界设定。她借用托尔金的"第二世界"理论，主张通过副文本设计来帮助读者更好地理解小说的虚拟世界结构。张莹的研究丰富了对译本副文本的关注，与雅玉国和蔡高梅的研究形成互补。雅玉国侧重于文化负载词和语义空缺的文本内翻译，而张莹则拓展了对译本背景信息、角色列表等副文本元素的分析，强调了这些元素在跨文化理解中的重要性。

周静（2020）以翻译操纵论为基础，考察了郝玉青在称谓词翻译中的策略，进一步扩展了对译者在翻译过程中受到的意识形态和市场因素影响的理解。她指出，郝玉青在翻译称谓词时采用了归化策略，尽管提高了译文的可读性，但也导致了部分文化特征的流失。与张莹注重副文本设计中的文化呈现类似，周静关注的焦点是文本内外的操控因素，突出了译者在翻译中如何平衡文化传递与市场需求。

在这些研究的基础上，赵刚与苟亚军（2019）进一步讨论了郝玉青的"创造性翻译"策略，分析了郝玉青《射雕英雄传》英译本的成功因素。他们发现，创造性翻译在适应目标读者文化的同时，有效传递了原作的文学特色。这一策略的灵活运用，不仅使译本在市场上取得成功，还提高了小说的可读性。这与蔡高梅的目的论研究相呼应，进一步强调了译者在平衡忠实性与可读性之间所面临的挑战和策略选择。

李伟与颜海峰（2022）运用译者行为批评理论，对郝玉青的翻译行为进行了系统分析。他们认为，郝玉青在处理《射雕英雄传》的翻译时，虽然在文化细节上存在一定的"务实"倾向，但总体策略合理，尤其在提升译本的可读性方面表现突出。这一研究与赵刚和苟亚军对创造性翻译的探讨相辅相成，共同揭示了译者在国际传播中的关键作用。

综上所述，这些研究通过不同的理论框架和分析角度，共同探讨了《射雕英雄传》英译过程中的文化传递与翻译策略，体现了译者在跨文化文学传播中的多重挑战。无论是文化负载词的翻译、古典诗词的处理，还是副文本的设计、称谓词的操控，研究者们都指出了译者在文化再现与市场适应之间的复杂平衡。

4. 翻译风格与规范：译者风格对目标文化的影响

学者们通过不同的方法，如文本分析工具、翻译质量评估和语料库语言学，揭示了郝玉青在处理文化负载词、提升译文可读性以及平衡文化保留与市场需求方面的策略。这些研究为中国文学的国际传播提供了理论支持，并强调了译者在跨文化翻译中的重要作用。2019 年，郭洁等人的研究聚焦于郝玉青翻译《射雕英雄传》时所展现的翻译风格，特别是如何处理文化负载词和语言结构。他们使用 LancsBox 文本分析工具，对译文的语言特征进行量化分析，揭示了郝玉青在语言和文化层面的处理策略。通过类符/形符比、词汇密度等语言数据的分析，研究者发现郝玉青的翻译风格与英语文本的语言特征高度一致，展现了译者对目标语言规范的适应能力。与此同时，郝玉青在文化层面采用了多种策略处理如人名、武器等文化负载词，表现出译者的灵活性和跨文化传播的策略性。该研究不但检验了翻译风格理论和跨文化翻译理论的应用，还为中国文学国际传播提供了实证支持。

同年，宁雅楠运用豪斯翻译质量评估模式，对郝玉青的英译本进行了系统的评估。她发现，郝玉青在译文中运用了隐性和显性翻译相结合的策略，既保留了原文的文化内涵，也显著提升了译文的可读性和市场接受度。宁雅楠强调，译文在功能上成功实现了与原文的对等性，且适应了西方读者的阅读习惯。这一研究不仅揭示了豪斯模式在武侠小说翻译中的适用性，也为未来的翻译实践提供了重要的理论和方法指导。

2020 年，冯艳雨进一步分析了郝玉青在翻译《射雕英雄传》时所采取的删减和改写策略。她基于功能翻译理论，指出译者为适应英语读者的阅读习惯，对原文中的历史文化信息和武功招式进行了删减，这虽然提升了译文的可读性，但也导致了部分文化信息的缺失。冯艳雨的研究从功能导向角度出发，提出在未来的翻译中，译者应更加注重对文化负载词的精准处理，以确保译文既保持可读性，又不失文化内涵。

在此基础上，冷慧与蔡高梅（2021）则从目的顺应论的角度探讨了郝玉青的翻译策略，特别是在处理文化负载词如人名和武功招式时，郝玉青采用了意译与音译相结合的方式。这种策略不仅突出了原作的"中国性"，还考虑了英语读者的文化背景和接受能力，使译文更具市场吸引力。她们的研究发现，郝玉青的翻译策略在跨文化传递中具有较强的适应性，成功平衡了文化保留与读者需求之间的矛盾。

2022 年，蒋小梅延续了对《射雕英雄传》后续卷英译本的分析，通过语料库语言学方法，结合图里的翻译规范理论，揭示了译者在翻译中如何遵循简化、显化和常规化等规范。这一研究填补了之前对《射雕英雄传》后续卷英译本研究的空白，揭示了简化和显化规范在译文词汇和句法特征中的广泛应用，进一步提升了译文的可读性和文化适应性。她的研究不仅为《射雕英雄传》英译本的研究提供了实证数据，也为其他中国文学作品的翻译实践提供了宝贵的经验。

总体来看，这些研究通过不同的理论框架和方法，逐步揭示了《射雕英雄传》英译本在语言和文化处理方面的成功之处。从翻译风格、翻译规范到文化适应性，研究者们为中国文学的国际化传播提供了多维度的理论和实证支持，并指出了译者在处理文化差异、提升可读性和传递文化内涵方面的关键作用。

5. 叙事与文体理论：文本叙述的跨文化传递

在对金庸武侠小说《射雕英雄传》英文译本的研究中，王喆（2020）与黄程玲（2022）分别从叙事学和叙事文体学的角度展开了分析，两者的研究在时间和理论框架上有所延续和互补。王喆的研究聚焦于郝玉青的《射雕英雄传》英文译本，采用叙事学理论，通过对叙事视角、文本标示元素的处理（如人物姓名和章节标题）等方面的深入分析，探讨了翻译策略对读者理解和文化适应性的影响。她特别指出，郝玉青在翻译过程中通过调整叙事视角，使得西方读者更容易理解中国文化背景，但这一调整也可能在某些情况下拉大读者与故事人物之间的距离，削弱人物塑造的沉浸感。此外，她还分析了译者对封面文案的改编及由此带来的文化误导问题。

黄程玲的研究在此基础上进一步深化，转向对《射雕英雄传》英译本的引语翻译进行了系统分析。她采用叙事文体学理论，探讨了引语的翻译策略对人物塑造、叙事聚焦、叙事声音和叙事距离的影响。通过定性与定量结合的方式，黄程玲分析了引语在武侠小说中的关键作用，尤其是其对叙事功能的推动作用。她揭示了译者在处理武打场景和人物对话时的不同翻译策略，如直译、意译和省译，并指出这些策略不仅影响了译文的可读性，也对叙事效果产生了显著影响。特别是英语中的简洁表达原则在引语翻译中的应用，导致了引语模式的简化和删减，这种调整改变了原著的叙事节奏和叙事距离。

从两项研究的对比来看，王喆更侧重于从宏观的叙事视角、文本标示以及附加材料（如译序、附录）的处理，讨论翻译如何平衡文化适应性与原作的忠实再现。而黄程玲则将关注点缩小到引语的微观翻译策略，深入分析了翻译策略如何影响人物塑造与叙事功能。两者共同揭示了翻译过程中叙事结构和叙事视角对读者阅读体验的深远影响，并且均指出译者在处理文化差异时面临的挑战。王喆强调了译者在适应西方文化背景时可能产生的误导性问题，而黄程玲则通过分析引语的删减和重组，揭示了翻译中文化规范对叙事功能的影响。

两位学者的研究分别从叙事学和叙事文体学的角度，系统分析了《射雕英雄传》英译本的翻译策略及其叙事功能的调整。这些研究不仅丰富了武侠小说翻译的理论框架，也为后续研究提供了坚实的理论与实证基础。通过结合两者的结论可以看出，译者在翻译过程中需要在忠实再现原作与文化适应性之间找到更好的平衡，以确保译文能够既保持原作的叙事特色，又符合目标读者的阅读习惯。

6. 文化缺省与互文性：文化缺省的处理与跨文本的对话

周果（2020）以郝玉青的《射雕英雄传》英译本为对象，分析了其中的文化缺省问题，尤其是如何在翻译过程中处理和传达原著中丰富的文化信息。周果的研究通过对比分析法和案例研究法，探讨了增译、音译加意译、音译加注以及直译加注等策略如何弥补文化缺失现象。这一研究不仅关注译文的流畅性，还评估了这些翻译策略如何帮助目标读者更好地理解原作中的文化背景。周果的研究结果表明，郝玉青通过一系列翻译策略，有效解决了部分文化缺省的问题，虽然误译现象仍存在，但整体表现出一定的翻译成效，为中国文学的国际传播提供了有力的参考。

同样是在 2020 年，刘桂芳从互文性理论的角度对《射雕英雄传》英译本进行了细致分析。她的研究侧重于武打招式、武打场景及人物名称的翻译策略，运用定性与定量相结合的方法揭示互文性理论在翻译实践中的实际运用。

刘桂芳指出，译者在翻译武打招式时倾向于采用省译、直译和意译等策略，尽可能保持译文的流畅性和易读性；在武打场景的翻译中，增译和直译被广泛应用，以准确再现原文的文化氛围。而对于人物名称的翻译，音译与直译结合的方式则确保了人物的文化特征得以保留。她的研究不仅扩展了对《射雕英雄传》翻译的研究领域，还通过互文性理论，揭示了文本之间的文化和语义联系如何影响译者的策略选择。

对比来看，周果和刘桂芳的研究都关注到翻译过程中的文化传递问题，但侧重点有所不同。周果基于文化缺省理论，强调如何通过翻译策略来弥补文化信息的缺失，而刘桂芳则通过互文性理论，更关注文本间的关联以及如何通过翻译策略实现文化和语义的转换。两位学者的研究都指出了增译、直译等策略在文化信息传递中的重要性，但周果更注重文化背景的补充，而刘桂芳则强调译文的可读性和文化的传承。

这些研究不仅为《射雕英雄传》的翻译提供了理论和实践支持，也为翻译文学中的文化缺省和互文性研究提供了宝贵的学术参考。无论是文化缺省理论还是互文性理论，两者都在探索如何在翻译中平衡文化保留与文化适应方面提供了独特的视角，推动了中国文学在国际舞台上的传播与接受。

7. 理论模型与接受美学：理论创新与美学价值的延续

罗希（2019）和何雯慧（2023）的研究都围绕金庸武侠小说《射雕英雄传》的英译本展开，尽管分别从不同理论视角出发，但二者共同探讨了翻译中如何处理文化差异和读者接受的问题。两者研究的重点是翻译过程中面对的文化缺失问题及其应对策略，特别是在东西方文化差异较大的背景下，如何实现文化的有效传达和译文的可读性。

罗希（2019）的研究基于关联理论，着重分析了郝玉青的翻译策略，尤其是如何通过文化解释、替代性描述、增补信息等手段弥补原作中的文化缺省。关联理论强调信息的相关性与读者的认知需求，罗希通过此理论对《射雕英雄传》中的文化背景、语言特点和历史事件等多方面进行了深入探讨。他指出，郝玉青通过多种翻译补偿手段，较为成功地保留了原作的文化内涵，同时增强了译文的可读性，使得译文在文化传达与读者接受之间达成了较好的平衡。

与此不同，何雯慧（2023）从接受美学的角度出发，分析了郝玉青的翻译策略及其在西方读者中的接受情况。接受美学强调"读者中心"，何雯慧通过对译本在西方市场上的反馈分析，指出郝玉青采用了归化与异化相结合的策略，希望在保留原作文化内涵的同时，使译文更贴近西方读者的阅读习惯。然而，尽管这一策略在一定程度上满足了读者的期待，但文化缺失与语言障碍仍然对译文的接受度产生了影响。通过对召唤结构的分析，何雯慧进一步指出，尽管郝玉青在翻译过程中试图再现原作的文化韵味，但其个人视角和策略性删减却导致部分文化细节无法被充分传达，影响了读者对译本的接受，特别是在涉及人物名称、武术招式等文化负载词汇时。

罗希的研究更加侧重于翻译策略的理论框架和具体应用，他强调翻译中的文化补偿手段和策略选择，认为通过合理的翻译方法可以有效填补文化缺失。而何雯慧则更关注译本在读者中的实际接受情况，她的研究揭示了译者在迎合读者期待与保持文化忠实性之间的平衡难题。两项研究各有侧重，但共同指出了翻译过程中文化传达的复杂性以及文化缺失对译文接受度的深远影响。

通过对比这两项研究，可以看出《射雕英雄传》的翻译实践面临着多重挑战，包括文化背景差异、语言特点的不可译性以及读者认知的局限性。罗希和何雯慧的研究分别为如何应对这些挑战提供了不同的理论与实践建议，前者提出了基于文化解释和补偿策略的解决方案，后者则从接受美学的视角强调了读者期待对译文的影响。

二、生态与伦理视角：环境与道德维度的文化考量

本部分旨在从生态翻译学与翻译伦理的角度，探讨文化传递过程中的理论框架与实践挑战。近年来，生态翻译学作为一种新兴的翻译理论范式，逐渐受到学界的广泛关注。该理论借鉴了达尔文"自然选择、适者生存"的进化原则，强调译者在特定的语言、文化与交际环境中，通过"选择"与"适应"实现翻译生态平衡。与此同时，翻译伦理作为翻译研究的另一重要维度，关注译者在跨文化传播中的伦理责任及其决策对目标文化的影响。本部分结合生态翻译学与翻译伦理理论的相关研究，深入分析译者在跨文化语境中的角色功能、伦理抉择及其适应性策略。通过探讨译者在文化传递中的多重作用，本部分旨在揭示翻译过程中伦理规范与文化适应之间的动态平衡，并为跨文化翻译理论的发展提供更加系统的理论支撑与实践指导，进而推动对译者主体性及其在跨文化交流中的影响力的学术探讨。

1. 生态翻译学：生态视角下的文化传递

孙菲菲（2020）的研究基于这一理论框架，借鉴了达尔文的"自然选择，适者生存"原则，对翻译过程中的本质、标准和方法进行了深入探讨。生态翻译学通过"选择"和"适应"的双重视角，分析译者在面对不同语言、文化和交际环境时的策略选择。孙菲菲的研究通过对《射雕英雄传》英文版翻译过程的详细分析，探讨了在翻译生态环境中，译者如何进行适应与选择，最终实现多维度的翻译转换。

该研究首先提出，翻译生态环境对翻译策略的影响是多维的，涵盖语言、文化和交际三个主要维度。在语言维度上，译者要适应目标语的语言结构和习惯，以确保信息的准确传达。孙菲菲指出，译者往往通过归化翻译策略，使译文更加符合目标语的表达习惯，从而增强读者对文本的理解。在文化维度上，译者则面临着如何在保留原作文化特色与帮助读者理解之间取得平衡的挑战。孙菲菲的研究表明，译者选择了适当的策略，通过在译文中适度融入目标文化的元素，使文化信息得以顺利传达，而不至于因过度异化而让读者感到陌生。在交际维度上，孙菲菲的分析强调了译者与读者之间的有效沟通。在这个过程中，译者不仅要忠实于原文，还要根据目标语读者的认知水平和阅读习惯进行调整，以提高信息的可读性和易懂性。这种交际上的适应性调整有助于促进译文的信息传递，并提高译文在目标语文化中的接受度。值得注意的是，虽然译者在大多数情况下采用了归化策略以适应目标语环境，但为了保留原作的独特文化风貌，译者在适当场合也采用了异化策略，力求在信息传递和文化保留之间找到平衡。

孙菲菲的研究不仅丰富了生态翻译学在武侠小说翻译中的应用，还为翻译实践提供了新的思路。通过对生态翻译学理论的实际运用，研究展示了翻译过程中适应与选择的复杂性，并为武侠小说的国际传播提供了宝贵经验。

2. 翻译伦理：伦理规范在翻译中的应用与挑战

在翻译伦理研究领域，蔡筱雯（2021）、陈晓（2019）和沈芳婷（2022）对译者伦理选择及其影响进行了深入探讨。这些研究不仅关注翻译过程中伦理问题的复杂性，还展示了翻译伦理在跨文化传播中的关键作用。

蔡筱雯（2021）提出了一个系统的理论框架来理解翻译实践中的伦理环境、译者身份认同和伦理选择的动态生成过程。她以郝玉青翻译的《射雕英雄传》第一卷英文版为研究对象，分析了这一翻译实践如何反映译者在多文化背景下的伦理决策。蔡筱雯采用副文本视角，超越了传统的文本分析局限，结合历史学和文学的文献研究方法，构建了宏观、中观和微观相结合的译者伦理分析框架。她的研究着重揭示了译者在处理文化和语言差异时面临的伦理困境及其解决策略，并指出译者的伦理选择不仅受翻译环境的影响，还深受个人身份认同的影响。特别是蔡筱雯基于 20 世纪 80 年代贝尔曼提出的翻译伦理学理论，并结合中国学者的研究成果，强调了在多重角色和复杂背景下进行伦理决策的重要性。她的研究结论表明，郝玉青在翻译《射雕英雄传》的过程中采用了兼顾归化和异化的策略，既保留了原作的文化特征，又确保了译文的流畅性和接受度，体现了对翻译伦理的全面考虑。

陈晓（2019）以郝玉青翻译的《射雕英雄传》为例，进一步探讨了翻译伦理在金庸武侠小说国际传播中的作用。陈晓采用切斯特曼的翻译伦理模式，重点分析了翻译伦理如何影响翻译实践，并探讨了译者如何通过伦理取向实现武侠作品的对外传播。陈晓的研究特别关注了郝玉青如何在处理翻译伦理问题时，平衡忠实于原作和符合目标读者文化期待的双重任务。研究发现，郝玉青在翻译过程中采取了灵活的翻译策略，如直译加注、意译等方式，既保留了原作的文化内涵，又考虑到目标读者的文化背景和理解能力。此外，郝玉青在翻译中注重译文的流畅性和可读性，使得译本能够有效地传达原作的艺术魅力，并促进了文化的跨国交流。

沈芳婷（2022）则通过定性与定量相结合的方法，对郝玉青翻译的《射雕英雄传》第一卷英译本进行了详细分析。她的研究主要基于忠实伦理、交流伦理和职业伦理三大理论模式，全面考察了郝玉青在翻译过程中所表现出的伦理取向。沈芳婷发现，郝玉青在忠实伦理方面采用了以译出文化为导向的翻译策略，如音译和直译方法，以保留原文中的文化特征。在交流伦理方面，郝玉青则采取了以译入文化为导向的策略，通过调整译文章节和修改翻译内容来提高译本的可读性。此外，沈芳婷的研究还揭示了郝玉青在职业伦理方面展现出的协调能力，反映了她对文化交流的深刻理解和责任感。尽管存在一些文化缺失和译文流畅性的问题，但郝玉青的翻译策略在促进中国武侠小说的国际传播方面发挥了重要作用。

蔡筱雯、陈晓和沈芳婷的研究共同展示了翻译伦理在处理跨文化翻译中的复杂性及其对翻译策略的深远影响。这些研究不仅丰富了译者伦理的理论体系，也为未来翻译实践中的伦理决策提供了宝贵的理论支持和实践指导。

三、文化与传播视角：跨文化传播的路径与方法

本部分旨在从文化与传播的视角出发，深入探讨中国文学作品在全球化语境中的流通机制与跨文化传播路径，重点聚焦《射雕英雄传》英译本在国际市场中的传播模式及其成功要素。通过对现有文献的梳理与分析，本部分综合运用文化传播与传播学的理论框架，系统阐明《射雕英雄传》在跨文化传播过程中的路径选择、策略实施及其文化适应性，旨在为中国文学作品的全球传播机制研究提供更加全面、系统的学术论述，并进一步深化对中国文学国际化传播实践的理解。

1. 文化传播：文学作品的全球流通与文化渗透

在探讨中国文学作品的全球版权输出与文化传播方面，邹蔚苓和李法宝（2019）的研究提供了重要的理论支持和实践参考。作者通过案例研究法，对《射雕英雄传》英文版在英国、美国和澳大利亚等主要英语市场的传播路径进行了深入分析，揭示了版权输出、文化转换以及翻译策略等关键因素对作品成功的重要影响。

邹蔚苓与李法宝的研究不仅关注文本翻译和传播过程，还探讨了出版策略与文化适应性之间的关系。这种多维度的视角使得研究能够更全面地揭示中国文学作品在西方市场接受度的深层次原因。作者通过将文化传播理论与版权管理理论结合，强调了全球化背景下文化产品跨文化传播的复杂性与挑战性。

具体而言，研究指出，成功的版权输出不仅依赖于作品本身的高质量内容，还需要在跨文化传播过程中对中西方文化的共性和差异有敏锐的把握。在《射雕英雄传》的翻译过程中，译者采用了文化转换的翻译策略，有效地化解了文化障碍，使中国文化能够更容易地被西方读者接受和理解。此外，版权代理在图书传播中的关键作用也得到了关注，研究认为优秀的版权代理能够显著提升作品的国际传播效果。

研究表明，《射雕英雄传》英文版在西方市场的成功，既因为其原著的文学价值和文化魅力，也得益于精心策划的出版策略和成功的文化转换。优秀的版权代理为该书在西方市场的推广和发行提供了重要保障，而译者通过探寻中西文化的共性，使这部充满中国特色的武侠小说能够在西方文化语境中获得认同与接受。研究还强调，中国图书的版权输出要实现从"走出去"到"走进去"的跨越，不仅需要在内容创作水平上不断提升，还需在翻译质量和文化适应性上作出更大的努力。

邹蔚苓与李法宝的研究为理解中国文学在全球化背景下的传播机制提供了重要的理论支持。通过对《射雕英雄传》这一成功案例的深入分析，研究不仅丰富了文化传播学和版权管理理论的实证研究内容，也为中国图书在全球市场的未来发展提出了具有实际操作意义的建议。

2. 传播学理论：多媒体时代的文学传播与受众分析

吴玥璠和刘军平（2019）的研究从传播学视角对《射雕英雄传》的英译本进行了系统分析，探讨了该书在国际市场上取得成功的关键因素。这项研究运用了哈罗德·拉斯韦尔的5W传播模式，对传播主体、传播受众、传播内容和传播媒介进行了详细的分析，揭示了其在国际传播中的独特优势和策略。

研究发现，《射雕英雄传》在国际市场的成功归因于多个因素的共同作用。首先，成功的传播主体选择是关键。知名出版商的参与和赞助不仅为该书创造了有利的市场环境，也确保了其广泛的市场曝光。其次，传播内容的精准定位和译者的文化适应性翻译策略为译文的可读性和接受度提供了保障。译者通过合作翻译的方式，成功地将文化内涵和文学特色传达给西方读者，增强了读者的接受度。最后，多样化的传播路径和分卷逐年发行策略，进一步促进了《射雕英雄传》的市场渗透和读者持续关注，使其在国际市场上逐步扩展影响力。

这项研究的理论基础扎根于传播学的经典理论，特别是拉斯韦尔的5W传播模式，通过这一框架，研究者深入分析了《射雕英雄传》英译本成功的传播策略。研究结论表明，作品的成功传播不仅依赖于有效的传播主体和内容，还得益于灵活的传播媒介和发行策略。特别是金庸前三部英译作品的成功经验，对《射雕英雄传》的传播策略产生了重要影响，使其具备了较强的市场适应性。

然而，研究也揭示了一些潜在的传播隐患。武侠文学的文化性和文学性可能与西方读者的期待存在一定差距，中外译者在合作翻译过程中可能出现风格不一致的问题，这可能对读者的阅读体验产生负面影响。此外，尽管分卷逐年发行的策略取得了一定成功，但如果出版周期安排不当，也可能导致读者兴趣的减退。

吴玥璠与刘军平的研究不仅为理解中国武侠小说在国际市场的传播提供了重要的理论依据，也为未来中国文学作品的全球推广提供了实践性的建议。研究明确了有效传播的关键条件与策略，对推动中国文化产品的国际化传播具有重要的学术价值和实践意义。

四、社会学与跨学科视角：跨文化互动中的社会动力

本部分将从社会学与跨学科的视角深入探讨文学翻译在跨文化互动中的社会动力与文化传播机制。通过综合相关文献，结合社会学理论与翻译传播学的研究框架，本部分将系统分析《射雕英雄传》英译本在西方市场的传播效应、关键行动者的互动机制及其资本作用。特别是借助布迪厄的资本理论和先进的文本挖掘技术，探讨译本在国际市场中的接受度与文化认同的形成过程。

1. 社会学视角：文学翻译的社会影响与文化互动

刘毅、刘欣和张汨的研究从不同理论角度探讨了《射雕英雄传》英译本的传播机制。刘毅分析了译本在西方市场的传播效应及其复杂机制，刘欣详细研究了翻译过程中的关键行动者及其互动，张汨则运用布迪厄的资本理论

探讨了资本在翻译与传播中的作用。这三项研究为《射雕英雄传》的国际推广提供了深刻的理论支持与实践指导。刘毅（2021）的研究运用了行动者网络理论（ANT）和布迪厄的场域理论，系统地探讨了《射雕英雄传》英译本的传播效应。刘毅从宏观、中观和微观层面对译本在西方市场的表现进行了分析。他认为，通过行动者网络的构建，译本得到了有效的传播支持，包括译者、出版社、媒体及读者的积极参与。同时，刘毅指出，译者郝玉青的翻译策略至关重要，她既保留了原作的文化特色，又作了适当调整，使译本符合西方读者的阅读习惯。刘毅建议扩大参与的行动者范围，采用多模态翻译版本，以进一步挖掘金庸小说的商业潜力，提升其全球市场的影响力。刘毅的研究揭示了《射雕英雄传》英译本成功的复杂机制，并为中国文学如何在国际上取得成功提供了重要参考。

刘欣（2022）基于行动者网络理论，对《射雕英雄传》英译本的译介过程进行了详细分析。刘欣关注翻译过程中的关键行动者，如译者郝玉青、文学代理人彼得·巴克曼、麦克莱霍斯出版社及其编辑团队。刘欣通过文献梳理和资料分析，探讨了各行动者之间的互动关系，利用行动者网络理论中的四个转译阶段——问题呈现、利益赋予、征召和动员，将《射雕英雄传》的翻译网络划分为发起、生产和传播三个子网络进行描述性研究。研究发现，成功的英译不仅依赖译者的语言能力和文化敏感性，还依赖各行动者之间的高效协作和互动。在发起网络中，译者郝玉青与代理人彼得·巴克曼的合作促成了版权获取。在生产网络中，译者团队的紧密合作确保了译文质量和出版进度，而编辑团队与译者的互动进一步优化了译文。最终，麦克莱霍斯出版社通过多样化的宣传手段，将《射雕英雄传》推向国际市场。刘欣的研究为行动者网络理论在翻译研究中的应用提供了新的视角。

张汩（2023）通过布迪厄的社会学理论对郝玉青翻译的《射雕英雄传》第一卷英译本进行了深入探讨。张汩的研究聚焦于文化资本、社会资本、象征资本和经济资本在翻译与传播过程中的具体运作与协同效应，将翻译视为一种社会文化行为，详细分析了不同形式的资本在译本传播中的表现和作用。文化资本体现在译者对原作文化内涵的把握和对目标读者的适应性，社会资本则通过译者与出版商的合作及其获得的社会支持来体现，象征资本则通过

《射雕英雄传》作为中国经典武侠文学的象征性地位提升了译本在西方市场中的文化价值与吸引力，经济资本则表现为出版商的市场运作与推广策略。张汩的研究结论指出，郝玉青译本的成功是多种形式资本相互作用的结果，文化资本奠定了基础，社会资本和象征资本增强了传播影响力，经济资本提供了市场竞争中的物质支持。

刘毅、刘欣和张汩的研究从不同角度对《射雕英雄传》英译本的传播进行了深入分析，揭示了其成功的多重因素。刘毅通过行动者网络理论和场域理论的结合，探讨了译本的传播效应及其市场表现；刘欣系统分析了译介过程中的行动者互动及其对翻译成功的影响；张汩则运用布迪厄的资本理论，深入探讨了不同形式资本的作用与协同效应。

2. 翻译传播学：从文本传播到文化认同的跨文化交流

谭华（2023）的研究系统探讨了金庸武侠小说《射雕英雄传》英译本在海外市场的接受与传播效果。她通过分析亚马逊平台上的读者评论，利用文本挖掘技术和数据分析方法，揭示了译本在西方读者中的接受度、情感反应以及传播的地理分布情况。这项研究建立了一个包含大量读者评论的数据库，运用 R 语言进行文本挖掘与数据处理，通过定量分析展示了读者星级评价、情感倾向和主题认知等维度的数据分布。此外，研究结合文本精读方法，对具有较大影响力的评论进行了质性分析，深入探讨了读者的情感态度、译本质量的关注点以及阅读体验。这种定量与定性相结合的方法增强了研究的深度和广度，为探究文学翻译在跨文化传播中的效果提供了实证支持。

在理论框架上，谭华的研究借鉴了翻译传播学中的社会文化理论，认为翻译不仅是语言转换的过程，更是深刻嵌入社会文化语境中的行为。她通过对读者评论的情感分析和主题认知的挖掘，揭示了《射雕英雄传》英译本在海外传播中所面临的文化适应与接受挑战。研究表明，译本的接受度不仅依赖语言的准确性和翻译策略的选择，还与目标文化的审美趣味、价值观念及读者的文化心理密切相关。

具体来说，研究结果显示《射雕英雄传》英译本在英语国家如英美等地获得了广泛的积极反馈，而在德国和意大利等非英语国家也显示出一定的接受度。然而，研究也指出，译本在全球范围内的传播仍需拓展，尤其是在非英语国家潜力较大。情感分析结果表明，绝大多数读者对译本持积极态度，表明译本在整体上成功地吸引了西方读者，并在一定程度上实现了中国武侠文学的跨文化传播目标。尽管如此，但部分读者对译本的语言质量表达了不满，这反映出译本在适应目标文化期望方面仍有提升空间。

谭华的研究不仅揭示了《射雕英雄传》英译本的传播效果，还提出了全球化背景下中国文学作品如何在异文化语境中找到共鸣和接受的策略。她强调，虽然翻译应保持原作的文化身份，但在跨文化传播过程中，适度考虑目标读者的审美与文化期待，对于提升译本的接受度与传播效果至关重要。这一研究为中国文学"走出去"提供了有益的实证分析与理论支持，推动了对中国文学在全球市场传播的深入理解。

3. 他者视角：文化他者在翻译中的重构与表现

在探讨翻译研究中的文化认知与译者态度方面，晋利利（2021）针对郝玉青翻译的《射雕英雄传》进行了深入分析，着重考察了译者如何处理"他者"文化的视角。该研究聚焦于翻译过程中的文化差异平衡，促进了中国武侠文化在国际舞台上的传播。

晋利利以"他者"视角为理论框架，分析了郝玉青在翻译金庸武侠小说英文版时的翻译策略。研究表明，随着全球化进程的推进和文化认同的多样化，翻译研究越来越重视如何在翻译中实现"自我"与"他者"的平等对话。这种对话不仅要尊重源文化，还要考虑目标读者的接受习惯，从而实现文化的有效传播。晋利利通过逻辑分析法，详细剖析了郝玉青如何通过翻译策略调节和适应目标读者的文化认知，展现了译者对异质文化的尊重和理解。

具体来说，郝玉青在翻译《射雕英雄传》的过程中采取了亲善的态度，力图避免文化偏见和误读。研究指出，郝玉青通过尊重原文的文化背景，结合适当的文化转化策略，使译文既忠实于原著，又符合目标读者的接受习惯。同时，她精心调整了文化负载词汇和修辞方式，以满足目标读者的期望，提高译文的可读性。通过这些措施，郝玉青有效平衡了源文化与目标文化之间的差异。

晋利利的研究结论认为，译者对"他者"文化持积极态度，有助于减少翻译中的文化偏见和误读，从而实现"自我"与"他者"的文化融合。这种态度不仅使翻译忠实于原著，还能有效满足目标读者的文化需求，进一步促进中国武侠文化的全球认可和传播。因此，晋利利的研究不仅提供了翻译实践的有价值理论指导，还在跨文化传播和国际交流的背景下，展示了如何通过"他者"视角分析翻译行为，平衡文化差异，促进文化理解和认同。

在对《射雕英雄传》英译的研究中，学者们普遍关注翻译过程中涉及的文化、语言与叙事策略，尤其是中国武侠文化在西方语境中的传播表现。然而，现有研究大多侧重于翻译理论框架的应用，如语义翻译与交际翻译、接受美学及翻译风格等层面的讨论，较少深入分析文化词汇、侠义精神及跨文化语境中的细节阐释。因此，进一步细化研究视角，不仅有助于深化对金庸武侠小说英译的理解，还能为中国文学的全球传播奠定更为精细的学术基础。在此基础上，之后的研究可以从以下几个方面对《射雕英雄传》的英译问题展开更深入的探讨。

武侠小说的核心是"侠义精神"，但这一概念在英译过程中常常被简化甚至误读。对"侠"与"义"概念的历史渊源进行梳理，不仅有助于深入理解这些概念在中国文化中的内涵，还能为译者在不同文化语境下处理这些概念提供理论依据，帮助克服翻译中的文化障碍。

文化负载词是跨文化翻译中的一大难题，"侠"作为武侠小说中的核心概念，其翻译挑战尤为突出。研究不同翻译语境中"侠"文化词汇的翻译路径，分析翻译策略如何在保留文化独特性与满足目标读者期待之间取得平衡，能够更好地呈现"侠"的复杂内涵。

多元系统理论为翻译研究提供了宏观的文化背景，揭示了翻译在不同历史和文化语境中的动态变化。从这一视角分析"侠"的翻译演变，可以更好地理解这一概念，在不同时期、不同文化系统中的适应与文化定位，从而揭示武侠文化在西方接受过程中的复杂机制。

金庸小说中的人物名字与绰号往往具有丰富的文化意涵，音译无法传达其背后的文化象征。通过对比分析不同译者在译名上的策略，如意译、音译或通过注释补充文化信息，可以探讨如何通过翻译传达人物名字与绰号所蕴含的独特文化内涵。

《射雕英雄传》的英译为武侠文化进入西方提供了契机，但其传播路径、市场反响以及学术界和大众的接受情况仍有待深入研究。探讨金庸小说在英语世界的传播模式，不仅能为中国文学的全球传播提供借鉴，还能揭示文化差异对文学接受的影响。

郝玉青的英译在保留原著文化精髓的同时，进行了部分文化的解构与重构，平衡了文化保留与读者需求。深入分析郝玉青在文化负载词、武打场景及叙事策略上的翻译手法，可以揭示她如何通过创造性的翻译实践为原著注入新的生命力。

张菁作为《射雕英雄传》的主要译者，其翻译策略与郝玉青的风格有所不同，值得进行比较分析。通过探讨张菁在文化差异处理、人物命名和叙事风格上的策略，能够进一步加深对金庸作品英译的多样性理解，完善对武侠翻译的综合认知。

文学翻译中合译往往面临如何保持翻译一致性与风格统一的挑战，在《射雕英雄传》英译过程中显得尤为突出。分析合译中的惯习之争以及协作翻译中的策略协调和规范化问题，可以为之后大型文学作品的翻译实践提供宝贵经验与启示。

从侠义精神、文化词汇翻译、多元系统理论、译者策略与合译问题等多个角度对《射雕英雄传》的英译进行深入研究，不仅可以丰富翻译研究的理论框架，也能为中国武侠文学在全球范围内的传播提供更加有力的学术支持和实践指导。这不仅有助于中国文学在跨文化语境中的传播与接受，也对全球文学交流具有深远的意义。

第二节　未来幻想的全球扩展与文化翻译策略研究：
《三体》的英译研究综述

　　《三体》是中国科幻作家刘慈欣[①]创作的一部长篇系列科幻小说，包括《三体》《三体Ⅱ：黑暗森林》和《三体Ⅲ：死神永生》。自 2006 年 5 月开始在《科幻世界》[②] 上连载以来，它就在科幻文学界引起了巨大轰动，并于 2008 年出版单行本。这一系列作品以宏大的格局、高远的立意和独特的视角，探讨了人性、科学与人文的关系。作为中国最受欢迎的科幻小说之一，《三

---

　　① 刘慈欣，男，汉族，生于 1963 年 6 月 23 日，祖籍河南，现为高级工程师及科幻作家。刘慈欣在中国科幻文学领域具有卓越贡献，他是中国作家协会第九届和第十届全委会委员，山西省作家协会副主席，阳泉市作家协会第五届理事会名誉主席，阳泉市文联名誉主席，刘慈欣文学院终身名誉院长。刘慈欣于山西阳泉成长，并在 1981 年考入华北水电学院水电专业。1985 年大学毕业后，他在山西娘子关电厂担任计算机工程师。20 世纪 90 年代，他开始涉足科幻创作，并于 1999 年 6 月发表了处女作《鲸歌》。随后，他相继出版了《超新星纪元》《球状闪电》和《三体》等重要作品。刘慈欣的代表作《三体》三部曲获得了国际认可，其中《三体》第一部于 2015 年获得第 73 届世界科幻大会颁发的雨果奖最佳长篇小说奖，成为亚洲首部荣获此殊荣的作品。2017 年 6 月，《三体Ⅲ：死神永生》荣获轨迹奖最佳长篇科幻小说奖。2019 年 2 月，他的作品改编电影《流浪地球》和《疯狂的外星人》上映。2019 年 8 月，刘慈欣入选福布斯中国 100 名人榜荣誉榜单；9 月，《三体》被列入"新中国 70 年 70 部长篇小说典藏"。刘慈欣被誉为中国科幻文学的领军人物，其作品特别是《三体》三部曲，被认为是中国科幻文学的里程碑之作，极大地提升了中国科幻在国际舞台上的影响力。

　　② 《科幻世界》是由科幻世界杂志社自 1979 年起编辑出版的一本科幻类杂志，前身为《科学文艺》和《奇谈》。作为全球发行量最大的科幻杂志之一，《科幻世界》在国内外享有盛誉，曾荣获"世界科幻协会最佳期刊奖""中国国家期刊奖提名奖"等多个重要奖项，并入选"中国百种重点社科期刊"与"双奖期刊"，成为中国科幻期刊中的经典代表。其影响力深远，体现了中国科幻文化在全球范围内的独特贡献与持续影响。该杂志在其发展历程中，曾由杨潇、阿来、秦莉等多位重要人物先后担任社长，其中阿来在任职期间因《尘埃落定》一书荣获茅盾文学奖，进一步提升了杂志社的声誉与文学地位。作为中国最具影响力的专业科幻出版机构，科幻世界杂志社不仅发行了多种系列期刊及图书，而且拥有广泛且忠实的读者群体，特别是在大中城市的幻想类期刊市场上，稳定保持着超过 95% 的市场占有率。科幻作为高科技时代的专属文化表达形式，反映了人类对于未来、科技及未知的想象和思考。而科幻类期刊与图书不仅是科幻文化的传播载体，也长期位居畅销书目之列，体现了科幻作品在文化市场中的重要地位。作为中国科幻业界的中坚力量，科幻世界杂志社长期致力于中国科幻文化市场的培育与推广，每年举办的中国科幻银河奖征文活动更是催生了大量优秀的科幻作家和作品。值得一提的是，《科幻世界》在推动中国科幻文学发展中发挥了至关重要的作用，培养了包括刘慈欣、王晋康、何夕、韩松等几乎所有中国一线科幻作家，因此被誉为"中国科幻小说的大本营"。《科幻世界》不仅为中国科幻文学的发展提供了重要的平台，还通过培养与扶持新兴作家，塑造了中国科幻文学的未来方向，为全球科幻文化的多样性贡献了中国声音。

体》系列荣获了多项奖项，包括第十八届中国科幻文学银河奖科幻特别奖、第二十二届中国科幻银河奖特别奖、第二届全球华语科幻星云奖最佳长篇小说金奖等。更令人瞩目的是，《三体》甚至被收入教育部基础教育课程教材发展中心中小学生阅读指导目录（2020 年版），显示了作品在国内的文化地位和影响力。

在英语世界，《三体》系列的英译本在 2014 年至 2016 年间陆续出版，并获得了重要奖项，包括第 73 届雨果奖最佳长篇奖（《三体》，2015 年）和 2017 年轨迹奖最佳长篇科幻小说奖（《三体Ⅲ：死神永生》，2017 年）。雨果奖①被誉为"科幻界的诺贝尔奖"，是科幻文学界的国际最高奖项。《三体》英译本因获得雨果奖最佳长篇奖，成为亚洲首部获此殊荣的作品，也是首部荣获国际性科幻文学大奖的翻译作品。此外，《三体》系列的英译本还被认为是近年来最成功的中国文学英译作品之一，对于中国文学的海外传播以及中国文化的走出去具有重要的研究和借鉴价值。刘慈欣的《三体》系列不仅在国内外取得了显著成功，还开创了中国科幻文学发展的新篇章。其跨越国界的影响力与深邃的思想内涵，使之成为当代中国文学的典范之作，推动了中国文学在全球文化语境中的广泛认可与尊重。基于《三体》在国际市场上的成功，学界从多元视角对其英译展开了系统性探讨，涵盖翻译理论、文化传播及文本适应策略等层面。

在《三体》英译的研究中，生态翻译学领域的学者，如刘会然、张德玉和习萌，运用"整合适应选择度"理论，探讨了译本在国际语境中的传播机制。他们认为，《三体》在全球范围的成功，不仅依托于其生态价值的普遍性，还得益于译者在"选择性适应"策略上的灵活运用以及市场推广的系统化操作。习萌则从语言、文化与交际三维视角出发，阐释了译者如何通过翻

① 雨果奖（Hugo Award），正式名称为"科幻成就奖"（The Science Fiction Achievement Award），旨在纪念"科幻杂志之父"雨果·根斯巴克（Hugo Gernsback）。该奖项由世界科幻协会（World Science Fiction Society，简称 WSFS）自 1953 年起每年在世界科幻大会（World SF Convention）上颁发，与星云奖并列为科幻文学领域的国际最高荣誉，常被誉为"科幻文学界的诺贝尔奖"。雨果奖的设立旨在表彰在科幻及奇幻文学领域中表现突出的作品与个人，其奖项类别涵盖了最佳小说、最佳中篇小说、最佳短篇小说等多个领域。奖项评选过程基于广泛的业界投票和讨论，体现了全球科幻文学爱好者及专业人士对卓越创作的认可与赞誉。雨果奖不仅是对作者创作成就的肯定，也标志着其作品在全球科幻文坛中的重要地位与影响力。

译策略的优化，增强文本在目标文化中的接受度，进而提升译作的全球影响力。这一系列研究表明，译者策略与文本的文化适应性在推动《三体》全球化传播中发挥了至关重要的作用。

在文本分析方面，陈子越、陈建生与吴赟等学者基于翻译规范、显化特征以及语料库翻译学，对《三体》英译本的文本特质及翻译策略进行了深入剖析。他们揭示了译者刘宇昆如何在原作风格的忠实呈现与目标读者期待之间寻求平衡，强调了翻译中的文化适应性与共性特征。通过详细的文本分析，研究者进一步指出，译者在忠实于原作叙事风格的同时，也对目标文化中的接受机制进行了有效调整，从而确保了译本的传播效果。

此外，其他学者基于翻译规范、顺应论及阐释学的理论框架，探讨了全球化背景下译者如何在忠实与文化适应之间实现动态平衡，尤其是在处理文化负载词汇与性别议题时的翻译策略。研究表明，译者通过多样化的翻译手段，增强了译本的可读性与文化适应性，进一步验证了翻译策略的多样性与灵活性在《三体》国际化传播中的核心作用。

总体而言，学界通过生态翻译学、翻译规范及阐释学等多个理论框架，对《三体》英译本进行了多层次的分析与探讨。这些研究不仅揭示了译者策略与市场推广在推动中国文学全球传播中的重要作用，也为跨文化翻译理论和实践的进一步深化提供了重要的学术支持与实践借鉴。

一、翻译理论视角：科幻文本的跨文化转换与适应

本部分将综合生态翻译学的理论框架，探讨《三体》系列如何在全球范围内成功传播。生态翻译学视角下的研究着重分析了翻译活动作为一个动态生态系统中译者、文本、读者及出版环节的互动机制。通过这种视角，可以揭示《三体》系列成功的生态价值及普世性如何促进其国际接受。此外，本部分还将运用翻译规范理论，系统分析译者在翻译过程中如何平衡源语文化与目标语文化的规范。相关文献中的研究揭示了翻译过程中的规范预期与实践调整，以及这些规范如何影响译者在文化负载词和科幻术语处理上的策略选择。

1. 生态与环境视角：科幻中的生态环境与文化背景的处理

刘会然和张德玉（2019）对《三体》系列科幻小说的研究主要从生态翻译学的视角出发，探讨了刘慈欣的《三体》系列在国际市场上的表现及其翻译过程中的关键因素。该研究运用了生态翻译学的"整合适应选择度"理论，强调翻译活动作为一个动态的生态系统，涉及译者、文本、读者及翻译出版环节的互动。研究发现，《三体》系列能够在海外取得成功的原因有三。首先，作品自身的生态价值和普适性。刘慈欣作品中的宇宙文明与人类命运等主题打破了文化和语言的障碍，激发了国外读者的共鸣和生态意识。其次，译者在翻译过程中通过"选择性适应"策略优化了译文，使其在目标文化中获得更高的接受度和适应性。最后，市场化的翻译出版路径也对该系列的成功起到了关键作用。市场化操作，尤其是新媒体平台的有效利用，使《三体》系列知名度得到有效提升，海外市场得到进一步拓展。

习萌（2019）的研究进一步深化了对《三体》英译本翻译策略的理解。习萌采用生态翻译学的三维理论框架，系统分析了译者刘宇昆在语言、文化与交际维度上的翻译策略和适应性选择。习萌的研究紧密结合中国文化"走出去"战略和"一带一路"倡议，强调科幻文学不仅是文学的一部分，更是科学文化传播的重要载体。在语言维度上，习萌关注《三体》英译本中的科技术语和俗语，分析了译者如何在英语环境中保留或调整这些特定语言形式，以传达原作的意图并使其为目标读者所接受。在文化维度上，研究讨论了文化负载词的处理，指出译者通过异化与归化的结合，成功传递了中国特有的文化元素，减少了文化隔阂。交际维度的分析则探讨了人名、称谓及篇章结构的翻译策略，以及如何在不同文化语境中实现有效的交际功能。

通过对这两项研究的比较可以看到，《三体》系列的成功不仅依赖于作品本身的价值，还受到译者策略和市场操作的双重推动。刘会然与张德玉的研究突出了市场化路径和新媒体的作用，而习萌则更加注重翻译过程中的语言、文化及交际维度的适应性选择。这两者的结合展示了译者在翻译过程中如何通过动态调整和策略优化，促进文学作品的国际传播与认可。

2. 文本分析与理论应用：科幻文本结构与理论模型的创新应用

研究者们从翻译规范、语料库翻译学和译者行为等不同理论视角，系统分析了译者刘宇昆在翻译《三体》过程中的策略选择与文化适应性。这些研究揭示了《三体》成功进入国际市场的诸多复杂因素，涵盖中国国际地位的提升、译者在文化负载词处理上的策略调整，以及译者对目标文化的适应性重塑。

陈子越（2015）的研究从翻译规范的角度切入，运用切斯特曼的翻译规范理论，探讨了刘宇昆在翻译《三体》时的具体实践。该研究强调了翻译中的期待规范和专业规范对译者行为的影响，刘宇昆在处理文化负载词和科幻术语时，确实在遵循这些规范上作出了有效的策略调整。这为理解《三体》的翻译质量和读者接受度提供了理论支持，特别是对科幻小说翻译的规范应用进行了系统的阐释。

陈建生和王琪（2017）的研究则以语料库翻译学为基础，探讨了《三体》英译本中是否体现了翻译共性中的显化特征。研究通过定量与定性分析，验证了《三体》在词汇层面和句法层面上部分体现显化特征，特别是在话语标记语的使用上，支持了显化假说。这一研究不仅验证了显化特征在翻译中的实际表现，也为翻译共性理论的实证研究提供了依据。

吴赟和何敏（2019）的研究提供了一个更宏观的视角，通过综合分析译介语境、译介主体的能动性以及翻译策略，揭示了《三体》在美国成功传播的多重因素。研究指出，中国国际地位的提升和美国科幻文学体系的转型，为《三体》在美国的接受创造了有利条件。同时，译者刘宇昆的翻译策略，特别是其异化与归化相结合的方法，促进了原著在目标文化中的适应性和可读性。吴赟和何敏的研究综合了文本分析与外部语境研究，为跨文化翻译活动提供了全面的理解。

张小曼和孙晓璐（2020）的研究着重分析了《三体》的文本特征和翻译策略，关注中式情节、专业知识、大众口味和科学预见四个方面。他们的研究显示，成功的翻译需要有效重塑原作的核心特征，同时调整译文以适应目标读者的文化背景和口味。这为科幻小说翻译的理论和实践提供了重要的指导，尤其是在如何处理具有独特文化和专业背景的文本方面。

陈欣蓓（2022）的研究通过基于语料库的方法，深入探讨了刘宇昆的翻译风格，揭示了其翻译策略与个人创作风格及西方科幻小说写作风格的关系。

陈欣蓓的研究表明，刘宇昆在翻译《三体》时展现了个性化的翻译风格，兼顾了原作风格和目标读者的文化期待，提升了译文的可读性和接受度。

鲜雷英和王林（2022）的研究基于原型－模型翻译理论，分析了刘宇昆如何在翻译《三体》时平衡"忠实与适合"的原则。他们的研究发现，刘宇昆通过精准的模拟和适当的调整，成功保留了原著的文化和科幻特色，同时迎合了目标读者的文化背景，为文学翻译中的理论应用提供了新的视角。

景宇昊（2022）的研究则从译者行为批评的视角出发，探讨了《三体》中科幻虚构词的翻译策略。景宇昊运用"求真－务实"连续统评价模式，分析了刘宇昆在处理虚构词时如何平衡忠实于原作和适应目标读者的期待。他的研究显示，刘宇昆在翻译过程中灵活运用了多种翻译策略，既保持了原作的科幻特色，又适应了西方读者的阅读需求。

顾知秋（2020）的研究从语篇语言学视角对《三体》英译本的语言和非语言特征进行了系统分析。研究表明，《三体》的英文译本有效地再现了源文本的语篇连贯性和信息传递，且这些语篇标准不仅作为翻译的指导原则，也能评估翻译质量。顾知秋的研究为中国科幻小说的国际传播提供了新的理论支持，并建议未来研究进一步探索本土翻译理论的应用。

这些研究从不同的理论框架和分析视角，对《三体》的翻译进行了深入探讨，揭示了其国际成功的多重因素和翻译策略。这些研究不仅丰富了对科幻小说翻译的理解，也为未来相关领域的翻译研究提供了宝贵的理论依据和实践指导。

3. 翻译策略与理论：从源文本到目标文本的策略选择与理论探讨

对《三体》英译本的研究逐渐聚焦于译者主体性、阐释学、翻译策略与文化适配等多重维度，呈现出多样化且深层次的学术探讨。这些研究基于不同的理论框架，深入分析了刘宇昆在翻译《三体》过程中所采取的策略选择及其应对跨文化翻译挑战的方式。研究普遍强调译者在忠实于原作的基础上，通过文化调整与改写策略提升译文的可读性与目标文化的接受度。何罗兰（2016）运用吉迪恩·图里的规范理论，系统分析了刘宇昆在翻译《三体》过程中如何平衡源语文化与目标语文化的不同规范。她指出，刘宇昆在翻译《三体》时，受到了源语文化和目标语文化规范的双重影响。在翻译策略选择上，刘宇昆不仅考虑了译文的忠实性，还兼顾了目标文化的接受性，成功实现了两种文化规范的平衡。例如，译者在处理文化负载词汇和虚构科幻词汇时，采用了增译和解释性翻译的方法，以确保译文的可读性和目标读者的理解。

文媛媛（2017）的研究从顺应论的角度对《三体》中出现的新词翻译进行了详细的分析。顺应论强调翻译过程中译者根据不同的语境和语言结构进行动态适应，以确保译文既保留原作意图，又符合目标读者的理解需求。文媛媛通过对新词翻译的分类和整理，发现刘宇昆在翻译过程中运用了直译、意译、回译等多种策略，其中直译是使用最为频繁的手段。这些策略有效地顺应了目标语读者的理解和接受需求，同时保留了源语言的独特性。文媛媛的研究为科幻小说中新词翻译提供了新的视角，并为翻译实践中的策略选择提供了理论支持。

在阐释学的框架下，刘康（2018）深入探讨了《三体》的翻译过程，特别是如何处理科学、幻想和文化因素。刘康应用斯坦纳的阐释运作理论，分析了译者刘宇昆如何在翻译过程中准确传达原作的科学性、幻想性和文化内涵。刘康指出，刘宇昆通过精确的术语翻译和背景知识的融入，成功传达了原作的科学内容，同时在幻想因素的处理上，通过细腻的语言风格保留了原作的幻想色彩。

张生祥和秦君（2018）同样运用阐释学理论，系统分析了刘宇昆在翻译《三体》时如何平衡原作与译文之间的关系，处理中国传统文化与西方文化的冲突与融合。研究表明，刘宇昆在翻译过程中采取了详细的注释和解释手段，成功处理了复杂的科学术语、文化背景和幻想元素，使译文既保留了原作的独特性，又符合西方读者的阅读习惯。这一研究强调了类型文学翻译中的策略调整和文化适配的重要性。

在译者主体性的分析中，许欣（2019）构建了一个基于操纵理论的译者主体性理论框架，探讨了译者刘宇昆在翻译《三体》过程中的意识形态和诗学因素如何影响翻译策略。研究揭示了刘宇昆在处理性别形象、历史名词、政治语言等方面的改写策略，以及如何在保持原作核心文化特征的同时，适应西方读者的文化价值观。许欣的研究展示了译者主体性在跨文化翻译中的复杂性，以及在全球化语境下译者如何通过文化调整实现目标读者的接受。

韩袁钧（2017）通过改写理论分析了刘宇昆如何在《三体》的翻译中实现文化适配。韩袁钧的研究表明，刘宇昆在翻译过程中充分运用了直译、意译、增译等策略，通过适当的文化调整和改写，使译文既忠实于原作，又符合目标读者的文化期待。这一研究进一步揭示了翻译适应选择论如何指导翻译实践。

以上研究从不同的理论视角出发，深入探讨了《三体》翻译中的关键策略和挑战，共同揭示了译者在跨文化翻译中的主观能动性，以及如何在忠实于原作的同时，通过适当的文化调整和改写策略，实现译文的接受性和成功传播。

二、文化与传播视角：全球科幻传播中的文化传递与接受

本部分旨在从文化与传播的学术视角系统分析全球科幻文学传播中的文化传递与接受机制，特别聚焦于刘宇昆翻译的《三体》在国际市场上的传播表现与文化适配。通过对相关文献的深入分析，本部分将整合文化翻译理论与传播理论，探讨《三体》在跨文化语境中的成功因素及其翻译策略。

1. 文化翻译与传播：跨文化语境中的科幻翻译

刘宇昆翻译的《三体》英译本已成为中国科幻文学国际传播的标杆，引起了广泛的学术探讨。相关研究从译者主体性、文化翻译理论以及厚翻译理论等多重视角，对翻译过程中源语文化与目标语文化之间的差异进行了深入分析，凸显了译者在文化适配和翻译策略选择中的核心作用。张琦（2020）的研究对《三体》及其英译本在海外市场的成功进行了深入剖析，强调了该作品在全球文化交流中的代表性。张琦的研究主要关注了译介主体、译介内容、译介途径和受众等因素，认为《三体》的国际成功不仅依赖于其高质量的内容，也离不开有效的译介策略和市场运作。通过文献分析和案例研究，张琦揭示了译者刘宇昆如何凭借双语能力和跨文化背景，成功平衡了中西文化差异，推动了作品的广泛传播。此外，张琦还探讨了《三体》的译介内容应关注的普适性与时代性，以及市场化运作在文学外译中的关键作用，提供了中国文学"走出去"的实用策略。

于婧娴（2019）则从文化翻译的视角研究了刘宇昆在《三体》英文版中的译者主体性。她采用了苏珊·巴斯奈特（Susan Bassnett）的文化翻译观，认为翻译不仅是语言的转换，更是文化的交流与调和。于婧娴通过描述性翻译法和文本对比法，详细分析了刘宇昆如何在处理物质文化、社会文化和语言文化方面展现译者主体性。研究发现，刘宇昆在翻译中灵活运用了归化和异化策略，通过增译、添加脚注等手段，有效传达了原作中的文化特色，并促进了中西方文化的融合。此研究丰富了文化翻译理论的实际应用，为未来的文化复杂性翻译实践提供了宝贵的参考。

在许浩（2017）的研究中，重点放在了《三体》中的文化词汇翻译策略上。许浩引入了阿皮亚（Kwame Anthony Appiah）的厚翻译理论，分析了刘宇昆在翻译过程中如何处理文化负载词。通过文本分析，许浩探讨了翻译策略如直译、音译、注释和意译在保留文化信息和确保读者理解之间的平衡。研究表明，厚翻译理论在《三体》的文化词汇翻译中发挥了关键作用，译者通过详尽的注释和背景说明，使目标读者能够更好地理解源语文化的复杂内涵。该研究不仅拓展了厚翻译理论的应用领域，也为处理文化负载词的翻译提供了新的视角和方法。

焦佳（2019）则通过语料库技术，探讨了《三体》英译本中中国形象的再现问题。她运用定量与定性相结合的方法，分析了译本在政治、经济和文化方面对中国形象的呈现，揭示了译者在形象构建中的作用。焦佳的研究表明，在《三体》的翻译中中国形象随着历史时期的变化而有所不同，且译者刘宇昆的文化背景和翻译风格对形象再现有重要影响。她强调，翻译不仅是语言的转换，也是文化传播和国家形象塑造的有效途径，为未来的文化翻译和国家形象传播研究提供了有力参考。

刘维杰（2022）基于翻译目的论，对《三体》中文化负载词的翻译进行了探讨。刘维杰应用尤金·A. 奈达（Eugene A. Nida）的文化负载词五分类法，并结合目的论的核心原则，分析了刘宇昆如何在翻译中灵活运用归化与异化策略，以及增删、加注等技巧，确保了文化特征的传递与译文的可读性。研究结果表明，目的论的应用帮助译者在文化差异较大的情况下有效地传递原文的文化内涵，同时增强了译文的可读性。

关于《三体》的翻译研究显示了多方面的成功经验与挑战。通过对译者主体性的分析、文化负载词翻译策略的探讨以及国家形象再现的研究，这些研究不仅揭示了《三体》在国际市场上的成功因素，还为中国文学的国际传播提供了宝贵的理论支持与实践经验。这些研究共同强调了译者的角色、翻译策略的选择以及文化适应的重要性，为未来的翻译实践和跨文化交流提供了深刻的见解。

2. 女性主义与性别视角：性别角色在科幻翻译中的再现与解读

在对《三体》系列英译本的研究中，刘洋（2018）、康硕（2017）和阚春花（2020）从不同角度探讨了译者在处理性别问题时的策略选择及其背后的理论基础。虽然三者的研究各有侧重，但共同呈现了女性主义翻译理论在科幻小说翻译中的具体应用和发展脉络。

康硕（2017）是较早深入探讨《三体》英译中性别问题的学者之一。他采用吉蒂恩·图里（Gideon Toury）的描述翻译学方法，将《三体》英译置于目的语文化的语境中，揭示了译者在翻译过程中的主体性与创造性。康硕通过对原文和译文的对比，指出译者在处理性别描写时采取了"去性别化"和"劫持"等策略，旨在消除原文中的性别偏见，同时保持译文的可读性与文化适应性。他强调女性主义翻译理论赋予译者重新诠释文本的权利，使其在处理性别歧视内容时能够发挥创造性的文化干预作用。这一理论不仅帮助译者平衡了原文与目标文化之间的张力，也为女性主义意识在翻译中的体现提供了新的思路。

继康硕之后，刘洋（2018）的研究进一步细化了《三体》英译中的性别视角问题。他通过翻译策略分类法，详细分析了刘宇昆和周华（Joel Martinsen）在翻译中的具体策略，如去性别化、劫持和添加注释等，特别关注译者如何通过这些策略调整性别表现，增强译文在西方文化中的接受度。刘洋的研究在康硕的基础上，更多地关注翻译过程中的细节操作，尤其是如何通过"添加注释"来帮助西方读者理解中国文化中的性别内容。他还指出，这些策略在一定程度上体现女性主义思想，即通过去性别化和劫持策略削弱性别刻板印象，从而提升译文的性别中立性。刘洋的研究不仅延续了康硕关于性别意识的讨论，还强调了译者在跨文化翻译中的主动性和灵活性。

阙春花（2020）则集中探讨了劫持策略在《三体》英译中的具体应用，尤其是在性别描写方面。她通过文本分析，深入研究了刘宇昆如何通过这一策略调整原作中的性别表现，以适应目标文化的性别观念。她与刘洋一样，强调了翻译过程中对性别偏见的处理方式，但更加突出劫持作为一种女性主义翻译策略的应用。她指出，译者在翻译过程中不仅消除了性别歧视内容，还通过重写性别描写，重新构建译文本身的文化和社会意义。这一创造性改写策略既保留了原文的核心内容，又确保译文符合目标读者的性别观念。阙春花的研究为女性主义翻译理论在实践中的具体操作提供了更具象的实例，展示了翻译过程中的文化适应与创新。

三者的研究逐步深化了对《三体》英译中性别问题的理解。康硕从整体文化适应性出发，奠定了性别问题在翻译中的重要性；刘洋进一步细化了具体翻译策略的操作方式，揭示了译者如何在跨文化翻译中展现其主体性；而阙春花则通过对劫持策略的深度剖析，展示了译者在性别描写上的创新调整。上述三项研究共同揭示了女性主义翻译理论在《三体》系列翻译中的应用，不仅为性别视角下的翻译研究提供了新的理论框架，也为中国文学的国际传播提供了宝贵的实践经验。这些研究成果为未来的翻译实践与理论发展奠定了基础，特别是在处理性别议题时，提供了丰富的策略参考与启示。

三、译介学视角：科幻文本的译介过程与国际影响

本部分旨在从译介学视角，系统探讨科幻文本在国际传播中的译介过程及其全球影响，特别是刘宇昆翻译的《三体》的传播表现。通过整合相关研究成果，本部分将深入分析科幻小说的全球译介策略与知识传播机制，并评估大众媒体在促进其国际影响方面的作用。

1. 译介与知识传播：科幻小说的全球译介策略与知识扩散

阮姗（2017）的研究为《三体》在国际市场的成功路径提供了基础性分析，强调了翻译不仅是语言的转换，更是跨文化传播中的关键环节。通过译介学框架，她深入探讨了《三体》在国际传播中的成功经验，分析了译介主体、内容、传播途径、受众和效果五个核心要素。她特别指出，译者刘宇昆在这一过程中扮演了重要角色，通过精准的翻译策略，使《三体》顺利进入

西方主流市场并获得广泛认可。阮姗的研究为中国文学"走出去"提供了理论和实践指导,表明跨文化交流和译介策略是推动中国文学国际传播的重要途径。

汪静(2018)从读者接受理论的角度,分析了刘宇昆如何在翻译《三体》时注重目标读者的文化视野,保证译本符合西方读者的审美和认知需求。她通过案例分析,揭示了译者在文化负载词和复杂术语的翻译过程中,如何在"视野融合"和"审美距离"之间找到平衡。汪静的研究进一步强调了读者期待在翻译策略选择中的重要性,指出译者必须充分考虑读者的接受能力,方能使译本在全球范围内取得成功。这与阮姗的观点形成呼应,两者均强调译者在翻译中作为跨文化沟通桥梁的关键作用。

张璐(2019)则通过 Python 情感分析技术,进一步量化了海外读者对《三体》英译本的情感反应。她的研究表明,读者总体持正向态度,并对小说的叙述和情节表现出高度认可。张璐补充了汪静的定性分析,提供了数据支持,说明刘宇昆的翻译不仅在文化上实现了跨越,还在情感上获得了广泛共鸣。这种结合读者反馈的研究方法展现了翻译策略如何直接影响受众的感受,从而进一步推动了文学作品的国际传播。

同样在 2019 年,李锦对《三体》英译本的俗语翻译进行了深入探讨,采用功能对等理论分析了刘宇昆在处理富有民族特色的语言时的策略选择。她发现刘宇昆在归化与异化策略之间取得了平衡,尤其是通过归化策略成功实现了源语与译语读者之间的文化对话。李锦的研究延续了阮姗、汪静和张璐的核心思想,进一步阐述了翻译不仅是语言的传递,更是文化的融合与适应。

而金胜昔和李浩宇(2024)从知识翻译学的角度出发,比较了两位译者刘宇昆和周华(Joel Martinsen)《三体》译本的不同翻译风格。他们发现,两位译者在翻译过程中展现了不同的知识重构策略:刘宇昆更倾向于保留地方性知识,而周华则注重全球性知识的传播。此研究不仅延续了前几位学者对于翻译策略的讨论,还提出了译者风格与全球文化传播之间的关系,进一步丰富了《三体》英译本成功的理论框架。

胡丽娟(2022)的研究则从传播学的角度,借助 5W 模式和传播力场理论,全面考察了《三体》在美国的传播效果。她强调了翻译质量、市场营销以及受众分析在作品成功中的关键作用。这一研究补充了阮姗关于跨文化传播的观点，指出传播渠道的选择和受众定位同样至关重要。胡丽娟的研究将翻译和传播结合，提供了更广阔的视角，强调文学作品国际化不仅依赖翻译本身，还与其整体传播策略密切相关。

陈芳蓉（2017）对类型文学的译介进行了探讨，指出《三体》的成功不仅在于其文学价值，还与有效的翻译策略、市场推广和读者的接受度密切相关。她的研究与其他学者的讨论形成了互补，进一步指出类型文学与纯文学的平衡推广策略能够帮助中国文学在国际舞台上获得更大影响力。

通过对这些研究的综合分析可以看出，翻译、传播与读者接受的有机结合构成了《三体》国际传播成功的核心要素。各个学者从不同角度对《三体》英译本进行了深入探讨，揭示了跨文化传播中译者、读者和传播路径的复杂互动。这些研究共同表明，中国文学"走出去"不仅需要语言的转换，更需要全面的跨文化沟通与传播策略。

2. 传播与媒体影响：大众媒体对《三体》英译本传播的推动作用

学者们围绕科幻小说《三体》的全球传播路径，展开了深入探讨，逐渐形成了一个系统化的研究框架。这些研究不仅探讨了《三体》在融媒体和数字全球化背景下的成功经验，还进一步揭示了《三体》在全球范围内传播的机制。姜培培和郑新民（2020）聚焦于《三体》英译本在融媒体时代的传播路径，尤其关注新媒体环境如何推动中国文学作品的国际化。他们从内容分析法和用户反馈的角度梳理了《三体》的传播策略，特别是中国教育图书进出口有限公司的国际输出策略，以及美国托尔出版社的精准营销对《三体》在英语世界成功传播的重要作用。他们还指出，通过新媒体的多维传播方式，如网络平台和影视改编等，《三体》在全球范围内取得了显著影响力。基于融媒体理论，姜培培和郑新民的研究强调了信息传播的多样性和实时互动性对文学译介的推动作用。

吴攸和陈滔秋（2020）的研究进一步深化了数字技术对中国文学国际传播的影响。他们的研究不仅延续了姜培培和郑新民关于《三体》国际传播路径的探讨，还将数字全球化下的技术转向与社交转向融入其中，揭示了科技与文学传播的深层互动。他们强调，刘慈欣的作品能够实现从"中国性"到

"世界性"的跨越，得益于数字技术与多媒体手段的融合，比如电子书、有声读物和视频等形式，不仅突破了传统文本传播的局限，也满足了全球读者的多样化需求。吴攸与陈滔秋的研究彰显了科技与媒介融合在文学传播中的潜力。

崔波和陈子馨（2024）对《三体》在国际市场的扩散机制进行了系统探讨，将研究重点进一步聚焦于文学作品的实际传播过程，从作品的接触、关注、扩散和评价四个维度全面解析了《三体》在全球市场中的成功路径。通过对销售数据、社交媒体互动和主流媒体评价的综合分析，崔波和陈子馨揭示了《三体》的国际影响力不仅依赖于其内容的全球吸引力，还得益于刘慈欣个人的象征资本积累，如雨果奖等国际奖项，以及数字平台的有效推广。研究还运用了心理学中的"知情意行"模式，解释了读者对《三体》从认知到行动的接受过程，进一步深化了对文学作品全球传播机制的理解。

这些研究共同揭示了《三体》作为中国文学全球传播的典型案例，展示出不同传播模式在数字和融媒体时代下的融合与创新。姜培培和郑新民的研究首先揭示了融媒体时代的信息多样性和互动性为文学传播带来的新机遇；吴攸与陈滔秋则进一步指出，数字技术的介入和科技手段的革新对文学传播起到了关键推动作用；而崔波与陈子馨的研究则通过具体的数据分析，深入探讨了《三体》在全球市场中获得成功的内在机制。他们的研究不仅为中国文学在全球传播中的策略选择提供了理论支持，也对未来其他文学作品的国际化路径具有重要的参考价值。通过对这些研究的综合分析可以看出，中国文学的全球传播需要结合融媒体和数字化技术的力量，利用多元化的传播手段，实现内容的广泛覆盖与读者的深度互动，从而推动更多优秀的中国文学作品走向世界。

四、理论与方法应用视角：翻译创新与跨学科方法的结合

本部分旨在从理论与方法应用的视角，系统探讨翻译创新与跨学科方法的结合，特别聚焦于刘慈欣《三体》系列英译本的翻译策略与理论应用。通过综合分析相关文献和研究成果，本部分深入剖析译者主体性在翻译过程中

所扮演的核心角色，并探讨翻译理论在科幻文学翻译中的创新实践。

1. 译者与翻译策略：译者主体性与翻译策略的灵活运用

对刘慈欣《三体》系列英译本的研究从多角度揭示了译者主体性在翻译过程中的核心作用。这些研究不仅基于不同的理论框架展开分析，还为翻译实践提供了重要的理论支持和实践指导。崔向前（2016）的研究从译者主体性理论出发，分析了《三体》系列英译本的两位译者刘宇昆和周华如何通过不同的翻译策略反映其文化背景和个人选择。崔向前指出，刘宇昆保留了原作的文化色彩，而周华则更注重西方读者的接受度。通过文本对比，崔向前阐明了译者主体性在翻译中的再创造作用，揭示了译者如何在跨文化翻译中扮演主动调节者的角色。

高巍和常婧（2017）的研究延续了这一主题，特别是在刘宇昆翻译《三体》时如何展现译者的能动性、受动性和为我性。他们指出，刘宇昆不仅忠实传达了原作的内容，还充分利用自身的文化优势，使译文在西方市场上获得成功。这种译者的主动介入与外界环境的影响相结合，展现了译者在跨文化传播中的双重角色，即既要忠实于原作，又要适应目标读者的文化背景。

姜培培（2017）则从传播学角度出发，分析了译者在文学作品国际传播中的作用。她强调，译者不仅仅是文字的传递者，还是文化传播的桥梁。姜培培指出，译者的文化背景和翻译理念对译文的最终效果至关重要，并提出中国文学"走出去"应优先选择具备双重文化背景的译者，以实现更有效的跨文化传播。这与崔向前的研究相呼应，表明译者的文化敏感性和再创造能力是译文成功的关键。

李洋（2017）的研究引入了翻译伦理的视角，探讨译者的责任如何影响翻译的质量和接受度。通过分析刘宇昆在翻译《三体》时的调整与修改，李洋指出译者不仅需要保留原作的精髓，还要承担对目标文化的责任。刘宇昆在处理文化冲突和语言差异时的举措表明，译者的伦理责任不仅体现在对原作的忠诚，还包括对目标读者的文化适应。这与高巍和常婧的研究相辅相成，进一步拓展了译者主体性在伦理维度上的表现。

常安怡（2017）从多元系统理论出发，研究了译者主体性在科幻文学翻译中的表现。她强调，刘宇昆的双语优势和跨文化经验使他能够在《三体》的英译中有效调节文化差异，通过文化适配和解释性翻译等策略保留了原作的核心思想。这与姜培培对译者文化背景的强调形成互文，进一步阐释了译者在文化差异调和中的核心地位。

郑苗（2017）则通过接受美学理论探讨了刘宇昆如何在翻译《三体》时平衡归化与异化策略。郑苗认为，译者既要消除读者的文化障碍，又要保留源语文化的独特性，这为《三体》的全球传播提供了一个成功的范例。郑苗的研究与李洋的伦理视角产生呼应，均关注译者在面对文化差异时的责任与策略选择。

程雨欣（2022）的研究结合斯坦纳的阐释学翻译理论，进一步深化了对译者主体性的讨论。她通过对《三体Ⅲ：死神永生》的分析，揭示了译者在不同翻译阶段中的主动性与灵活性。程雨欣指出，译者通过创造性处理文化差异和语言障碍，实现了译文的完整性和可读性。这一研究与郑苗关于归化与异化策略的探讨形成了有益的对话，进一步强化了译者主体性在跨文化翻译中的重要性。

这些研究通过不同的理论框架探讨了《三体》英译过程中译者主体性的多维表现，展示了译者不仅是文化信息的传递者，更是文化再创造者。这些研究共同指出，在跨文化翻译中，译者的文化背景、翻译策略和责任意识是决定译文质量和国际传播效果的关键因素，为未来的翻译研究提供了丰富的理论参考。

2. 理论创新与应用：翻译理论在科幻作品中的发展与应用

李卓容（2019）基于模因论，分析了《三体》英译本中文化负载词的翻译策略。她通过模因的传播过程，强调了文化负载词在跨文化传播中的关键作用，并指出刘宇昆采用直译、音译、意译等多种策略，以确保这些词语在西方读者中得到有效传播。这一研究首次将模因论应用于翻译研究，揭示了文化负载词通过翻译在不同文化中得以成功传播的机制。

吴庆娟和张丽云（2021）则从创造性叛逆的角度分析了刘宇昆的翻译行为。他们指出，刘宇昆不仅是译者，更是一位具有双重文化背景的再创作型译者。他通过重新组织章节结构、增删部分内容等策略，使《三体》更加符合西方读者的习惯。这种创造性调整不仅提升了译作的可读性，还赋予了作品新的文化魅力。这一研究进一步深化了对翻译过程中译者主体性的理解，尤其是在全球文学传播中的作用。

张晓丹（2022）通过框架理论的应用，系统地探讨了《三体》三部曲中文化负载词的翻译策略及其效果。在自建的双语平行语料库基础上，对文化负载词的翻译策略进行了量化分析。研究发现，尽管刘宇昆和周华的译作在很大程度上成功传递了源文本的文化内容，但由于语言框架和文化差异，对部分文化负载词的翻译仍然存在信息损失。这一研究通过对框架理论的应用，揭示了文化负载词在跨文化翻译中的复杂性。

何玉芳（2022）通过赞助人理论探讨了《三体Ⅲ：死神永生》英译本中的性别表现问题。她的研究揭示了刘宇昆在翻译过程中，如何与编辑和作者合作，通过修改性别表现来适应目标文化的期待。何玉芳的研究展示了翻译过程中的多方互动及其对性别内容的影响，强调了译者在翻译过程中的文化调适能力。

范纯郁（2021）则以陌生化理论为视角，分析了刘宇昆如何通过直译、音译等翻译策略，保留原作的陌生化效果，成功传递了《三体》的独特文学性。陌生化策略的运用，帮助译者保持了原作的文化与语言特色，延续了科幻作品的审美价值。范纯郁进一步强调了在文学翻译中，译者应适度运用陌生化策略，以平衡文学性与可读性。

早在 2017 年，刘琪基于认知语言学中的概念整合理论提出了"七空间模式"，试图揭示《三体》英译本中译者的认知整合过程。她通过分析译者如何在多个认知空间中整合复杂的语义和文化信息，展示了翻译过程中复杂的认知机制。刘琪的研究为翻译研究提供了新的认知视角，并指出概念整合理论在处理复杂文学文本中的广泛应用。

同年，邓冬旭通过前景化理论探讨了《三体》英译本中的语言特色，尤其是词汇和句子层面的前景化现象。研究发现，刘宇昆通过直译等策略，尽量保持了原作的前景化语言形式，但由于中英文语言及文化的差异，部分前景化特征在译文中难以完全再现。邓冬旭的研究进一步揭示了语言层面的文化差异对翻译策略的影响。

这些研究从模因论、创造性叛逆、框架理论、赞助人理论、陌生化理论、概念整合理论及前景化理论等多个角度，揭示了刘宇昆在翻译《三体》过程中所采取的多样化策略。这些策略不仅帮助译者克服了文化差异，还提升了《三体》在国际上的影响力，同时也为翻译理论的丰富和实践提供了重要的启示。在这些研究中，译者的主体性和文化调适能力被反复强调，展现了翻译作为跨文化交流复杂而精妙的艺术性。

对《三体》系列英译本的深入研究不仅有助于解析其国际成功的原因，而且为之后相关领域的研究奠定了重要的理论基础和实践经验。《三体》系列的成功不仅源于其科幻内容的吸引力，还与文化背景的有效转译密切相关。之后的研究应着重探讨在跨文化对话中如何妥善处理文化场域问题，即在翻译过程中如何平衡源文化与目标文化之间的张力。已有研究，如刘会然与张德玉（2019）的研究已揭示了翻译作为动态生态系统的特性，未来研究可以在此基础上深入分析《三体》如何通过翻译促进了不同文化之间的交流与对话。刘会然与张德玉的研究指出，《三体》在国际市场上的成功与其生态价值密不可分。通过对文化场域和跨文化对话的研究，可以揭示译者如何在翻译过程中实现文化适应与保留的平衡，从而为《三体》全球成功提供更加详尽的解释。

《三体》在全球市场的反响和文化共鸣是理解其国际成功的关键。未来，研究应探讨不同地区市场的反应及其对文化共鸣的影响，以深入理解《三体》如何在多元文化背景下获得成功。习萌（2022）的研究探讨了翻译过程中的语言、文化及交际维度。进一步的市场反响分析可以结合习萌的研究，深入探讨《三体》如何通过翻译策略在全球范围内产生文化共鸣，并在各个市场上获得成功。

副文本（如译者的注释、前言、后记等）在《三体》的翻译中扮演了重要角色，有助于读者理解原作中的文化背景和科幻元素。未来，研究应探讨这些副文本如何影响读者对《三体》的理解和接受。陈子越（2015）、陈建生和王琪（2017）的研究关注了翻译规范和显化特征。研究《三体》的副文本可以补充这些研究，揭示译者如何通过副文本消弭文化差异，并增强目标读者的理解。

　　《三体》中包含大量科技术语，这些术语的翻译对作品的成功至关重要。习萌（2022）的研究关注了科技术语的翻译策略。未来研究除重点关注科技术语的翻译策略外，还应重视如何在翻译过程中有效传递这些术语的精确意义，并确保在不同文化背景下读者对其语义的正确理解。因此，可以进一步探讨语义衔接问题，以深入理解译者如何处理科技术语，并确保在目标语言中的准确传达。

　　《三体Ⅱ：黑暗森林》中人物形象的再造对译本的接受度和影响力具有重要作用。未来，研究应深入分析翻译如何影响人物形象的呈现，并探讨这些变化如何影响读者对角色的理解。张小曼和孙晓璐（2020）的研究强调了翻译过程中对文本特征的调整。研究《三体Ⅱ：黑暗森林》中人物形象的再造可以结合这些研究，探讨翻译如何塑造和调整人物形象，以符合目标文化的期望。

　　译者的文化背景和身份对翻译的影响深远。未来，研究应探讨刘宇昆作为译者如何在《三体》的翻译中体现其双重身份，并分析这一身份如何影响翻译策略及译文效果。许欣（2019）的研究关注了译者主体性。深入分析刘宇昆的双重身份可以补充这一研究，揭示译者如何在翻译过程中处理文化和族裔问题，并对目标读者产生影响。

　　通过访谈了解译者的观点和经验，可以为《三体》翻译研究提供第一手资料。未来，研究应通过访谈形式深入探讨译者如何在翻译过程中处理文化想象及其对译文的影响。焦佳（2019）的研究探讨了中国形象的再现问题。对译者的访谈可以了解译者如何在翻译中处理文化想象，从而丰富对文化传播和形象再现的理解。

　　未来，对《三体》翻译的研究可以在现有研究基础上，深入探讨翻译中的文化场域、市场反响、副文本作用、科技术语传递、人物形象再造、译者身份及文化想象传递等方面的内容。这不仅有助于理解《三体》系列的国际成功，也可以为其他文学作品翻译实践提供宝贵的经验和理论支持。

第三章　武侠经典的英译与传播：
《射雕英雄传》研究

　　本章围绕中国武侠经典《射雕英雄传》的英译与跨文化传播进行系统性研究，旨在探讨该文本在全球文学体系中的翻译路径及其文化传递的策略。本章通过对"侠"与"义"精神在中国历史与文化中的流变进行溯源，揭示武侠精神作为中国文化象征在跨文化语境中的独特表现，并探讨这一概念在翻译实践中的语义重构与文化适应。首先，对"侠"文化词的历史语境进行梳理，分析其从先秦游侠精神到东亚武士道文化的演化过程，尤其关注这一精神在中日思想体系中的道德核心地位。其次，着重分析"侠"文化在英译过程中面临的语境挑战与策略选择，探讨译者如何在中西方文化框架下实现"侠"义精神的传达与重塑。基于多元系统论的理论框架，本章将进一步阐释"侠"文化在英译中的演变及其适应性，通过对翻译策略的分析，揭示文化符号如何在跨文化传播中被译者动态解构与重构。此外，金庸小说中的人名与绰号翻译也是本章的重点，探讨译者在处理这些文化负载词时的策略选择及其对文本传播的影响。最后，以郝玉青与张菁合译《射雕英雄传》为例，深入分析译者在合译过程中的惯习磨合与协作机制。通过对其翻译策略与风格协调的探讨，以期为中国文学的英译实践及其全球传播提供理论启示与实践借鉴。

第一节　"侠"与"义"：中国古代侠义精神的源流探索

一、简介

在"侠"与"义"的学理性探索中，中国古代侠义精神的源流研究提供了丰富的文化对比与理论分析。先秦时期的游侠与江户时代的武士，作为尚武尚勇精神文化的代表，体现了东亚文化中的某些共同特征，但由于其各自的社会背景、地理环境和历史发展阶段的不同，也展现出独特的文化差异。通过对这两种文化现象的深入分析，我们可以更加系统地理解"侠"与"义"在不同历史脉络中的演变及其相互影响。

先秦游侠的侠义精神在中国古代文化中占据重要地位。游侠的行为模式和价值观念集中体现在对社会不公的反抗和对弱者的保护上，其核心在于对"义"的深刻理解。根据儒家伦理，游侠的侠义行为可以被视为对传统道德规范的实践，尤其是对"仁"的拓展与延续。游侠不仅仅是个人英雄的象征，更是道德秩序的捍卫者。游侠的侠义精神与当时社会的动荡和权力不平等紧密相连，他们在行动中展现出的"义"往往超越了个人利益，反映了对社会正义的深刻承诺。

江户时代的武士则是日本封建社会中的核心社会阶层，其"义、勇、仁"理念构成了武士道的基础。武士道强调对主君的绝对忠诚、对敌人的勇敢无畏以及对社会秩序的维护，这一理念在封建社会的相对稳定中体现了对社会规范的高度遵守。武士道的核心不仅在于个人道德的修养，也在于通过对忠诚与勇敢的坚持，维护封建等级制度和社会秩序。武士的行为规范和社会角色受到封建制度的深刻影响，而这种影响也塑造了武士道在日本文化中的独特地位。

地理、社会环境与历史背景的差异，使得游侠与武士在文化表现和行为规范上呈现出不同的特点。游侠的侠义精神是在一个较为动荡的社会背景中形成的，其行为常常是对不公正现象的直接反映；而武士的道德规范则是在相对稳定的社会环境中形成并加以实践，体现了对既有社会秩序的维护和对个人荣誉的重视。这种差异不仅影响了各自的行为模式，也深刻塑造了"侠"与"义"的文化内涵和表达方式。

二、先秦游侠：侠义精神的初现与文化基础

中国民族之武，其最初之天性也（梁启超，1932：17）。远古时期艰难的生存环境，锤炼出先祖顽强、坚毅的性格，部落间战争频繁，人们对于武力逐渐产生向往与崇拜。在漫长的史前时期，习武风气盛行，为先秦游侠的萌芽提供了不可或缺的文化根基。游侠的产生与发展，除了全民性尚武的文化熏陶，还得益于先秦时期最为活跃的士阶层。春秋战国时期，周朝分封制瓦解，封建生产关系得以产生和确立，原为奴隶主贵族阶级最底层的"士"开始活跃起来。士阶层大多接受过礼、乐、射、御、书、数的教育，平时多为卿大夫家臣，战时则充当下级军官。

春秋末期，社会成员的结构性转型导致许多士无官无田，而新型的地主阶级和一般平民中所涌现出的知识者，则逐渐成为新的士阶层的构成者。士这种特殊的阶层，逐渐成为贵族与平民之间的过渡。春秋末期的士阶层，并无严格的文武之分，他们平时为卿大夫家臣，战时则征战杀敌。到了战国时期，武士、文士的界限逐渐清晰。战国时各诸侯国统治者为谋求霸主地位，争相揽士，而没落的士阶层为改变自身处境，也乐于为人主所用。战国之士渐次划分为两种，好文者为游士，尚武者为游侠。"游士"一词最早似出现在《管子·小匡》说"齐桓公招游士八千，奉之以车马衣裘，多其资粮，财帛足之。使出周游于四方，以号召收求天下之贤士"。"游侠"最早出现在《庄子·盗跖》的"侠人"之说中，《吕氏春秋·音律》中也有"侠"字出现。但最早提及并论断"侠"的是《韩非子》。

《韩非子·五蠹》篇中提出"儒以文乱法，侠以武犯禁"的观点。韩非子重法，并以法为治理国家的根本。所以他坚决反对行剑攻杀的行为，主张"无书简之文，以法为教；无先王之语，以吏为师；无私剑之悍，以斩首为勇"。所以韩非子并不提倡游侠的行为，反而对其进行了抨击。《韩非子》中的"侠"具有以下四个特点：（1）"以武犯禁"，拥有对抗权威的私人武力；

（2） "聚徒属、立节操，以显其名"，以义、信等个人魅力树立名声，吸引徒众；（3） "弃官宠交" "肆意陈欲"，将私人交谊置于国家安危之上；（4） "离于私勇"，以暴力的手段解决问题（林保淳，1993：93）。这四个特点具有一定的关联性，凸显出先秦游侠的特点是 "武"。先秦游侠以武为主要特点，但并非习武之人皆可称为侠。《淮南子·说山训》中说 "喜武非侠也"，强调侠应具有某些道德准则，如 "义"，让他们 "弃官宠交"，重视私人情谊。

在韩非子之后，司马迁通过对游侠品行和性格的描写，更加明确了游侠的形象。《史记·游侠列传》中说： "今游侠，其行虽不轨于正义，然其言必信，其行必果，已诺必诚，不爱其躯，赴士之厄困。" 从文中可看出，司马迁对游侠 "言必信、行必果" 和 "舍生取义" 的行为予以赞美与欣赏，肯定了其存在的积极作用。但司马迁所赞誉的游侠，是他从当时的侠客中划分出来的特定范畴，并不代表全部。而得出的论断也是以司马迁个人的特殊价值观为标准的。

三、侠义精神：从个人义举到社会责任的演变

侠客重 "义"，义是衡量侠客的一个主要标准，也是侠客重要的精神和道德准则（白桦，2009：182）。中唐李德裕在《豪侠论》中说： "夫侠者，盖非常之人也。虽以然诺许人，必以节气为本。义非侠不立，侠非义不成。" 这段话指出 "义" 是判断是否为侠的一个基本标准。在 "士之任气而不知义，皆可谓之盗" 中，李德裕更是将侠与盗进行比较，突出 "义" 对于侠的重要意义。对游侠来说， "侠" 是他们的表现形式， "义" 则是他们的道德追求和行为准则。游侠的侠义精神中夹杂着血性、正义感和责任感（陈山，1992：280）。作为个人身心和行为特质的综合体现，它包括道德、信仰以及作为社会成员所习得的所有才能和习惯等内容（汪涌豪，2005：260-261）。

《礼记·中庸》中的 "义者，宜也，尊贤为大" 和《孟子·尽心上》中的 "士穷不失义，达不离道"，均体现出儒家对 "义" 的看法，认为 "义" 是一种合乎道德礼仪的行为，且与贫富无关。《吕氏春秋》说， "义也者，万事之经也，君臣、上下、亲疏之所由起也"，认为 "义" 是万事的法则，是君

臣、长幼、亲疏产生的根基。孔子用"仁"的概念丰富了"义"。"仁"，是爱人，是维护正义，即通过"武"来帮助弱者，抵抗强权，维护正义。行侠仗义成为行为，并不是一件非常容易的事情，它充满危险，需要一种以身殉道的勇气，所以要求他们具有"富贵不能淫、威武不能屈"的品质。明代思想家、史学家李贽在《昆仑奴》中说"忠臣侠忠，则扶颠持危，九死不悔；志士侠义，则临难自奋，之死靡它"，把"义"与侠忠联系在一起，强调"义"是意志和信念的坚定。

"义"除了是上述行为规范和个人品质，还是民族大义。《墨子·贵义》中主张"万事莫贵于义……争一言以相杀，是贵义于其身也"。认为正义比生命更重要。为了捍卫正义，也可以去厮杀。这里的"义"是正义，是有利于人民、民族、国家的大义。将执义不苟的精神施诸国家民族，乃至天下百姓。当侠客遇到不公平的事情或不正义的行为，他们会伸出手来，路见不平拔刀相助，维护正义。侠主要集中在社会下层，且具有正义、智慧和力量，决定了其担当反暴力、反暴虐的角色。在侠士身上，这种帮助弱者、抵抗强权、维护正义就成了一种宿命，一种不可推卸的人生使命，是生而为之的。

在中国古代，这种侠义精神十分普遍，见义勇为、扶危济困、抑强扶弱的英雄人物也史不绝书（袁良骏，2003：39）。通晓民族大义，以全局为重、以民族为重，是侠义的另一种构成范畴（蔡翔，1993：78）。侠绝不逞武夫之勇，而是忧国忧民的英雄。他们视国家重于生命，痛民族积弱，站在民族国家的公义上（韩云波，1994：94－95）。春秋时期社会剧烈变动，诸侯公卿为在政治斗争中占到上风，广罗人才，渐成养士之风。如《左传·文公十四年》记载齐昭公之子公子商人"骤施于国而多聚士"，不惜为之耗尽家产，终夺王位为国君。战国末期，秦国越来越强大，各诸侯国公子贵族为了应对秦人的入侵，挽救本国的灭亡，更是竭力网罗人才，礼贤下士，以扩充自身的实力。而被称为"战国四公子"的齐国孟尝君、赵国平原君、魏国信陵君和楚国春申君更是相传家中的"士"往往多达三千人。这些士中虽包括学士、策士、方士及食客，但也不乏侠义之人。秦灭六国、统一中国的过程中，就出现了刺秦王的荆轲和义不帝秦的鲁仲连那样的大侠，成为有口皆碑的人物。

《史记·刺客列传》中，司马迁将这些先秦刺客（如荆轲、聂政、豫让、专诸等）列于王侯将相之旁。秦以前的这些布衣之侠，大多不为人知。司马迁将这些刺客、游侠厕身于公侯将相之间，则表达出他十分可贵的平等思想，也表达出他对侠义精神的肯定与赞美。

四、小结

综上所述，我们发现先秦以武行剑攻杀的刺客在向最初的游侠转变的过程中，侠义精神的形成与引导是其主要推动力。在先秦的侠义精神中，"义"不仅指合乎道德的行为和万事的法则等行为约束，还体现为忠义、意志坚定等个人情感。儒家思想丰富了"义"的内涵，把"义"与国家大局、民族大义联系起来，塑造出日后为人们称道的大侠形象。

第二节 "侠"文化词的英译路径：语境与挑战

"侠"是中国历史上真实存在的一群人，是一个典型的中国文化词。近年来，"侠"文化开始在英语世界传播。探讨中国文化词"侠"的英译，首先就要探究"侠"的起源及文化内涵，比较中国侠义精神与西方骑士精神的异同，其次要结合历史语境与文本语境分析不同译法的优劣。虽然"侠"没有一成不变的译法，但是学者和译者更倾向于归化译法，而通过异化音译"侠"，应该说是起步晚、步幅小。回顾"侠"的英译，可以为中国文化词的翻译提供借鉴，助力中国文学外译和中华文化"走出去"。

一、简介

中华文化博大精深，侠文化历经两千多年的积淀，成为独具中国特色的文化形态，是中国文化的重要组成部分。近年来，随着金庸武侠小说的英译，侠文化开始在英语世界传播。"侠"是侠文化的核心概念，也是侠文化的灵魂所在。"侠"不仅是武侠小说中塑造出来的一种惩强扶弱、匡扶正义的英雄形象，还是历史上真实存在的一群人，在《史记·游侠列传》等史书中就有记载。他们为人重诚重诺、仗义助人，有着自身的价值追求和行为准则，是游离于统治阶级的一股不可忽视的民间正义力量。

事实上，20 世纪 60 年代，刘若愚就论及"侠"的英语对应语，后来，莫惠娴（Mok，1998：159）、张建德（Teo，2009：3）也在自己的著述中讨论了"侠"的对应词。近几年，洪捷（2015：57－59）等人在各自的论文中谈及"侠"的英译，然而中国还没有一篇专论"侠"英译的论文问世。早期英译"侠"时，译者采用归化策略，用"knight-errant"之类的表达替代，之后出现了一些"侠"的其他变通译法，更有学者采用异化法，将"侠"音译为 xia。探讨"侠"的英译，首先要探究"侠"的起源及文化内涵，比较中国侠义精神与西方骑士精神的异同，然后结合历史语境与文本语境分析不同译法的优劣。

二、"侠"的起源与文化内涵：历史渊源与思想演变

战国后期，典籍《韩非子》中就已出现"侠"字，"侠"开始登上中国历史舞台。东汉许慎《说文解字》中也有记载"傅，侠也"。所谓"傅士"，亦为兵士。而兵士，古语中又是"甲士"的同义词。从"侠"的语源来看，侠士的古义就是甲士、兵士、武士。《说文解字》中"甹，侠也。三辅谓轻财者为甹"，"侠"这一专门称呼最早可能转音于陕西中部一带（汉代称"三辅"）的俗语方言，那里的居民把社会上已普遍出现的一类轻财重交的民间武士称为"甹"，也写作"傅"，后逐渐变音假借为"侠"。

关于"侠"的起源，目前有三种主流解释：源于原始氏族遗风、源于墨者、源于先秦士阶层的文武分化。郑春元（1999：2）在《侠客史》中提出"侠"源于原始氏族遗风的观点，认为原始氏族居民中舍己助人、追求公正的社会行为是中国"侠"的最初表现。但汪聚应（2009）指出，将"侠"的起源简单归结于原始氏族遗风，则淡化了中国侠士的人格素质和精神内涵，认为侠士的起源应该还原于某种人格形象。鲁迅、闻一多、侯外庐、吕思勉等人则持另一种观点，认为"侠"源于墨家，如鲁迅曾说，"孔子之徒为儒，墨子之徒为侠"。闻一多也指出，"墨家失败了……产生所谓游侠了"。侯外庐就认为，"墨子学派的后期发展……一派变为社会运动的游侠"。吕思勉更是提

出"墨之徒党多为侠，多以武犯禁"。上述种种论述表明，侠士起源于墨家，最初的侠士是墨家学派没落后散落在各地的弟子。虽然在诸子思想中，相较于儒家、道家思想，墨家思想最接近"侠"，但墨家的兼爱、非攻、尚贤、尚同等思想的提出是为了治国，其舍己为人和奋不顾身是为了公室服务（郭沫若，1954：60－61），而非我们熟知的任侠观念。

相对于"侠"源于原始氏族、源于墨者而言，"侠"最初由春秋战国时期士阶层的文武分化转变而来的观点最受学术界认可，例如，陈山（1992：13）与汪涌豪（2001：14）在其著作中就分别表达了这样的观点，笔者也认同"侠"的这种起源说。战国时各诸侯国统治者为了谋求霸主地位，争相揽士；而没落的士阶层为改变其自身处境，也乐于为人主所用。战国之士逐渐划分为两种，即"好文者为游士，尚武者为游侠"（邓高胜，2018）。旅美学者刘若愚在 The Chinese Knight-errant 中也持类似观点，认为"侠"出自古代贵族（士阶层）。春秋末战国初时，分封制的瓦解使贵族最底层的士失去了其原有的社会地位与贵族头衔（刘若愚，1967：2－3）。士阶层往往受过很好的教育，勇敢正直，其中能言善辩者作为谋士，为各诸侯国君主所用，而尚武者做了刺客或流散各地成为游侠。先秦时期的刺客为早期"游侠"的一种，如战国时的荆轲，其冒险行刺不仅为了国家安危和深受战争苦难的人民，还为报太子丹知遇之恩。

除了以上三种主流解释，"侠"的起源当然还有其他不同说法。如冯友兰就说"原农工之下层失业之流民，多为侠士"，他们"以帮人打仗为职业"。熊宪光认为"侠"出自纵横家，"纵横家的衰落，其策士流落民间成为侠士"。陈双阳则把神话故事中的英雄原型看作"侠"的人物形象起源。

三、中西侠义精神的比较：中华"侠"与西方骑士精神的异同

最早出现论述"侠"及其文化内涵的是战国时期韩非的著作《韩非子》。在该书中，韩非子将"侠"列为五种"害虫"之一，提出"儒以文乱法，侠以武犯禁"的观点。他认为"侠"是持有武力，且对国家律令具有破坏性的一群人（转引自王齐，1997：1）。但将"侠"的前身简单归于拥有武力的武士也不完全正确。《淮南子·说山训》中说"喜武非侠也"，强调"侠"还应

具有某些道德准则，如"义"，是"义"让他们"弃官宠交"，重视私人情谊（林保淳，1993：93）。司马迁在《史记·游侠列传》中也对"侠"的精神特质有所描写："今游侠，其行虽不轨于正义，然其言必信，其行必果，已诺必诚，不爱其躯，赴士之厄困，既已存亡死生矣，而不矜其能，羞伐其德，盖亦有足多者焉。"值得注意的是，司马迁对"侠"的论述也与自身经验有关。西汉时期，司马迁因替朋友李陵说情，被汉武帝打入死狱，落难后，无人替他说情，他为了完成《史记》最终选择了宫刑（王齐，1997：2）。由于这样的经历，司马迁才在《史记·游侠列传》中突出肯定了"侠"这一群体言必信、行必果的美好品德和慷慨仗义的特质。可见，诚实守信、救人于危难、与官方对立，则是构成侠义精神基本特征的若干重要元素（陈颖，1998：3）。

东汉荀悦在《汉纪·孝武纪》中也对"侠"的定义作了补充："立气齐、作威福、结私交，以立强于世者，谓之游侠"，强调了"侠"树立个人威信，结党私营的特点（转引自王齐，1997：2）。明代启蒙思想家李贽在《焚书》卷四《杂述·昆仑奴》中说，"夫剑之有术，亦非英雄者之所愿也。何也？天下无不破之术也。我以术自圣，彼亦必以术自神，术而逢术，则术穷矣"（转引自刘荫柏，1992：18）。他提出"侠"不是重信重义、英勇无畏的匹夫，而是有胆略、能成大事的英雄的新观点。由此观之，"侠"之为侠，不仅仅是因为武功高超，更是因为其侠义精神所在。

与中国侠士很可能起源于战国时期没落贵族相似，西方骑士起源于罗马帝国之后欧洲各国的兵中贵族——重骑兵（刘秋香，2006）。公元5世纪左右，西罗马帝国崩溃，蛮族兴起并纷纷建立起自己的国家。各国之间相互争夺领地，因此出现了为国王掠夺土地、征战沙场的骑兵，他们在国王、大领主的掠夺战争中是以马代步驰骋于沙场的兵中贵族，拥有最高的战斗力，这就是早期骑士的原型。当时的骑兵因身穿重甲装备，被称为"重骑兵"。武器装备精良和使用技术及武力决定了不是人人都能成为重骑兵。与重骑兵相对应的是轻骑兵，他们武器装备更加轻便，作战也更加灵活，越来越向后期骑士形象发展。

公元7世纪，法兰克国王查理·马特尔实行采邑制，将土地及其上面的农民一起作为采邑分封给有功之人，以服骑兵役为条件，供其终身享用，但是不能世袭。这一制度确立了以土地和服役为基本条件的臣属关系，削弱了贵族势力，加强了王权，有利于社会的稳定和统一。采邑制推行之后，中小封建主都要服兵役，他们自备马匹，装备精良，构成了新型骑兵，奠定了西欧中世纪骑士制度的社会基础。11世纪末到13世纪末，在教皇的准许下，西欧封建领主和骑士发动了十字军东征。十字军的招募，激起了欧洲骑士的强烈反响，一方面，骑士希望通过战争得到荣誉和封号；另一方面，教皇也宣称只要为圣战而死，便可以得到上天国的回报。13世纪后期，由于土地制度发生变化，国家需要一支常备军来保卫安全，这时法国、德国和英国纷纷实行募兵制，开始组建常备军，逐渐取代骑士服兵役制度。后来，骑士封号也越来越容易得到，在英国詹姆斯一世期间（1567—1625），骑士爵位甚至可以使用股票、现金购买，骑士称号逐渐失去早期的荣誉感与内涵。

与中国侠士大多游离于统治阶层不同，西方要求骑士绝对维护封建制度。这主要包括两方面准则。其一，骑士要坚决维护教会利益。骑士首先要成为一名虔诚的基督教徒，也就决定了骑士必须保护教会利益。基督教的行为准则成为骑士的行为准则，他们不再为自己而战，而是为教会、为上帝而战，是教会和上帝的战士，保护教会利益。一方面，骑士要保护神职人员、教徒以及一切从事宗教活动的人，甚至还要保护老人妇孺等弱者；另一方面，骑士要铲除一切异教徒，对基督教的绝对信仰以及与异教徒的积怨，使得骑士们很容易接受这一要求。而教皇也正是利用这一点，发动了长达两百年的十字军东征。但这场打着向世界宣传基督教的旗帜的侵略战争，充分暴露了教会的虚伪性与欺骗性，使得教会威信大为下降。其二，骑士要坚决维护封建君主利益。采邑制度下，国王把自己的土地作为采邑分封给骑士，也就形成了以土地为纽带的领主与下属之间的关系，这样骑士就有了保护国王的义务，为其征战，维护王朝统治。与此同时，骑士的生活方式也随着社会发展变得丰富多彩。相较于普通民众，骑士不需要从事任何农业活动。和平时期，他们主要进行各种军事练习，抑或狩猎、饮酒，参加比武大会等；战争时期，他们替君主征战沙场，冲锋杀敌。

相较而言，中国的"侠"是一种人群的称谓，不是一种职业，也不是一种法定身份，"侠"是社会舆论根据某些人的行为特征赋予他们约定俗成的名称（郑春元，1999：1）。概言之，"侠"是一群重信重义、乐善好施、有原则、有谋略、舍生取义的人，他们扶弱济困，往往通过武力解决社会不公，且习武轻财，注重个人名誉。除此之外，"侠"还具有其行不轨，与统治阶层格格不入的特征。"侠"表现为急公好义，勇于牺牲、有原则、有正义感，能替天行道，纾解人间不平的侠义精神（龚鹏程，1987：3）。中国侠文化是"侠"和"义"的统一，在侠义精神中，"侠"是其表现形式，"义"是衡量侠士的一个主要标准。侠士通过"武"帮助弱者，抵抗强权，维护正义。侠义精神夹杂着血性、正义感和责任感，不仅表现为保护弱者、个人，还表现为维护民族大义。

而早期骑士起源于日耳曼族的重骑兵，自然保留了某些日耳曼人的尚武精神，同时还残存了些许野蛮残暴的传统。后期基督教的发展与传播，骑士成为基督教的战士、上帝的战士，遵循基督教的行为准则，他们脑海中的日耳曼传统随之转化为基督教信仰。骑士是欧洲贵族阶级，所以骑士不仅维护封建制度，还要维护教会利益。战争、宗教、爱情以及宫廷文化等因素共同催生和培育了骑士精神。骑士精神既体现出好战野蛮、忠诚勇武的蛮族传统，又体现出谦恭正直、虔诚公正的基督精神（许建楼，2006）。基督教教化骑士要虔诚信教、扶弱济贫、乐善好施。综而述之，骑士精神具体表现为谦卑（Humility）、荣誉（Honour）、牺牲（Sacrifice）、英勇（Valour）、怜悯（Compassion）、诚实（Honesty）、公正（Justice）、灵魂（Spirituality）八大美德。

从以上分析不难看出，中国"侠"与西方骑士的文化内涵既有相同点又有不同点，而中国侠义精神与西方骑士精神也如此。

四、"侠"之英译：翻译路径的选择与实践挑战

"侠"在英语世界早期传播时，通常被"knight-errant"替代。例如，在"The Knight-errant in Chinese Literature"一文中，旅美学者刘若愚就已经使用knight-errant指代"侠"。1967年，在出版的第一部专门研究中国"侠"的英文专著 *The Chinese Knight-errant* 中，他仍使用"knight-errant"（游侠骑士）指代"侠"。他说使用 knight-errant 指代"侠"，并不表明中国"侠"等同于西

方"骑士"，这样处理主要是想帮助西方读者快速理解中国"侠"这一群体。如此一来，西方受众会知道他说的是什么，想了解什么是中国 knight-errant（刘若愚，1967：xii）。

除了刘若愚，其他一些海外汉学家和翻译家（洪捷，2015：60）也曾使用"knight-errant"之类对应语英译表达中国"侠"，如表2所示。

表2 "侠"的 knight-errant 之类对应词及其出处表

汉学家和翻译家	"侠"的英译	英译出处
卜德（Derk Bodde）	knight-errant	*A Short History of Chinese Philosophy*（1948）
约翰·毕晓普（John Bishop）	knight-errant	*The Colloquial Short Story in China*（1956）
杨联陞（Yang Liansheng）	knight-errant	*The Concept of "Pao" as a Basis for Social Relations in China*（1957）
柯夏智（Burton Watson）	wanderingknight	*Records of the Grand Historian of China*（1961）
刘若愚（James Liu）	Chinese knight-errant	*The Chinese Knight-Errant*（1967）
马幼垣（Ma Yau-woon）	knight-errant	*The Knight-Errant in Hua-pen Stories*（1975）
雷蒙·道森（Raymond Dawson）	knight-errant	*The Chinese Experience*（1978）
马幼垣、刘绍铭（Ma Yau-woon & Joseph Lau）	knight-errant	*Traditional Chinese Stories: Themes and Variations*（1978）
何谷理（Robert Hegel）	knight-errant	*The Novel in Seventeenth Century China*（1981）
林培瑞（Perry Link）	knight-errant	*Mandarin Ducks and Butterflies*（1981）

由表2可知，早期使用"knight-errant"之类表达替代"侠"，出现在"二战"后至20世纪80年代初介绍中国文学的英文学术专著和中国文学英译作品中。后来，随着武侠小说走进英语世界，knight-errant 作为"侠"的主要译法，仍然出现在这类小说的英译中。第一个英译金庸武侠小说的香港学者莫慧娴（Olivia Wai Han Mok），1993年出版了《雪山飞狐》英译本 *Fox Volant of the Snowy Mountain*，就曾68次使用"knight-errant"翻译"侠"（洪捷，2015：57）。

在《雪山飞狐》英译本中，莫慧娴没有把苗人凤苗大侠简单地译成"Phoenix Miao"，而是又添加"knight-errant"进行补充说明，这不仅仅是在侠士框架内进一步细化人物身份，还结合文本语境翻译"侠"，突出"侠"的人物特征（肖开容，2013）。在三部英译金庸武侠小说中，除了主要使用"knight-errant"和"knight"翻译"侠"，三位译者莫慧娴、闵福德（John Minford）、晏格文（Graham Earnshaw）还分别根据文本语境对"侠"进行了变通英译。表3（洪捷，2015：57－59）显示了《雪山飞狐》《鹿鼎记》和《书剑恩仇录》中"侠"的英译及出现频率。

表3　金庸三部武侠小说中"侠"的英译及出现频率表

英译	频率	英译	频率	英译	频率
knight-errant	68	the Knight（s）	38	Mr. so and so	28
guard（s）	23	master so and so	10	you	9
your brother	7	heroes	5	he	4
Sir so and so	2	Sir	2	the matchless knight	2
his retainers	2	our friends	1	the brothers	1
our best fighters	1	them	1	him	1
the others	1	his shifu	1	this gentleman	1

由表3可知，金庸武侠小说英译中，三位译者除了仍以"knight-errant"和"knight"为主替换"侠"，他们的变通英译也是丰富多彩的，而且基本上采用归化译法。这里把该表统计的"侠"的变通英译分为三类：一是使用"Mr./Master/Sir/sir"作为称谓语，表达称呼方式；二是使用名词"guard（s）/brother(s)/heroes/retainers/friends/fighters/gentleman"意译"侠"（唯一例外是用shifu音译"侠"），表达确切的身份角色；三是采用代词"you/he/others/him/them"指代"侠"，表达人际关系。当然"侠"的变通英译，除了在上述三部金庸武侠小说英译中出现的表述，还可根据上下文语境，运用其他英语表达，如"warrior""chivalrous swordsman"（王国文，2013）。

使用"knight-errant"之类对应语表达"侠"，主要目的是便于西方读者理解中国"侠"这一群体，虽然可以近似复制"侠"的语义，但不能复制"侠"的文化信息。正如前文所述，中国"侠"与西方"骑士"之间存在显著区别，与骑士维护王权统治与捍卫宗教利益不同，侠士既无维护帝王统治的义务，也无捍卫宗教利益的责任，更为不同的是，他们惩强扶弱、匡扶正义的行为与封赏和名号无关。因此，有些学者建议使用音译法突出"侠"的独特性和中国文化内涵，而不用英语中已有的词汇和意象替换。如在 1980 年出版的著作 *The Classic Chinese Novel: A Critical Introduction* 中，夏志清（1980：30）就没有使用"knight"翻译"侠"，而是使用"侠"的拼音"hsia"，表现出对独特中国文化的理解和传播中华文化的自信。尽管莫慧娴在 1993 年出版的《雪山飞狐》英译本中主要还是将"侠"英译成"knight-errant"，但她在博士论文 *Martial Arts Fiction: Translational Migrations East and West* 中，除了详细介绍武侠小说这一文学体裁，在第五章阐述"侠"这一特殊群体时，也使用了 xia 音译中国"侠"。她这样解释，"knight-errant 的译法虽然以目标语读者为中心，在西方更容易被接受，但是'侠'更重要的是作为一个文化概念，knight-errant 作为'侠'的翻译，只是起到了解释 xia 含义的作用"（Mok，1998：159）。在英文著作 *Chinese Martial Arts Cinema: The Wuxia Tradition* 中，新加坡国立大学的张建德（Teo，2009：3）也用拼音"xia"指代"侠"。张建德引用新渡户稻造（2011）翻译"武士道"的方法支持自己的这一译法，认为不使用英语单词替代"侠"，而把"侠"的拼音当作一个新词，将"侠"从西方骑士印象中独立出来，虽然这种译法不方便英语读者理解，但是经过起初的解释和一段时间的使用，会慢慢得到认可和接受的。

　　用"knight-errant"之类表达翻译"侠"，优点是规避了中英两种语言之间的理解障碍，更方便目标语读者理解和接受；但缺点是弱化了"侠"的独特性和中国文化特色，不利于"侠"作为一种独立的中国文化概念的传播和认可。音译法可以把"侠"当作一个独立概念，而且用拼音译成外来词，一旦在大众语言中传播开来，就会逐渐被目标语群体所接受并推而广之（王秉钦，2007：263）。如同日本"武士道"的官方翻译是"bushido"，而不是英语中固有的"horsemanship"或"chivalry"。

　　"侠"的中国文化独特性，决定了其翻译不能局限于词义的单一性与孤立性，而应该把它放在不同的时代语境与文本语境中进行探究。"二战"后至20世纪80年代初，"侠"被归化处理为"knight-errant"之类对应语，这与当时的历史语境有关。新中国建立后，中国社会和经济发展水平与西方国家尚有较大差距，英语读者对中国思想文化非常陌生，"侠"被翻译为"knight-errant"之类表达是以英语读者为中心，将全然陌生的概念替换成他们所熟知的词汇与文化意象。随后，尽管在金庸武侠小说英译本中，"侠"的英译也以"knight-errant"之类替换和一些变通表达为主，但从1980年出版的夏志清英文学术著作开始，音译"xia"便进入英语读者视线。因为这时中国也已经开始实行改革开放，经济发展加快，社会持续进步，国际影响力逐步提升，学者们开始有意甚至刻意介绍中国武侠小说和侠文化。音译xia就是把"侠"当作中国特有的文化概念，与西方骑士的文化内涵相区别。相较之下，新渡户稻造早在1899年就将"武士道"第一次用音译"bushido"介绍到西方，中国"侠"音译为"xia"，应该说是起步晚、步幅小。

　　随着中国文化走出去的步伐加快，使用音译凸显中国文化特色的译名会逐渐增多，如2019年1月香港西九龙文化区"戏曲中心"的英文译名就采用了"Xiqu Center"。一直以来，汉语中的"戏曲"都被翻译成"Chinese Opera"，比如香港中文大学的"戏曲资料中心"英译为"Chinese Opera Information Center"，"上海戏曲中心"英译为"Shanghai Center of Chinese Operas"。此次西九龙戏曲中心译名的横空出世，引起了不少学者和业内人士的热议，对此，香港著名粤剧演员阮兆辉在香港立法会解释道："戏曲就是戏曲，不是opera！你在opera看见过翻筋斗、耍旗、舞水袖等中国传统动作吗？没有！换句话说，如果以opera翻译，那就是以偏概全，无法让外国人领会中国戏曲丰富且独一无二的内涵！"

　　总体而言，在早期中国文学英文专著、英译作品及后来的英译金庸武侠小说中，虽然"侠"没有一成不变的译法，但是学者和译者更倾向归化译法，并认为归化策略的使用会提高其在目标语文化的接受程度（崔东丹、辛红娟，2018）。究竟如何看待"侠"的不同译法？在笔者看来，应该结合历史语境与文本语境分析其优劣。由于"侠"的独特性，在英语世界很难找到其等同的对应词，即使是与之最接近的"骑士"，其文化内涵和侠文化也有一定差异，所以在处理这类文化负荷词的翻译时，我们不能一味简单地采用归化策略，把它从复杂的原语文化体系中抽离出来，如果长此以往，不仅容易造成目标语读者对中华文化的误解，还会贬低我族文化、迷失我族文化，甚至会丧失自己的文化定位和文化身份。而通过异化的音译法翻译"侠"时，我们可以借助其特殊的文本语境，运用解释或对比，让目标语读者逐步理解"侠"文化内涵。

五、小结

翻译不仅是不同文化之间沟通的桥梁，还是文化移植的过程（叶小宝，2013）。中国文化"走出去"是一个长期的系统工程，在这一过程中不可避免需要处理文化负载词的翻译。通过讨论中国"侠"的英译，我们发现翻译某些中国特色文化负载词时，不仅可以采用归化策略，使用目标语受众所熟知的词汇与意象，还可以采用异化的音译法，尽可能体现中国文化特色与内涵，让国外读者感受地道的中国味。当前，在我们主动翻译和积极宣传中国文化时，需要拥有民族自豪感与文化自信心，用中国腔调讲正宗的中国故事，而不能一味迎合国外读者，因为他们在阅读中国学术专著和中国文学翻译作品时，也同样喜闻乐见中国元素，希望以中国人的视角了解中国文化。

第三节　从多元系统视角看"侠"的英译演变与适应

"侠"是中国传统社会中的一种特殊身份群体，其行为所体现出的"侠义精神"长期以来对扶弱济贫的行为产生了深远的影响，并塑造了民族大义高于个人的理念。在中国社会中，"侠"作为一种独特文化现象，深刻影响了社会风俗和个人道德。然而，当"侠"文化向海外传播时，其英文翻译经历了多个阶段的演变，从最初的"knight-errant"到"swordsmen"，再到音译为"hsia"和"xia"，这种翻译的演变不仅仅是语言转换的过程，更反映了译者对中国文化认知的变化。早期，翻译为"knight-errant"试图将"侠"与西方骑士文化中的游侠形象进行类比，意图传达"侠"在社会中作为保护者和正义执行者的角色。然而，这种翻译方法未能充分体现"侠"一词的文化深度和复杂性，因为西方骑士与中国"侠"在文化背景和社会功能上存在显著差异。随着对中国文化的深入理解，译者逐渐认识到，使用"knight-errant"并未完全捕捉到"侠"的文化内涵，因此开始采用"swordsmen"这一术语。这一翻译虽更贴近"侠"的战斗角色，但依然无法全面反映其文化特征。最终，译者转向音译"hsia"和"xia"，这一方法旨在保留"侠"一词的原始发音和文化特征，避免将中国特有的文化现象强行融入西方概念中。这一翻译变化的过程反映了多元系统论中的文化翻译认知变化。根据多元系统论，当一种文学作品在国际文学体系中占据中心地位时，译者会忠实于原文的结构和内容；而当其处于边缘位置时，译者则更倾向于迁就目标语读者的语言和文化习惯，从而选择他们所熟悉的翻译方式。通过分析"侠"英译的演变，我们可以更深入地理解中国文化在全球传播中的动态变化及其对翻译策略的影响。

一、简介

"侠"作为中国传统社会中的一个独特群体，其行为和精神内涵深刻体现了中国文化的核心价值。侠义精神，作为一种文化现象，主要表现为对弱者的保护、对不公行为的反抗，以及对民族大义的坚持。这种精神在中国古代社会发挥了重要作用，不仅塑造了社会成员的道德观念，也推动了社会风俗和价值观的形成。侠文化在塑造个人行为和社会心理方面具有深远影响，其精神内核在中国传统文化中占据了举足轻重的位置。

然而，当侠文化从中国传播至国际社会时，其英译过程展现了明显的演变。这一翻译变迁不仅反映了语言转换的复杂性，也揭示了文化认知的变化。最初，"侠"被翻译为"knight-errant"，该术语试图将"侠"与西方骑士文化中的浪漫英雄形象进行类比。在某种程度上，"knight-errant"能够传达"侠"在社会中所扮演的保护者和正义执行者的角色。然而，这种翻译选择并未完全捕捉到"侠"一词所蕴含的文化深度和复杂性，因为西方的骑士精神与中国的侠义精神在文化背景和社会功能上存在显著差异。

随着对中国文化理解的深入，特别是在全球化背景下，译者逐渐认识到将"侠"仅仅等同于"knight-errant"无法全面呈现其丰富的文化内涵。因此，逐步出现了将"侠"音译为"xia"的翻译方法。这一音译策略试图保留"侠"一词的原始发音及其文化特征，避免了将中国特有的文化现象强行融入西方概念框架中的潜在误导。音译"xia"不仅反映了对中国文化独特性的尊重，也体现了译者在文化翻译过程中对概念准确性的重视。这种翻译策略标志着译者在处理文化差异时采取了更加审慎和精确的态度。

这种翻译策略的演变深刻体现了多元系统论中的文化翻译认知的动态变化。最初的翻译尝试通过类比西方概念传递"侠"的基本特征，但随着对中国文化及其语境的理解深化，译者逐渐意识到文化翻译不仅仅是语言的转换，更是对文化内涵的深刻把握。音译"xia"作为一种更加精准的翻译方法，反映了对中国传统文化在全球语境中独特性的重新审视和认知。这一变化不仅有助于更准确地传达中国文化的精髓，也促进了中西文化之间的理解与交流。

"侠"从"knight-errant"到"xia"的翻译变化，揭示了文化翻译中的复杂性和挑战，同时反映了译者在跨文化交流中的认知和适应过程。这一过程不仅体现了语言转换的困难，也反映了全球化背景下对于文化多样性的尊重和理解。这种翻译策略的演变为理解中国传统文化的全球传播机制和文化适配提供了重要的学理依据。

二、多元系统论的理论框架与应用

20世纪70年代，以色列特拉维夫大学文化研究学院教授伊塔马·埃文-佐哈尔（Itamar Even-Zohar）提出了具有深远影响的多元系统论（Polysystem Theory），这一理论为文学研究、翻译研究及文化研究等领域提供了独特的理论框架。他主张，文化、语言、文学、社会等现象并非由孤立、互不关联的元素拼合而成，而是由一系列相互依存、彼此作用的元素构成的动态系统（Even-Zohar，1990：9）。这些元素不仅涵盖了语言、文学，还涉及更为广泛的社会结构、经济基础、政治权力和意识形态等维度。正是这些多样化的元素共同构建了一个复杂而有机的整体。

在多元系统论的视角下，文化系统的开放性成为其关键特征。谢天振（2003）指出，这种开放性意味着系统不仅能够接纳新的元素，同时也允许旧的元素退出，保持系统内部的动态流动性与平衡性。系统的各个组成部分并非固定不变，而是随着时间和历史进程不断发生位移与变更。这种变化性在文学领域尤为显著，例如，翻译文学在某些文化语境中可能长期处于边缘地带，但在特定历史条件下，翻译文学有可能占据文化系统的核心位置，进而对目标文化产生深远影响。

多元系统理论进一步强调了系统内部的层级结构与中心—边缘的动态关系。在这一理论框架中，系统内部的各个子系统具有流动性，它们可以根据社会历史环境的变化在不同的时空维度内扮演不同的角色，处于系统的中心或边缘。中心和边缘并不是固定的对立关系，而是在特定语境中相互作用、交替转换。例如，在某些时期，翻译文学可能通过对主流文学的补充或批判进入系统的核心，从而影响目标文化的文学生产和价值取向。这种中心与边缘的流动性为多元系统提供了高度的灵活性和适应性。

多元系统论不仅关注系统内部各元素的关系与动态，还为理解文化的复杂性与多样性提供了新的理论工具。在翻译研究中，该理论为探讨翻译作品在目标文化中的地位与功能、译者的主体性发挥及翻译策略的选择提供了理论依据。通过揭示翻译文学在多元系统中的多层次互动机制，埃文－佐哈尔的理论为进一步探讨文化交流和跨学科研究提供了深刻的启示与理论框架。

埃文－佐哈尔认为，各种文化系统并非平等地存在于一个孤立的体系中，而是相互交织在一个多元的开放结构中，这个结构包括语言、文学、经济、政治以及意识形态等相关元素（Even-Zohar，1990：9）。这种结构不是静态的，而是动态发展的；随着社会文化因素的变化，某些文化系统可能会从边缘走向中心，或从中心退居边缘（谢天振，2003）。

在翻译过程中，原作所在的文化系统的地位对译者的策略选择具有决定性影响。当文学作品处于多元系统的中心位置时，译者倾向于采用保留原文文化"充分性"的策略。这意味着，译者会尽力保留源语文化的独特性，包括语言、结构、风格以及内容，以确保目标语读者能够充分理解和感受原作的文化内涵。这种翻译策略反映了译者对原作在全球文化体系中重要性的认同，旨在通过忠实于原文来尊重其文化特色（埃文－佐哈尔，2000：116）。

相对而言，当文学作品处于边缘位置时，译者的策略通常趋向于适应目标文化的读者需求。在这种情况下，译者可能会对原作进行较大的调整，使译文符合目标文化的语言习惯和阅读期待。这种适应性的翻译策略可能涉及语言上的改编、结构调整、风格修改甚至内容重塑，希冀边缘文学作品能够在目标文化中获得更广泛的接受。然而，这种策略往往会牺牲原作的部分文化特色和复杂性，导致译文在文化"充分性"上的不足。

尽管翻译策略受文化系统地位的影响，埃文－佐哈尔强调，译者的主观意向在策略选择中起着决定性作用。译者不仅是文化信息的传递者，同时也是文化权力关系中的积极参与者。译者在翻译过程中，必须深入理解源语与目标语文化系统之间的差异，并根据自身的学术背景、文化立场和翻译目的来选择合适的策略。因此，译者在翻译实践中既是被动的接受者，也是主动的塑造者，他们对文学系统地位的判断以及翻译策略的选择，对文学作品在全球文化中的接受与传播具有深远的影响。

三、"侠"文化的英译演变：译者的策略与文化适应

1. 刘若愚的"knight-errant"翻译路径

刘若愚是第一个系统地将中国"侠"及其相关文化引介至西方学术界的学者。在其 1961 年发表的文章"The Knight-Errant in Chinese Literature"中，刘若愚开篇指出，大多数西方读者对中国文学的了解通常仅限于儒家学者、道教隐士、佛教僧侣、浪漫少女、阴险太监以及腐败官员等传统角色。他特别强调，除了这些角色，还有一种重要的文学类型，即中国的"侠"，这一类型尚未为西方读者所熟知（Liu，1961）。

刘若愚选择将"侠"翻译为"knight-errant"（骑士游侠），主要是因为该术语在一定程度上接近中国"游侠"的概念。尽管他承认骑士的形象并不能完全涵盖"侠"的所有特质，但这一翻译尝试通过相对熟悉的西方概念，帮助读者理解中国特有的"侠"文化。在文章中，刘若愚详细探讨了"游侠"的定义，并将其与日本武士进行对比。他指出，"侠"不仅包括具备高超武艺的专业武者，还涵盖了那些关注正义、关心他人的人物。他特别强调，"侠"应被视为一种行为和精神，而非单纯的职业角色。

在 1967 年出版的 *The Chinese Knight-Errant*（《中国之侠》）一书中，刘若

愚进一步阐述了为何采用"knight-errant"来翻译"侠"。他解释说，这一翻译选择旨在使西方读者更易于接受和理解中国的"侠"文化。这一翻译策略反映了以目标读者为中心的原则，即根据西方读者的文化背景和认知习惯调整翻译，以提高其接受度。

刘若愚的翻译对后续的学术讨论产生了重要影响。在他的工作之后，"knight-errant"成为西方学界用以指代中国"侠"的主要术语，并在一定时期内广泛应用。例如，美国汉学家林培瑞在讨论《蜀山剑侠传》（*Swordsmen of the Szechwan Hills*）时，尽管书名中的"剑侠"被翻译为"swordsmen"，他仍然使用"knight-errant story"这一术语来描述这种类型的侠义小说（Link，1981：16）。这一现象反映了"knight-errant"作为翻译术语在西方的接受程度及其在西方文化语境中的流行度，标志着这一概念在中国"侠"文化传播中的重要地位。

2. 夏志清的"hsia"概念阐释

中国文学评论家夏志清在其著作 *The Classic Chinese Novel: A Critical Introduction*（《经典中国小说：一种批评性导读》）中，对于"侠"的翻译采取了音译的方式，将其标注为"hsia"（中文拉丁化拼音）。他认为，"侠"不仅仅是特定社会角色的名称，而是具有广泛意义的文化概念。夏志清强调，任何表现出侠义精神的人都可以被称为"侠"，并进一步指出，"侠"可以涵盖从地下世界的首领，到游离于法律之外的惩恶扬善之人，甚至是忠诚的保镖或游荡于江湖中帮助无辜者的孤独游侠（Hsia，1980：30）。通过音译"hsia"，夏志清试图传达"侠"这一概念的复杂性和多样性，并突出其与西方概念"knight"（骑士）的区别。

这种翻译策略与新渡户稻造在1899年出版的 *Bushido: The Soul of Japan* 中采用的做法有相似之处。新渡户稻造将"武士道"音译为"bushido"，以此表达其与英语现有词汇的差异，并强调"武士道"作为一种独特的文化概念的独立性（新渡户稻造，2011：2）。同样，夏志清通过将"侠"音译为"hsia"，不仅避免了与西方词汇的语义混淆，还力图保持和传递"侠"所承载的特定的中国文化内涵。这种方法体现了多元系统理论中的翻译策略，即在文化传播过程中，音译不仅有助于保留原文化的特质，同时也为目标语言读者提供了对该文化概念更为准确的理解。

通过音译而非使用已有的西方词汇，夏志清不仅反映了对"侠"文化概念的尊重，还增强了西方读者对中国传统文化复杂性的认识。这种翻译策略体现了文化交流中对原文化精髓的保护与对目标读者理解的双重考量。

3. 莫慧娴的"xia"音译策略

在将"侠"音译为汉语拼音"xia"的学者中，莫慧娴是一个重要代表。莫慧娴在香港中文大学攻读研究生期间，师从著名的英国汉学家闵福德，并于 1993 年出版了首部金庸小说《雪山飞狐》的英文译本 Fox Volant of the Snowy Mountain。这一译本在武侠小说的西方传播中具有开创性意义。后来，莫慧娴前往英国华威大学攻读翻译学博士学位。在她的博士学位论文中，她系统总结了武侠小说的英译经验和方法。特别是在论文的第五章中，莫慧娴选择将"侠"音译为汉语拼音"xia"，并详细探讨了这一译法的文化内涵。她在论文中引用了冯友兰的观点（Mok，1998：159），指出虽然"knight-errant"作为译法更符合西方读者的接受习惯，但它仅能作为对"xia"含义的解释。莫慧娴认为，"侠"作为一个文化概念，其内涵无法完全通过"knight-errant"来传达，因此"xia"这一音译更为恰当，它保留了原词的文化特征和精神内涵。

同样，新加坡国立大学亚洲研究所的张建德（Stephen Teo）在其著作《武侠电影的传统与发展》（Chinese Martial Arts Cinema: the Wuxia Tradition）中也对"侠"的英译进行了深入探讨。他引入韩非子关于游侠的定义，将"侠"视为战国时期的武士（Teo，2009：3）。张建德认为，"侠"与西方的骑士概念并不完全一致，因此音译的"xia"更为恰当，而"knight-errant"则是一种不够精准的翻译。他强调了在翻译中国传统文化概念时，音译能更好地保留其文化原貌，避免了翻译过程中可能出现的文化误差。

通过莫慧娴和张建德的研究可以看出，对于"侠"这一复杂的文化概念，音译"xia"相较于"knight-errant"具有更高的学术价值和准确性。音译不仅能够保留原词的文化特质，还能够反映译者对文化差异的敏感性和对文化内涵的尊重。这种翻译策略有助于更全面地传达中国传统文化的精髓，促进跨文化理解。

四、"侠"的定义与英译策略探讨

1. "侠"文化核心定义的再审视

关于"侠"的来源和定义，可以从史料记载中找到答案。侠最早出现在战国时期的法家著作《韩非子·五蠹》中。韩非子将侠列为社会五种"害虫"之一（转引自王齐，1997：1），提出"儒以文乱法，侠以武犯禁"的观点，认为侠是具有武力，且对国家律令具有破坏性的一群人。司马迁在《史记·游侠列传》中通过"今游侠，其行虽不轨于正义，然其言必信，其行必果，已诺必诚，不爱其躯，赴士之厄困，既已存亡死生矣，而不矜其能，羞伐其德，盖亦有足多者焉"的论述突出了侠的"言必信、行必果"和"舍生取义"的特点。

东汉许慎在《说文解字》中说，"侠，俜也。从人，夹声"。又说"甹，侠也"。所谓"甹士"，亦为兵士、武士（宣森钟，1992：1）。可见侠是一群习武之人。而"三辅谓轻财者为甹"，则表示侠还是一群轻财者。东汉荀悦在《汉纪·孝武纪》中说，"立气齐、作威福、结私交，以立强于世者，谓之游侠"，表示侠具有树个人威信，结党私营的特点。明代启蒙思想家李贽在《焚书·昆仑奴》中，提出侠者不仅仅是因为武功高强，更是因为其精神品格。

上述定义概括了侠的一些共性，并且，无论是韩非子还是司马迁，都表达了侠的"其行不轨"，与统治阶层格格不入的特点。因此，我们可以得出总结：侠是一群重信重义，乐善好施，有原则，有谋略，舍生取义的人。他们扶弱济困，往往通过武力解决社会不公，且习武轻财，注重个人名誉。

2. "侠"文化词的翻译路径与策略分析

关于侠的英译，不外乎替换和音译两种方法，但都各有利弊。将中国的"侠"替换成西方的"knight-errant"的优点是可以表面上消弭中英两种语言之间的差异，便于目标语读者理解并接受"侠"。但其缺点是弱化了侠的独特性和其中的中国文化特色，不利于侠作为一种独立的文化概念的发展和认可。而音译可以把侠当作一个独立的概念，而且以音译形式翻译的外来词，一旦在大众语言中传播开来，就会逐渐被目标语群体所接受并推而广之（王秉钦，2007：263），如"bushido"已经成为日本武士道的官方翻译。但音译的缺点是容易掩盖"侠"的词源关系，使原有的清晰可见的词素混成一体，如"knight-errant"的译法很容易让人联想到武士和侠士，但"xia"这种译法会抹去其词源关系，让目标语读者对什么是"xia"不知所云。所以，当外来词以音译的方式第一次出现在别国语言中，应注明其原文，以免去因掩盖词源关系而不解其意的烦恼。

五、小结

侠从译为"knight-errant"到音译为"xia"，体现的不仅仅是翻译方法的转变，更是中国文学走出国门的自信和中国文化在多元系统中趋于中心位置的转化。从最初刘若愚为方便西方读者理解使用西方已有的表达"knight-errant"来代替侠，到夏志清、莫慧娴等人强调侠的文化内涵，将侠当作中国特有的一个文化概念而采取音译的方式，这一变化为我们翻译诸如此类的专有名词提供了经验和指导。在翻译时，我们不仅要关注目标语读者的理解情况，更重要的是要加强本国文化的交流与传播。同时，我们还需要注意翻译规范因适应时代的需要而变化，不同的规范，只是为了迎合不同时代的需要或达到不同的目的，不一定有正确与错误，或者先进与落后之分。

第四节　武侠小说中的人名与绰号：金庸作品的译名探索

金庸的小说不仅因其引人入胜的情节和复杂的角色塑造而闻名，更因其独特的语言风格和深厚的文化底蕴而使翻译面临着严峻的挑战。金庸作品中有众多诗词、成语、俗语及典故，它们不仅体现了中国传统文化的精髓，也使翻译工作变得异常复杂。在将金庸的作品翻译成英文时，译者们必须克服多重语言障碍，在尽力保留原作文化内涵的同时，还要使其适应目标读者的认知背景和理解能力。尽管面临这些挑战，译者们依然不断尝试，并在这一过程中取得了显著的成就。本节旨在对金庸小说中人名和绰号的英文翻译进行系统性分析，探讨其翻译策略及其在国际传播中的效果。

金庸小说中的人名和绰号不仅是角色的标识符，也深刻映射了其性格特征和命运走向，具有丰富的文化象征意义。为了有效地传达这些文化含义，译者在翻译过程中面临着语言转换与文化转换的双重困难。这些名称通常通过富有文化底蕴的词汇和符号传达源语文化中的独特背景和社会语境。因此，译者在将这些名称翻译成英语时，不仅需要关注语言层面的转化，还要确保文化意义的准确再现。本节将深入探讨译者在翻译过程中如何通过音译、意译、增译或附加解释等方法，平衡原作文化内涵的保留与目标语读者的理解。译者不仅要确保名称的基本意义在目标语言中得以传达，还需对名称所承载的文化背景进行细致的挖掘和再现。通过这些翻译策略的综合运用，译者能够在目标语读者中引发与源语读者相似的文化情感共鸣，从而有效传播中国武侠文化的独特性和深度。这种跨文化的翻译实践不仅提升了译文的准确性和文化适应性，也促进了中国文学及其文化在全球范围内的深入传播和理解。通过对金庸小说人名和绰号翻译的详细分析，本节旨在为武侠小说及其翻译研究提供理论支持和实践借鉴，以期推动相关领域的进一步发展，并为未来的翻译实践提供参考。

一、简介

金庸的小说以其语言的复杂性和深厚的中国传统文化内涵著称。作品中不仅有大量诗词、成语、俗语，还融合了丰富的历史典故和文化符号，这些特征极大地增加了翻译工作的难度。译者在将金庸作品译成英文时，必须应对多层次的语言挑战，同时努力在保留原作文化内涵的基础上，使其适应目标读者的认知和理解。尽管面临诸多挑战，但译者们从未停止对金庸小说的翻译尝试，并取得了一定的学术成就。本节将对四部金庸小说的英文译本进行系统性分析，旨在探讨其人名和绰号的翻译策略。通过分析这些译本中的人名和绰号翻译，考察译者如何在翻译过程中处理文化特征的保留与转换，以及如何在全球化背景下使这些文化元素为目标语读者所理解。具体而言，本节将从以下几个方面展开研究：首先，简要介绍四部金庸小说的英文译本及其翻译背景；其次，分析金庸小说中人名的翻译策略，包括如何在不同译本中处理人名的文化与语境问题；再次，探讨绰号的翻译问题，包括绰号的起源、发展及其在英译本中的处理方式；最后，总结这些翻译实践的优点与不足，评估其对金庸小说乃至武侠小说在国际传播中的贡献。

二、金庸小说的英译版概述

武侠小说作为一种包容性极强的小说类型，以江湖恩怨、武林争霸为背景，呈现出丰富多彩的故事内容和人物形象。在这些故事中，既可以展现浪迹天涯、群雄逐鹿的侠客豪情，也可以描绘悬疑紧张、复杂多变的权力斗争，更可以抒写儿女情长、刻骨铭心的爱恨情仇（罗永洲，2011：52）。金庸的武侠小说尤其独特，他将博大精深的中国传统文化与奇幻的武侠世界结合起来，不仅对中国传统文化进行了一次全面的现代化审视，还通过通俗的形式解读了中国文化（李爱华，1999：129）。因此，金庸武侠小说的翻译难度极大，给译者带来了巨大的挑战。然而，这并没有阻挡翻译家们的热情与尝试。例如，香港城市大学的莫锦屏在1993年出版了金庸小说的首个英译本《雪山飞狐》（*Fox Volant of the Snowy Mountain*）。英国汉学家闵福德（John Minford），曾参与《红楼梦》的翻译，他将金庸的《鹿鼎记》分成三个部分，分别于1997年、2000年和2002年翻译出版了三册 *The Deer and the Cauldron*。在闵福德完成《鹿鼎记》翻译的两年后，英国记者、作家晏格文（Graham Earnshaw）翻译出版了金庸的第一部武侠作品《书剑恩仇录》（*The Book and the Sword*）。2018年，郝玉青翻译的《射雕英雄传》第一卷（*Legends of the Condor Heroes: A Hero Born*）出版发行，这是金庸武侠小说首次在海外出版发行，也是首次由非学术出版机构出版。

三、金庸小说人名的英译策略与实践

中国人名意义丰富，主要可概括成四个方面：符号意义、心理意义、哲学意义和文化意义（王泉根，2000：14）。符号意义是指人名的指代作用，用来在交际中指代某人。心理意义是人名的心理暗示作用，即人名的音、形、义让人产生的联想意义。如志刚、思诚让人们联想到有追求、有作为的男子汉，而淑、秀、慧往往让人联想到温文尔雅的女子。哲学意义是人名的哲学思想内涵，指用人名表达自我和人生追求，如陶行知，原名文濬，大学期间推崇明代哲学家王阳明的"知行合一"学说,故改名"行知",而在此之后,他也一直推崇"先行而后知"的哲学思想。最后是人名的文化意义。人的命名本身就是一种文化行为和文化现象(王泉根,2000:19)。中国人的姓名与宗法制度息息相关,在宗法制度下,个人只是家族的一部分,家族的意义高于个人。重家族、轻个人的宗法制度造就了中国人先姓后名的姓名构成。

儒家伦理道德观念在中国人心中根深蒂固,这也体现在人名上。如男名中的谦、楷、自忠、德潜和女名中的端、婉、静、贞,无不反映出传统的伦理道德思想和价值取向。人名也体现个人追求,以日月星辰、山川大河命名能给人一种志向远大和胸襟开阔的印象,以动物、植物命名显示出一种对自然的敬畏和亲近,以吉祥的词组命名给人一种大富大贵、时来运转的喜庆。还有些人名,则是通过化用典故来表达自己的理想追求。如从经典名言中提取出几个字取名,像"致远"便出自诸葛亮《诫子书》"非淡泊无以明志,非宁静无以致远","养浩"出自孟子的"吾善养吾浩然之气","谦益"出自《汉书》的"满招损,谦受益"(徐健顺、辛宪,1999:256)。

文学即人学。在对文学作品人物的研究中,对名字的研究至关重要(王秉钦,2007:183)。而在金庸这四部英译作品中,通过整理可以发现,《射雕英雄传》和《鹿鼎记》中的人名多采用音译,如《射雕英雄传》中的郭靖"Guo Jing"、完颜洪烈"Wanyan Honglie"、丘处机"Qiu Chuji",《鹿鼎记》中的吴三桂"Wu Sangui"、徐天川"Xu Tianchuan"、史松"Shi Song"。在《书剑恩仇录》中,译者常常省略了人物的名字,而只音译出姓氏,如骆冰"Luo Bing"、余鱼同"Yu"。而在《雪山飞狐》中,译者并没有采用音译法翻译人名。文学作品人物名音译是主要的、大量的,但音译无法使译文产生与源语同等的效果,也无法体现作家对人物命名的良苦用心。如,汉语里的"赵志坚"虽然可以用汉语拼音转写成"Zhao Zhijian",但是讲英语的人士来念,无论是字音还是声调都会发生很大的变化(潘炳信,2000:381),人名主要起到了指代作用,其心理意义、哲学意义和文化意义则被忽略了。在小说中,名字往往是人物形象和性格的体现,如果我们采用音译的处理方法,会抹去姓名的文化内涵,无法使译文和原文产生同等的效果。

因此，有许多翻译家试图努力探求既能切音，又能"思义"，把音与义合二为一的办法（王秉钦，2007：188）。如在《雪山飞狐》中，译者并没有使用音译处理人名翻译，反而在其名中挑选出最具特色的一个字来代指此人，如曹云奇译成"Curio"（珍奇异宝），周云阳译成"Radiant"（光线），苗人凤译成"Phoenix（凤）Miao"。译者意译出了人物名字本身的意思，但因为名字太长影响了可读性，便选择直译其中某个词，而不是简单地音译。相似的译法在《射雕英雄传》中也有体现，如郭啸天"Skyfury Guo"、杨铁心"Ironheart Yang"。在《鹿鼎记》中，大多人物的名字都是音译，但是小说里的主要角色，则使用其他的翻译方法，如韦小宝译成"Wei-Trinket"（密谋），译者根据人物在小说中的性格体现翻译其名。而在《书剑恩仇录》中，对人物名字的翻译主要是省略名字，而音译其姓。

四、金庸小说绰号的英译策略与实践

1. 绰号的起源与演变

绰号是抓住人物特征而取的名号，又叫"诨名"。史学家赵翼在《陔余丛考》中称：绰号最早出现于《吕氏春秋》。夏桀力大，"推移大牺"，能将牛推走，所以人们称为"移大牺"，但是没有更多的史料证明其准确性（何晓明，2001：328）。不过有确定的史实记载，到了春秋战国时期，就已经有绰号的出现，如秦国大夫百里奚，因其以五张羊皮的身价卖到秦国的故事，被称为五羖大夫（何晓明，2001：328）。到了南宋，有些专门说"杆棒"（能人异士争斗拼杀的故事）的说书人为了使人物形象灵活生动，通常会给这些人物取绰号。而在《水浒传》中，经过文人的加工，每个人物都有符合其身份抑或形象的绰号。到后来，武侠小说里的人物也都有自己的绰号，绰号几乎成了行走江湖的侠客的专用品（古常宏，1997：185）。绰号与姓名、字、号的本质区别在于它是别人根据对某人的印象而创造的，从这种意义上来说，绰号在一定程度上反映了他者对一个人的评价，不仅仅是外貌、才干上，也包含其人的素养和品行（何晓明，2001：327）。所以，绰号不仅仅只是一个诨号，更具有深刻的文化内涵和丰富的认知价值。

2. 绰号的英译方法与分析

武侠小说中的人物绰号，是小说的点睛之笔，既是对人物的一种特殊称谓，也是小说中人物性格的体现，是一种独特的武侠文化。而将这种有着深厚文化内涵的绰号译入另一种文化中时，如果翻译不到位，会在很大程度上影响读者对人物形象的想象，译本的可读性也会大打折扣，对其蕴含的中国文化的传播也会产生一定的负面影响。为了使这些绰号的翻译呈现出和源语文本相似的效果，我们在翻译这些名称时就必须结合其传统文化背景，深究其语内意义，对不同的绰号采取不同的翻译策略，从而尽可能最大程度上展现其暗含的文化意义。通过分析总结，发现金庸笔下的绰号命名可以大致分为三类，动物类绰号、武功武器类绰号以及鬼神类绰号。

动物类绰号反映出中华民族的图腾崇拜和独特的审美心理。如江南七怪的"飞天蝙蝠"柯镇恶（Flying Bat Master Ke Zhen'e，Suppressor of Evil）和"鬼门龙王"沙通天（Dragon King，Hector Sha）。"飞天蝙蝠"（Flying Bat）这一绰号与他眼盲有关。而"蝙蝠"在夜间可以不用眼睛就能飞行，有象征直觉的含义，这和柯镇恶的形象十分贴切。在西方文化中，蝙蝠是一种可怕的动物，蕴含着与早期创伤性经历有关的潜意识内容，译者采用直译的策略，不仅尊重了源语文本，也为西方读者传达出了丰满的人物形象。而"鬼门龙王"沙通天，其人脾气暴躁，属强盗之流，奈何水上功夫了得，长期在黄河沿线独霸一方且武功极高，江湖上人称"沙龙王"。在其绰号英译上，译者没有直接音译成"Sha Tongtian"，而是根据其人物形象意译成"Hector Sha"，从而表现其恶贯满盈、恃强凌弱的形象，在形象呈现效果上比音译的更佳。再看《书剑恩仇录》中的"秃鹫"陈正德（Bald Vulture）。陈正德是个五十五岁的秃头武林高手，其绰号"秃鹫"不仅展现了其头"秃"这一形象特征，还体现出其凶猛的特点，译者将其译成"Bald Vulture"，就很好地传达出了绰号的语内含义。

武功武器类绰号体现出中华民族对于英雄人物的崇拜和对武术的崇尚。在《射雕英雄传》中，江南七怪中的"越女剑"韩小莹（Maiden of the Yue Sword，Jade Han）最拿手的是春秋时期的越女剑法，相传这套剑法是越国一位姑娘从白猿身上领悟到的。越王勾践卧薪尝胆，欲灭掉吴国，故在民间广征高手，一名女子来到军中传授了这套剑法却不肯留名，于是后人就用"越女剑法"来称呼。直译会让读者体会不到其典故含义，而对其进行直译并加上注释，反而能更好地让不了解这一典故的读者体会到中国武侠文化的博大精深。

鬼神类绰号反映出中华文化中佛、道宗教思想的影响。江南七怪中的"笑弥陀"张阿生（Laughing Buddha Zhang Asheng），其绰号就具有浓厚的佛家思想，"弥陀"原是佛教词汇，多用于突出人物的某项技能达到仙人的境界。"Laughing Buddha"不仅尊重了原文，也将张阿生憨态可掬的形象表现了出来，使西方读者离人物形象更近了一步。"火手判官"张召重（Fire Hand Judge Zhang Zhaozhong），《书剑恩仇录》中的主要反面人物之一，形象上颇有恶化倾向（陈墨，1996：83）。译者使用代表公正公平的"Judge"，则有些美化了源语文本中的形象，与金庸笔下的恶人形象背道而驰，和后面的人物劣迹互相矛盾，造成了读者的阅读困惑。

五、小结

金庸小说中的人名和绰号不仅作为个体角色的标识，还深刻映射了其人物的性格特征与命运走向，且具有丰富的文化象征意义。这些名称通常通过富有文化底蕴的词汇和符号传达出源语文化中的独特背景和社会语境。因此，在将这些人名和绰号翻译成英语时，译者必须面对的不仅是语言层面的转化，还包括文化意义的精准再现。译者需要深入理解人名和绰号在原文中的表层语义，以确保其基本的含义在目标语言中得以传达。然而，这一过程远远超出了表面意思的传递，因为这些名称常常包含了特定的文化内涵和象征意义。例如，某些绰号可能与特定的历史事件、社会风俗或文化传统密切相关，简单的字面翻译难以涵盖其深层次的文化指称。为应对这一挑战，译者必须在双语及其文化之间进行精细的符际转换，深入挖掘源语文化中的象征意义，并选择恰当的翻译策略。这可能包括音译、意译、增译或附加解释等方法，以尽可能完整地再现源语中的文化内涵。例如，音译有助于保留原文的发音特征；意译能够传达名称的象征意义；增译和附加解释则可以提供必要的文化背景信息，帮助目标语读者理解名称的深层含义。

通过这些翻译策略的综合运用，译者不仅能传达出名称的基本意义，还能够在目标语读者中引发与源语读者相似的文化情感共鸣，从而有效地传播中国武侠文化的独特性和深度。这种跨文化翻译的实践，不仅提升了译文的准确性和文化适应性，也促进了中国文学及其文化在全球范围内的深入传播和理解。金庸小说中的人名和绰号翻译涉及语言与文化的双重转换，译者需在准确传达表面意义的同时，深入挖掘并传递其文化内涵。通过灵活运用多种翻译策略，译者能够实现对源文化的有效再现，并促进中外文化的深度交流与融合。

第五节　《射雕英雄传》与英语世界：金庸武侠的传播路径研究

金庸的《射雕英雄传》作为中国武侠小说的经典之作，其英文译本的出版不仅在国际文坛引发了广泛关注，也在学术界引起了对中国传统文化如何实现有效跨文化传播的深入探讨。本节将对《射雕英雄传》在英语世界中的传播路径进行系统研究，重点分析其英文译本的市场表现和传播效果。通过对 Goodreads 和英美亚马逊平台上四部金庸小说英文译本的读者评价、销售数据及市场反馈进行对比分析，旨在揭示《射雕英雄传》在英语世界引发广泛关注的内外部因素。本节的研究不仅关注翻译策略的选择和文化意象的传递，还探讨了英译本发行的市场时机、目标读者群体的接受心理以及国际出版和营销策略的协同效应。我们将从跨文化传播理论出发，总结《射雕英雄传》英译本在文化适配、译者主体性和文本可读性等方面的成功经验，以期为武侠小说及中国文学在全球范围内的传播提供理论参考和实践指导。此外，本节还将结合《射雕英雄传》的译本成功经验，讨论中国文学作品如何在全球语境下实现有效传播。随着中国综合国力和国际影响力的提升，中国文学作品越来越多地走出国门，不可避免地要面对如何在国外，尤其是西方国家培育中国文学和文化受众的问题。因此，本节的研究不仅旨在揭示《射雕英雄传》在西方文化体系中的接受路径，拓展中国文学在国际化语境中的传播研究，也希望为推动中国文化全球传播及跨文化交流提供具有启发性的研究思路和理论贡献。

一、简介

《射雕英雄传》英译本的出版发行不仅再度引发了国际社会对武侠小说的广泛关注，也在学术领域内掀起了关于此类具备深厚中国传统文化底蕴的文学作品如何实现跨文化传播的深入研究与讨论。本节通过对 Goodreads 及英美亚马逊平台上四部金庸小说英译版本的读者评价、销售数据及市场反馈的对比分析，探讨《射雕英雄传》在英语世界引发广泛关注的内外部因素。本节不仅聚焦于翻译策略的合理选择与文化意象的有效传递，还涉及英译本发行的市场时机、目标读者群体的接受心理以及国际出版和营销策略的协同效应。此外，本节从跨文化传播理论出发，总结了《射雕英雄传》英译本成功传播的多重经验，包括文化适配策略、译者主体性、文本可读性等方面，以期为武侠小说乃至更广泛的中国文学作品如何在全球语境下实现有效传播提供理论参考与实践指导。

二、金庸小说及其英译版本的演变

作为新武侠文学流派的代表作家，金庸的武侠小说一改传统武侠小说的写作模式，超越旧派武侠小说范式，开创了武侠小说创作的新纪元，被越来越多不同社会阶层的人士所接受和喜爱。一直以来，武侠小说作为一种通俗小说，被认为难登大雅之堂，但金庸小说的出现使不少人逐渐改变了这一观念。1994 年，严家炎发表题为《一场静悄悄的文化革命》的讲话，认为金庸的艺术实践让近代武侠小说第一次进入了文学的宫殿（转引自丁进，2004：253）。冯其庸也曾表达过对金庸小说的欣赏，认为金庸是当代第一流的小说家，是中国小说史上突起的一座奇峰，其作品将永远是中华民族的精神财富（转引自陈洪、孙勇进，1999：111）。

金庸用自觉自创的文体风格将本来归类于俗文学的武侠小说提高到了和新文学等高的严肃文学水平，并在审美内涵上突破了现代文学的单维现象（国家、社会、历史维度），增加了超验世界和内自然世界的维度，很大程度上改善了 20 世纪中国文学想象力不足的情况，金庸用现代意识消除了狭隘的"民族国家"界线。金庸小说内涵丰富，文化价值高，因而受到越来越多读者的关注，同时也吸引了不少学者展开相关研究。1979 年，厦门大学郑朝宗第一次提出"金学"这个概念，可是当时严肃文学还占据着主流地位，所以并未引起很大反响，应者寥寥。1986 年，冯其庸在《中国》杂志上发表《读金庸》一文，认为将金庸研究称之为"金学"是有道理的。于是在 20 世纪八九十年代，诸多文史学家、文学家、评论家等纷纷涉足其间，对金庸及其小说的研究可谓蔚为大观（许兴阳，2008：36）。

20 世纪 70 年代，金庸小说引起了许多东亚和东南亚国家的关注，先后被译成越南文、泰文、印尼文、柬埔寨文、马来文等多种文字。如 80 年代末，12 家韩国出版社出版了盗译的韩文译本（直到 2003 年才获金庸正式授权）；1995 年，新加坡、马来西亚出版了简体汉字本，在东南亚地区广泛流传；1996 年，日本最具规模的德间书店翻译出版了金庸的第一部武侠小说《书剑恩仇录》，并多次再版，后来又陆续出版了金庸其他作品的日译本（罗永洲，2011：51）。与东亚、东南亚广泛阅读与传播的情形相比，金庸小说在西方世界正式出版的译本却寥寥无几。如《射雕英雄传》，直到 2004 年才有了首本法译本，由巴黎友丰出版社出版，而其英译本更是直到 2018 年才首次出版发行。金庸十五部小说译成英语且正式出版的除了《射雕英雄传》还有三部，它们分别是 1993 年由莫慧娴（Olivia Mok）翻译、香港中文大学出版社出版的《雪山飞狐》（*Fox Volant of the Snowy Mountain*，该译本 1996 年再版，2004 年重印），1997 年至 2002 年由闵福德（John Minford）翻译、牛津大学出版社（香港）出版的三卷本《鹿鼎记》（*The Deer and the Cauldron*），2004 年由晏格文（Graham Earnshaw）翻译、牛津大学出版社（香港）出版的《书剑恩仇录》（*The Book and the Sword*）。

2018 年，由郝玉青（Anna Holmwood）翻译、英国麦克莱霍斯出版社出版的《射雕英雄传》首卷（*Legends of the Condor Heroes: A Hero Born*）问世。《射雕英雄传》首个英译本的出版距 1957 年金庸在《香港商报》连载这部作品已过去了整整 61 年，但该译本一出版便获得较大的成功与社会反响。第一卷在发行后一个月就加印了 7 次，引起了国内外主流媒体的争先评论报道，如在英译本出版前的 2017 年底邢奕就在《中国日报》上发表了一篇题为《〈射雕英雄传〉终于有英译版了！原来最难译的不是"九阴白骨爪"》的书评，索普（Venessa Thorpe）在《卫报》（*The Guardian*）上发表评论文章，斯蒂格（Isabella Steger）与黄茵茵（Echo Huang）为《石英》（*Quarts*）撰写评论文章。与之相比，此前三部金庸小说译本的社会反响并不理想，并且销量平平，与大众市场接轨不畅（李晖，2019）。为使武侠小说西行之路更加畅通，本节将通过比较四部金庸小说的英译本在英语世界的销量排行及读者评价，分析探讨《射雕英雄传》引起英语世界关注的原因，以期为武侠小说翻译和中国文学走出去提供借鉴经验。

三、《射雕英雄传》英译本的接受度与影响分析

闵福德曾在《鹿鼎记》译序中提及和赖慈云继续合译三卷本《射雕英雄传》，但后来仅在《翻译季刊》刊登第一回译文便草草收场（李晖，2019），这与《射雕英雄传》英译本的畅销形成了强烈反差。为探究竟，笔者于 2018 年 11 月对世界最大读者网站 Goodreads 以及美国与英国亚马逊网站上四部译本实体书的销量数据进行了统计。通过对比《射雕英雄传》英文版的销量与其他三部金庸小说英译版的销量，并结合各译本发行年代，笔者认为《射雕英雄传》能成功打入英语世界市场，不仅仅有作品本身的原因，也得益于时代与环境的助力。

表 4　金庸小说 Goodreads 在线评分及亚马逊官网销量排行表（截至 2018 年 11 月）

金庸小说译本	参评人数	评分	美国亚马逊销量排行	英国亚马逊销量排行
Fox Volant of the Snowy Mountain	385	3.78	83 591	565 582
The Deer and the Cauldron（*Bk.* 1）	188	4.20		
The Deer and the Cauldron（*Bk.* 2）	91	4.31	335 777	191 981
The Deer and the Cauldron（*Bk.* 3）	82	4.00		
The Book and the Sword	439	3.83	93 031	220 778
Legends of the Condor Heroes: A Hero Born	345	4.19	21 582	110 019

结合评分来看，前三个译本中由闵福德翻译的《鹿鼎记》最受读者喜爱，

三卷评分都在 4 分（满分 5 分）以上，由莫慧娴翻译的《雪山飞狐》评分最低。而问世虽短，只有将近十个多月的《射雕英雄传》总评分接近 4.2 分。在发行量最大的英国亚马逊上，接近 53% 的读者给了 5 分，35% 的读者打了 4 分，6% 的读者给出 3 分，剩下 6% 的读者给出 1 分。这个分数在中国海外图书评分中可以算是不错的成绩了。在美国和英国亚马逊官网上，《射雕英雄传》虽然销量最好，但也分别排在两万名和十一万名左右，不过相比前三个译本却是可观许多。仔细浏览分析 Goodreads 上对《射雕英雄传》英译本的评价，可发现读者主要是对作品内容本身及译本接受发表了看法。积极正面的评论主要体现在三个方面。

第一，读者对《射雕英雄传》本身给出了很高的评价。有打 5 分的读者写道："我敢说《射雕英雄传》让我真正了解了《蒙古秘史》。我喜欢内容丰富的书籍，我希望这种风格的作品能流行起来。"可见读者对《射雕英雄传》这部作品及武侠这种类型小说的喜爱。多数评论者也将金庸与大仲马（Alexandre Dumas）和狄更斯（Charles Dickens）相类比，并称赞其小说高产高质，想象力丰富，诸如"这一定会使热爱大仲马的人有一种熟悉的感觉""金庸在《射雕英雄传》中融入许多内容，仿佛是一本小说式的百科全书""［……］但是查良镛拥有与生俱来的想象力，他笔下描写的打斗场景激动人心，幽默风趣，想象力十足，与大仲马的作品风格类似"此类评价多达几十条。金庸在一次和池田大作的对谈中，也曾说自己受大仲马的影响很深，之所以写武侠小说就是受到了《侠隐记》的启发，并追随了大仲马的风格（金庸、池田大作：1998：84）。通过对比可以发现，金庸和大仲马都极富想象力，而金庸的想象比大仲马更加大胆（严家炎，2002：86）。倪匡评论金庸武侠小说时曾说，"历史在金庸笔下，要圆就圆，要方就方，随心所欲，无不如意。可以一本正经叙述史实，也可以随便开历史玩笑。可以史实俱在，不容置疑，也可以子虚乌有，纯属游戏"（倪匡，2009：76），体现了金庸作品富有想象力的特点。也有读者将《射雕英雄传》与《魔戒》（*The Lord of the Rings*）进行比较，写道："就像《三个火枪手》和《魔戒》一样，《射雕英雄传》中的情感缠绵、悲怆伤感也得到了读者的认可，总让人觉得比漫画更有深度。"并且《射雕英雄传》的封面就写有"中国版《魔戒》"（A Chinese

Lord of the Rings），可见西方读者在接受中国当代文学时是有求同心理的。当然，"中国版《魔戒》"这个说法并不能完全概括金庸的《射雕英雄传》，但至少说明西方文学中有类似中国传统侠文化的空间，如果《魔戒》能植入到汉语世界，那么武侠小说也同样应该能移植到英语世界（中国新闻网，2018）。我们可以看出在武侠西行路上，东西方的文化差异并不是真正的障碍，如西班牙骑士堂吉诃德、英国的亚瑟王和他的圆桌骑士，都通过翻译走进了东方人的视野，并深入人心，成了经典的人物形象。

第二，读者对为什么接受《射雕英雄传》发表了自己的看法。多数读者表示尽管他们对中国武侠小说并不熟悉，但是却对 2000 年上映的由李安执导的作品《卧虎藏龙》印象深刻。有读者说："金庸的作品类似 2000 年上映的李安的电影《卧虎藏龙》，这对极不了解武侠小说的西方读者而言也许就是最好的描述。可以说，如果你喜欢《卧虎藏龙》，那你可能就会喜欢金庸及这本书。"这也是他们为什么会看《射雕英雄传》英译版的原因之一。诚然，随着影视业和互联网的发展，中国很多以武侠为题材的电影进入西方市场，并且收获了不少粉丝。这也为之后武侠小说更好地进入西方读者世界奠定了一定基础。除此之外，美国华裔赖静平于 2014 年 12 月创办的当前英文世界最大的中国网络文学网站"武侠世界"也为武侠小说在英语世界的接受提供了不小的助力。不少读者提到对这个网站上武侠作品的痴迷："我总是想要去读读武侠世界网上更新的作品，那上面有很多引人入胜的武侠小说，我迫不及待地要开始读这本书了，这真是太棒了。"目前，该网络文学网站的日均访问量达到几百万次，网站的读者来自全球一百多个国家和地区，人数排在前五位的国家分别是美国、菲律宾、加拿大、印尼和英国，其中北美读者约占总数的三分之一。可见越来越多的人开始关注武侠小说，武侠小说正慢慢形成气候。19 世纪，著名的法国文艺理论家泰纳（H. A. Taine）在《〈英国文学史〉序言》中论证了决定文艺创作和发展的三种因素，其中包括环境和时代。泰纳认为，时代对于文艺发展也起着决定性的作用，他所说的"时代"，包括风俗习惯、时代精神，统称为精神气候，精神气候即时代的趋向始终占着统治地位（转引自马新国，2002：260）。武侠之风慢慢在英语世界刮起，使得越来越多的人注意到这类小说的存在。郝玉青看到了金庸武侠小说在西方市场的潜力,她发现书店里缺武侠小说,而网上非授权的翻译众多,这又说明有市场需求(中国新闻网,2018),于是决定开始翻译《射雕英雄传》,并选择了面向大众市场的商业出版商,避免了通俗作品阅读与大众脱节的问题。

第三,读者肯定了《射雕英雄传》英译本的质量。论及英译本中副文本的辅助作用,大多数评论者都表示对他们的阅读很有帮助。在《射雕英雄传》译本中,郝玉青在正文之前加入主要人物角色的介绍,并在译本最后简要介绍了相关历史背景,读者认为这种信息的补充很有必要。此外,译本前的引言、序,以及术语表等也有帮助。

负面评论涉及原著和译著。有读者认为全书大约有 60% 都是在描写打斗场景,不免有些乏味。很多时候,为给打斗留下更多空间,情节发展变得拖沓缓慢,而且在书中对人物的刻画也比较薄弱,描写人物心理活动和思想变化不够深入。也有不少人指出自己会对书中出现的儒释道文化感到不解,就像不懂基督教就去接触鲁益师(C. S. Lewis)一样。在译者和译文层面,根据统计 Goodreads 上的评价,打出 2 分的读者认为文中对有些人名如"郭靖""丘处机"等的翻译是直接用拼音"Guo Jing""Qiu Chuji",而对有些如黄蓉、包惜弱却又翻译成"Lotus Huang""Charity Bao",这会花费他们很多时间去识记人物和理清人物关系。也有少数读者对译本中塑造的郭靖形象提出批评,认为郝玉青未能将源语文本中郭靖愣头愣脑的形象译出,是这部译作的缺憾。

艾布拉姆斯(M. H. Abrams)认为每一件艺术品总要涉及四个要点:作品、艺术家、世界、欣赏者。世界由人物和行动、思想和情感、物质和事件或者超越感觉的本质所构成。欣赏者即听众、观众、读者(艾布拉姆斯,2004:5)。因此想要文学作品被接受,文学活动得以完整实现,就不能缺少读者。通过分析读者的评价,可以看出《射雕英雄传》被接受的原因,以及译本存在的不足之处。《射雕英雄传》评分之高,可见读者接受认可度高。据此,我们可以从中总结出如何使一部作品让读者接受的经验——除了作品本身要求质量过硬,艺术家(作者和译者)也要为作品的接受提供方法途径。

四、《射雕英雄传》英译本跨文化传播的成功策略探讨

《射雕英雄传》英译本在英语世界已经正式问世六年之久，外界对其评价较高，并且大家在欣赏该译本时往往带有些许"不可思议"。译者郝玉青自己也清楚，金庸武侠小说的翻译难度几乎达到了"不可译"的程度（转引自梅佳，2018）。不可译的原因是金庸小说中有很多中华文化特有的文化负载词，这些词在英语语言文化中很难找到对应的表达，这给译者翻译带来了巨大的挑战（金惠康，2004：77）。如金庸小说中的武功招式、诗词歌赋、侠义之情，还有构建在丰富传统文化精髓之上飘逸灵动的武学精神内涵等。随着全球各文明之间的相互交流日渐频繁，之前许多被认为是无法翻译或难以沟通的作品，现在也在一次又一次的翻译实践中被证实是可译的。比如这部郝玉青翻译的《射雕英雄传》，译者如果不死抠字眼，而是紧扣原文内容进行诠释或引申，那么跨文化的可译性是可以实现的（金惠康，2004：77）。

总结《射雕英雄传》英译海外传播成功的经验，我们发现，重视可读性而非纠结于字词的翻译策略是其成功的重要因素之一。可读性是译者郝玉青的重要考量。她认为真正"忠实"的翻译并不是刻板的字句对应，而应是阅读之中得到那种感受和味道。她说很多人关注某些名词或招式的翻译，但她更重视节奏（pace）和流动（flow）。为此，她有时会回过头观看一下武侠电视剧或电影来找找感觉（转引自梅佳，2018）。在小说翻译中使用简化、省略的翻译策略对于金庸原著的忠实读者而言是巨大的损失。但是从另一个角度来说，对原文中一些比较复杂的文化表达进行合理、适当的筛选和精简，反而能增加英译本的故事性和可读性。我们常说作品从一种语言文化进入另一种语言文化必然会产生不同于原作的某些改变，而原作中的某些文化因素是无法全部转移到另一种语言文化环境中去的，因此在翻译中往往会失去一些语言文化内涵与精髓。从这个意义上说，译者无论如何都不可能百分之百地忠于原作而成为它的复制品，所以说翻译是一种"叛逆"（陈惇、刘象愚，2014：190－191）。

郝玉青精通中国文化的外国译者身份也是《射雕英雄传》英译本成功的原因。译者身份在文学作品的翻译传播过程中起着极其重要的作用，且人类

有文字记载的两千余年的翻译活动基本上是由他者文化译入自我文化的"译入"的历史，于是"翻译都是由目标语发起，满足目标语文化需求的活动"（Toury，2001：27）。如果单考虑外语水平或翻译水平，我们国家并不缺少高水平的语言专家或翻译家，也不缺少积极宣传中国文化、文学的海外学者，如刘若愚，长期在美国执教，热心地向美国人介绍中国古典文学理论（陈惇、刘象愚，2014：190－191）。同时，他也较早地将"侠"及其文化系统全面地介绍到西方（Liu，1961：30－41）。但当涉及译入语国家语言文化的文字使用偏好、用语用词习惯和阅读审美品位方面时，译入语本国的译者就有明显优势，他们往往更熟悉本国读者的阅读习惯与需求（史凯、吕竞男，2013：57－60），这也是为什么由这些国外译者翻译的中国文学作品更容易为国外读者所接受的原因。比如，莫言的作品几乎都是由海外汉学家、译者进行翻译的，这在一定程度上也有助于其作品在海外的传播、接受与流行。《射雕英雄传》的第一个英译本在西方正式出版和传播，也是由目标语译者翻译的。译者郝玉青在牛津大学做过历史和现代中国研究，2005 年到中国旅游后对中国文化兴趣大增，2006 年开始学习中文，在台湾师范大学学习过一段时间中文，后回到英国，在伦敦大学主修中国文学。她的翻译起点较高，曾翻译过《山楂树之恋》。此外，她对金庸的文体、风格也把握得比较准确，还能将其放在现当代中国文学的大趋势中进行审视（梅佳，2018）。郝玉青认为，金庸的作品融合了很多传统文化要素，用口语化的现代文言文叙述故事更贴近当代语言实际，在表达上更为生动。她的英语翻译也有异曲同工之妙，语言风格新鲜灵动。在翻译《射雕英雄传》时，郝玉青还有个得天独厚的优势，除了译者身份，她还是一名出版代理，深谙出版社和代理的心理，能从历史背景、人物塑造和情感，以及并不陌生的文学类型中找到让西方读者熟悉《射雕英雄传》的切入点。

　　再者，《射雕英雄传》英译本中一些翻译策略也有助于目标语读者的接受。《射雕英雄传》英译不是刻意地翻译中国文化元素去输出中国文化，而是从情感上得到目标语读者的接受与认同。如，从西方对蒙古的了解入手，介绍历史背景和东西方共有的英雄梦情怀，着笔塑造人物形象，在适应目标语读者文化认知和满足其情感认同上找到"着力点"，让目标语读者对《射雕英雄传》英译本不感到陌生。郝玉青在序言里说，"这个故事的爱、忠诚、荣誉，以及个人与历届腐败政府及侵略军进行对抗的力量，具有所有故事都希望达到的普遍性"（Holmwood：ix）。

在《射雕英雄传》译本传播过程中，译者重视对历史背景的普及也有助于目标语读者对故事内容和小说情节的理解。在正文开始之前，译者写了一篇导言来帮助目标语读者理解《射雕英雄传》的历史背景，告诉读者"这是一个真实历史框架中的奇幻故事，发生在一个伟大的中国王朝支离破碎、败退南方的时刻［……］与此同时，蒙古的将领铁木真——也就是后来的成吉思汗，正在草原上招兵买马、蓄势待发"（Holmwood：viii）。小说将一些真实的历史事件、人物与作者虚构的情节和主人公结合，如果对中国历史没有基本的了解，很难体会其中深意。除了在导言部分交代宋、辽、金之间的战争与纠葛，译者还在正文中对历史人物、事件和一些中国特有的概念做了文字注释，如"靖康之变"（Jingkang Incident），译者简要介绍了该历史事件，"1127 年，女真南征时洗劫了北宋都城开封，俘虏了宋朝皇帝钦宗和他的父亲徽宗"（Jin，2018：23），尾注里还补充解释了中国年号制度和"靖康"（Serenity and Vitality）二字祥和与活力的寓意，揭示了这些关键词具有的历史象征与反讽，并与正文里的角色名称形成对应。

《射雕英雄传》译本的另一个创新点，是在开篇序言中另外塑造出伪说书人的口吻，扼要介绍了十二卷本《射雕英雄传》的整体框架、主要人物、故事背景与主题，以及作者情况。郝玉青自称"这个故事的译者"，结稿于"杭州（现在的临安城）"，这些都是模拟中国传统说书形式，与读者拉近距离的有效手法。郝译本从第二回开始，越来越多地将人物的"直接思想内容"（direct thought）转化为"自由直接思想"（free direct thought），如将"英文"引号删去，采用倒装句式进行转化。这种近乎意识流的综合处理方法，有利于目标语读者在毫无准备的情况下，直接感受人物当时的内心想法，并与之产生共鸣。

五、小结

长期以来，我国对外来先进文化和优秀文学作品一直有一种强烈的需求[①]，造成翻译家们往往更关心如何翻译好外国的文学作品，而甚少关心我国文学作品在海外的传播与接受的局面。现在，随着中国综合国力的提升和国际影响力的增强，中国的文学作品越来越多地走出国门、走向世界。今天我们面临一个新问题：中国文学与文化的外译（谢天振，2014：3）。在国外，尤其在西方尚未形成像我们国家这样一个对外来文化、文学有强烈需求的接受环境，这就要求我们必须考虑如何在国外，尤其是在西方国家培育中国文学和文化的受众和接受环境（谢天振，2014：3）。

为使译本更易被接受，在进行翻译活动前，译者要确定源语文本和译本的文类标签，这样才能更加准确地定位预期读者群，从而选择合适的翻译策略。文类即文体，指文学的体裁和样式。一套书的出版，如果没有读者的广泛接受，自然就不能达到传播的有效性，这就使得译介与出版的价值受到质疑（许多、许钧，2015：13）。武侠小说是一种通过塑造人物、叙述故事、描写环境来反映生活、表达思想的一种文学体裁。其文类标签决定了它的故事性与通俗性。与金庸小说的其他几个英译本大篇幅地解释武功招式与江湖世界文化内涵相比，《射雕英雄传》的英译更注重其内容的故事性与通俗性，从而更符合其通俗小说的本质，更易被寻求轻松、便捷、快速阅读的目标语读者接受与认可。文类标签的确定也同样适用于其他文学体裁的作品翻译。

除此之外，选择适合的出版机构在译本传播过程中也十分重要。首先，不同的出版社对译本有不同的定位。如，将销售目标瞄准广大普通民众的麦克莱霍斯出版社（MacLehose），其大众读物出版社身份很适合出版《射雕英

[①] 晚清时期，中国出版的小说大约有 1500 余种，其中约三分之二为翻译自外国的作品。这一比例显示了外国小说在晚清文学市场中的重要地位。进入民国时期，外国文学的译介进入了前所未有的繁荣阶段，其中林纾翻译的外国文学作品便达到了 185 部之多，充分体现了这一时期对外来文学的强烈兴趣和广泛引进。新中国成立后，文学翻译的出版量显著增加，全国范围内出版的文学翻译书籍总数达到了 2151 种。这一数量的增加反映了新中国时期对外国文学的持续关注与引进力度。改革开放以来，外国文学译作的引进在数量和质量上都显著超越了历史上的任何时期，标志着中国文学翻译事业进入了一个新的高峰阶段。这一现象不仅体现了对外文学交流的深化，也反映了中国对全球文学多样性的接受与融合。相关资料参见陈惇、刘象愚《比较文学概论》。

雄传》英译本。而金庸小说其他三个英译本则全由学术出版社出版发行［《雪山飞狐》英译本由香港中文大学出版社出版，《书剑恩仇录》和《鹿鼎记》英译本由牛津大学出版社（香港）出版］，这在某种程度上暗示读者其译本内容的学术性，从而让大众读者望而却步。其次，国外的出版社或译入语地区的出版社，往往是当地读者所熟悉的和比较信赖的，不仅在当地有较好的社会公共形象，而且还熟悉当地的商业出版运作，对目标语读者的阅读兴趣和需求有较为透彻的了解。这些因素对图书的海外出版与传播，以及在所在地的接受具有至关重要的作用（胡艳，2015：66）。文学翻译作品在目标语国家的流行离不开所在国当地一流出版社的出版与发行。麦克莱霍斯出版社是英国最重要的出版社之一，这使得《射雕英雄传》英译作品能很快进入西方的主流发行渠道中，并得到有效传播。

还有一点需要我们注意的是《射雕英雄传》英译本的民间译本身份。结合《射雕英雄传》民间译本成功的经验，中国文学对外译介也可以考虑由政府主导和支持逐渐转为以民间组织和个人行为为主，在传播实践时以民间交流为主体，尽量弱化政治和意识形态色彩，这样更容易让西方受众接受（刘肖、蒋晓丽，2011：108－111）。《射雕英雄传》民间译本的身份帮助它在西方读者群中赢得了一定的信任与青睐。纵观中国文学译介活动，20 世纪 90 年代的"大中华文库"、21 世纪以来的"中国图书对外推广计划""经典中国国际出版工程""国家社会科学基金中华学术外译项目"等都是由政府发起并给予大力支持的。

《射雕英雄传》英译本在英语世界的畅销说明武侠小说不仅在国内受读者追捧，也可走出国门，得到西方读者的青睐。《射雕英雄传》译本的成功为中国文学走出去提供了很好的借鉴，在讨论"走出去"战略时，除了要斟酌原语文本的选择，还要将译本可读性、译者话语权、译本文类标签、目标语读者需求和国外主流书店的出版营销等纳入考量范围，这不但能使武侠小说的西行之路更加顺畅，也能加快中国文学走出去甚至是走进去的步伐。

第六节 《射雕英雄传》的解构与重构：
郝玉青英译本的译者之道

《射雕英雄传》郝玉青英译本在西方文化语境中的传播与接受，不仅为武侠小说的翻译实践提供了新路径，也引发了学术界对这一类型文学跨文化翻译策略的深入反思。通过比对译文与原文可以清晰地看到，译者在保留原作叙事结构与文化意涵的基础上，对文本进行了适度的"解构"，这一解构不是对原作的简单改写，而是通过"延异"（différance）理论，促使译文在原文语境之外生成新的文化意义。译者通过对历史与文化语境的重构，使目标语读者能够在跨文化阅读中形成对异域文化的动态认知与想象，从而超越传统的文化他者化视角。在此过程中，译者不仅挑战了西方读者对东方侠客形象的刻板认知，更通过对文本的再创作，建构了一个超越西方主流文学框架的中国侠义文化形象。译者采用了多种翻译策略，使译文既忠实于原作的文化底蕴，又能够在西方语境中获得较高的接受度。这种重构不仅在语言层面上保留了原作的核心精神，更通过文化再现与符号转化的策略，将中国武侠文化的复杂性、动态性与多层次性呈现给西方读者。译者采取的这一翻译策略，是对传统翻译理论的挑战与拓展，体现了译者在跨文化交流中的主体性发挥。通过这种文化重塑与再现的实践，不仅拓展了中国文学在全球文学体系中的影响力，也为未来中国文学外译的理论研究和实践提供了启示。这种基于解构主义的翻译模式，在全球化背景下，凸显了文学翻译中多元系统的互动与转化，显示了译者在文化传播与文学接受中的能动性与创造性。

一、简介

武侠小说作为中国通俗小说的一种重要类型，其译介对文化翻译研究及中国文学外译具有重要的意义。武侠小说极富中国文化特色，给译者带来了巨大的挑战。德里达解构主义认为，译者是翻译的主体，译者与原文作者具有同等的地位；译文相对于原文而独立存在，原文需要通过译文才能获得重生。解构主义强调译者的主体性和阅读过程的开放性，虽有颠覆、拆散的力量，但其解构之后的重构蕴含着对文本的创新，赋予了原作新的生命力。20世纪 90 年代，蒋骁华首次向国内介绍了德里达解构主义翻译思想，从此打开了解构主义在中国的引介与论争。解构主义在中国先后经历了引介与论争、论争与反思和理性回归与多元探索三个阶段。受德里达解构主义思潮的冲击和影响，翻译学、文化学、哲学等学科专家学者纷纷涉足其中，探讨解构主义理论对翻译研究的意义，《射雕英雄传》英译版第一卷 *Legends of the Condor Heroes: A Hero Born* 一经面世便受到《卫报》《石英》等海外媒体的广泛关注，在面世后一个月更是加印 7 次。该译本在英语世界取得如此成绩，除了原著本身引人入胜，也在于译者为迎合西方读者而采取的重构策略。郝玉青在序言和注释等副文本中对《射雕英雄传》的历史文化语境作出了详细的论述，再现了原著的历史文化语境。在涉及历史英雄人物描写时，译者有意识地变异了郭靖、韩伦胄等人物的发展和性格内涵，展现给西方读者不同的武侠世界。

二、文化符号的解构与动态重构

德里达的解构主义是一种哲学思想和文学批评理论，产生于 20 世纪 60 年代中期的法国。解构主义挑战与颠覆了二元对立的结构思想，反对传统翻译中"作者与原文是主人，译者是仆人"的观念。德里达的解构主义虽没有提出具体的翻译理论或翻译模式，但其理论与策略均涉及翻译的问题（刘育文，2014：47），其创始人德里达本人首次进入学术圈也是以译者的身份。在之后的学术生涯中，德里达始终把翻译当作一个真正的哲学问题来思考，或者说是把哲学当作一个真正的翻译问题来思考。德里达认为哲学的原点是翻译或可译性论题。翻译包含了译者理解原文和重构译文这两个重要的过程。在这两个过程中，译者的翻译活动与翻译行为具有创造性和重构性，所以能在不尽相同的文化空间中开创另一空间，霍米巴巴将其称为"第三空间"（Bhabha，2004：55）。在目标语文本中，用英语给读者呈现汉语中的情景语境，从某种意义上可以说是将中国文学特色进行了重构，王宁和孙艺风将这种现象定义为一种"动态文化再现"（Wang & Sun，2008：76）。

　　在《射雕英雄传》英译本中，译者郝玉青较为准确地找到其中西方读者所熟悉的兴趣点，从历史背景、人物塑造和情感等方面切入，再现了中国的传统侠义故事。另外，郝玉青的出版代理经历，培养了她洞察市场和读者心理的能力，使她能够根据英语语言国家读者的阅读偏好和对两种语言文化的理解对原作中的一些历史文化内涵进行整合与重构。金庸小说广受好评的原因之一就是其武侠故事并不完全是虚构出来、毫无依据的，而往往与真实历史紧密相连。金庸的大部分小说都设定了明确的朝代背景，并涉及相关历史事件。其所写人物不止活动于江湖，也活动于"江山"，他们进入历史事件，甚至进入朝堂，与很多历史上真实的人物产生了密切联系。可以说，金庸武侠小说淋漓尽致地展现了史实与文学虚构的完美交织。作为其代表作品之一，《射雕英雄传》的故事也在历史与虚构之间：在宋金对抗的大背景下，展现了江湖武林争斗及侠义志士的恩怨情仇。作为书中主角，郭靖肩负国仇家恨，历经风雨坎坷，终成一代大侠，展现了为国为民的大侠形象。金庸笔下的历史，虽只作为小说情节发展的框架或线索，但追究到每一处细节，却是一丝不苟，虚构人物和传奇情节与真实历史人物及事件结合得恰到好处（陈墨，1999：7-8）。《射雕英雄传》中深厚的历史背景与丰富的传统文化思想，不仅引人入胜，更展现了中国历史文化的博大精深。

　　本土文化读者对金庸笔下的历史性描述具备一定的认知建构能力，然而对于不了解中国历史的西方读者来说，想要接受相应历史文化背景则不是一件易事。作为译者的郝玉青在翻译时不仅要考虑目标语读者在进行跨历史文化阅读时对源文本历史信息的前见，也要对源文本的历史文化语境进行解读和建构，从而更好地为目标语读者铺垫历史文化信息。郝玉青在传递历史文化信息方面凸显了副文本在翻译中的关键作用。副文本主要指向文本周边旁注或是补充说明的资料，如注释、概要、献辞和题记等。文本中的副文本标记了文本和非文本的过渡区和交易区，本质上是语域及策略上的空间（Genette，1988）。副文本所涵盖的信息与正文共同构成了目的语文本的面貌，不仅折射出译者、赞助人、出版社等的立场，也对文本中的历史文化信息起到了重构的作用。

　　在小说中"武""侠""江湖""武林"等蕴含传统文化韵味的武侠核心

概念群的翻译上，因为这类词语显示了作者对中国武文化和侠文化以及自然风景的关注，在翻译过程中不能一概而论，所以为了给西方读者阐释清楚这些文化概念，在序言之外，郝玉青用叙事口吻写了三页左右的"写在前面的话"，让英语世界读者初次体会这一异域概念，为接下来的阅读做好准备（王杨，2018）。可见，郝玉青在正文开始之前通过副文本进行铺垫，给读者进入武侠世界之前一个缓冲。译者在序言部分用了大量篇幅对宋金之间的历史纠纷进行阐述，介绍了"江湖"这个词不仅是一个地理概念更是对一种社会团体的隐喻。在"写在前面的话"结尾，译者写到江湖义士们要保卫疆土不受北方部落的侵略，于是就开始了接下来的故事。在英译版的封底，郝玉青用一段话描写了金庸笔下那个朝代的相关历史："宋朝江山北部被邻国金国侵略，一半领土和之前的都城均落入了敌军手中，农民对每年向这些侵略者献贡苦不堪言。与此同时，在蒙古大草原，一个名留千古的将领——成吉思汗将一统拥有许多骁勇善战将士的蒙古草原……"此外，郝玉青在介绍部分对文中主要人物以及主要团体进行了简要介绍，让读者在脑海中形成前见，以便更好地实现视域融合。郝玉青使用了这些策略，对译本中的历史文化语境进行了重构，即让读者从相似的视域出发，产生了跨文化的想象，并重构出具有中国特色的历史文化语境，从而使得目标语文本更易被读者理解接受。

三、"延异"视角下的人物形象重塑

翻译是时间延缓、空间变异的语言进行"调控性转换"的一种行动。作者离场，译者登场，译者依赖文本的在场，对其行使"转换"之职。由于作者的缺席，文本经由译者的翻译，不可避免地会衍生某种新的、独特的、与众不同的东西，意义也因此出现变异（刘育文，2014：55）。"延异"是德里达解构主义的一个重要概念，指差异的本源，是德里达反复表述的一个基本看法。语际翻译就是"延异"活动，翻译是差异中的延迟和延迟中的差异，当一个所指在进行翻译时，差异就产生了。翻译使所指（语言符号所表示的具体事物或抽象概念）离开了能指（表示具体事物或抽象概念的语言符号），使语言变成了一系列最终没有所指的能指的自由嬉戏（单继刚，2007：73）。解构主义学者提出的"去中心论"解构了言语中心主义、逻各斯中心主义，

推翻了意义的确定性。德里达认为意义是绝对动态的,文本只是作为主体的作者留下的"踪迹",而"踪迹"被"他者"辨认之后,只能得到"替补",意义因此产生"延异",到处"散播"(刘育文,2014:38)。源文(source text)不再是原文(original),而是对一个意念的详细阐述,因此其实已经是译文。原文与译文的地位也不再是前者高于后者,而应该是具有同等的地位,甚至原文在新的语言环境中传播需要通过译文来赋予其新的生命。德里达解构主义认为原文作者进行文学创作也是对文本的改写,译者就同原文作者一样,都是对文本进行的再创作,译者也就应当同原文作者一样具有同等重要的作用。

金庸在《射雕英雄传》中塑造的人物形象多达 97 个,着墨最多的当属郭靖。郭靖是金庸小说中最出名的人物之一,为国为民,被万人所称颂。这个近乎完人的侠义英雄,却是一个四岁才会说话的傻小子,但正是凭着他的一股傻劲,才练成了一身卓绝的武功。在《射雕英雄传》的前九章中,金庸直接或间接描写郭靖"傻"的形象近 40 处,该形象与后来的江湖英雄形象形成了鲜明对照,然而正是这一股傻气推动了郭靖形象的塑造与小说情节的发展。金庸笔下的郭靖给读者最深刻的印象就是"愚钝",但其内在却渐渐发生了变化。在性格上由表面的傻、木讷、不擅变通逐渐到以不变应万变,然而实则是以"仁"为核心的质朴厚道。在武学方面,由开始的反应钝、接受慢、学不会精巧招式,逐渐转变成择其能学而学,用心专一且不贪多,持之以恒而能循序渐进,以勤为径而终能从渐悟到顿悟的大智若愚的武学境界。由此观之,金庸对郭靖的形象进行了拾遗修补,完成了从不完美到完美的蜕变。这种不完整性正体现在郭靖成长的历程中,但译者郝玉青略译或简译了这种不完整性,直接将其近乎完整地描绘出来,忽略许多描写郭靖"傻笨"的字眼,直接给读者重构了一个与原文本不尽相同的人物形象。

在 Goodreads 上有读者评价道:"字面上看,译文的翻译大多是精准的,但在对原文大多数人物的描写上则丢失了人物本身的部分特色。如郭靖的成长历程就显得过度随意。原文中的郭靖是一个体格强健但资质平平的人,他的原型就是一个有着清晰目标的守序善良的爱国者。原语作者用了一些语言游戏让读者间接地体会到郭靖并非那么睿智。然而这些在译文中并未体现,从而拖垮了郭靖这一人物的故事线。这些未能译出的空间留给了打斗场景和对武功招式的介绍。"可见，郝玉青将郭靖这一完美人物形象塑造得过于急切，最终留给郭靖成长的空间太少。

在英译本中，译者郝玉青重构了郭靖的"傻"，使其"傻"的程度得到了淡化。原文中郭靖首次出场是在其六岁时，金庸写道："这孩子学话甚慢，有点儿呆头呆脑，直到四岁时才会说话。"（金庸，2015：93）郝玉青将此句中"学话甚慢，有点呆头呆脑"释译为"He was a slow developer"（Holmwood，2018：108），完全覆盖了"呆头呆脑"一词所暗含的意味。江南七怪偶遇郭靖时，原著这样描述："七怪见这孩子傻头傻脑的，都好生失望"（金庸，2015：126），而译者却改译为"The child did not appear to be too sharp…"（Holmwood，2018：146），此句可回译为"这孩子似乎不太机灵"。译文中郝玉青试图用一个模糊词"appear"去解构郭靖不太聪明的形象，稀释其呈现出的傻笨程度。到郭靖成长到十六岁之后，郭靖对自己有这样一句评价："我六个师父武功都很高，本来是我自己太蠢"（金庸，2015：176），可谓是直接显示其负面形象了，而对应的译文却为"…my shifu are masters of the martial arts. Then the problem does indeed lie with me"（Holmwood，2018：206），这一概括式的翻译策略影响金庸在此处所要展现的郭靖形象，遮掩了人物本来特征，旨在建构出目的语文本中生来就近乎无玷的侠义志士，并未展现其人性发展变化的历程，可谓给郭靖成长的空间太小。此外，在翻译如"绝非聪明颖悟之人""笨""楞小子"时，郝玉青的译文为"was not naturally gifted to begin with""not the most intelligent""little boy"；而有些词甚至直接采用省略译法，如"憨憨的模样""天资颇为鲁钝""楞楞的"在译本中则未能体现。可见，郝玉青将郭靖的形象塑造得过于无瑕。再如：

原文：郭靖横剑捏诀，学着师父们平日所教的江湖口吻，说道："弟子是江南七侠门下，请教四位大姓高名。"这两句话他学了已久，这时第一次才对人说，危机之中，居然并未忘记，只是把"高姓大名"说得颠倒了。（金庸，2015：210）

译文：Guo Jing maintained a defensive stance and answered in the dialect of the rivers and lakes as his masters had taught him. "I am a disciple of the Seven

Heroes of the South. And may I ask it is with whom I am conversing?" he managed to stutter. He had been practicing such polite phrases for some time now, but this was his first chance to make use of them and his nerves had garbled them. (Holmwood, 2018: 247)

原文中的"大姓高名"是"打斗中郭靖的口误",这间接体现出其呆笨的形象。而这个所指在译文中已经不存在了,尽管它曾存在于现在的"存在"(presence)之前,但是在翻译的过程中,即在系统地延异中已将之前所具有的痕迹涂抹掉了,变成"非现"(absence),而且"非现"存在的意义与原文本并不完全一致。在译本中,译者将"大姓高名"这一口误转换成正常的口语表达,将这四个字直接处理为"with who I am conversing",对于目标读者而言,是削弱了原语文本中传达出来的郭靖形象特征,而不是一个在危机之中将练了好久的对白讲错的形象。郝玉青在译文中有意维护郭靖形象的完美,对于能省略不译的形容其"傻"的修饰语尽量略去,为读者重构了没有缺憾的中国侠客形象。郭靖这一形象经过译者的处理,被重新建构成了另一种形象,可以说是挑战了西方读者以往刻板化了的东方形象,吸引读者更多地去了解东方文化、了解中国文学,使得"武侠风"在西方逐渐形成一种趋势。

《射雕英雄传》具有鲜明的"英雄史诗"风格,在人物创造与情节安排上打破了传统武侠小说一味传奇,将人物作为情节附庸的模式,坚持以创造个性化的人物形象为中心,坚持人物统帅故事,按照人物性格的发展需要及内在可能性、必然性来设置情节,使其达到了事虽奇人却真的妙境。在《射雕英雄传》中,有一些叛国投敌的奸臣形象,在翻译这些人物时,译者语气和用词偏中性。例如郭啸天在和杨铁心喝完酒后,借酒消愁地怒骂道:"韩侂胄这贼宰相,哪一个不说他是大大的奸臣?"(金庸,2015:10)郝玉青将其译为:"There is not a person in the whole of China who does not call Chancellor Han a crook!"(Holmwood, 2018: 6)韩侂胄是南宋宰相。在史料记载中,他追封岳飞为鄂王,追削秦桧官爵,力主"开禧北伐",虽功亏一篑,但仍不失为南宋名臣。然而,因韩侂胄政治上排除异己,打压朱熹道学势力,长期遭到程、朱门徒的打击(冯永林,1983)。在小说中,韩侂胄的形象与历史中的形象有较大出入,而是程、朱后代门徒沿袭下来的"奸恶"形象。译者郝玉青把"贼宰相"译为了 Chancellor Han，略去了修饰词"贼"，直接省去了探讨和解释韩侂胄正面、负面形象的过程，不失为一种巧妙的翻译方法。

英语语言国家的读者可能对《射雕英雄传》的历史背景故事并不了解，他们只能从译文出发去领会原文想要表达的意义或呈现的意象，目标语读者可以按照自己的母语习惯及思维方式去解读、重构原作，把自己身上承载的文化经验融入对文本的理解。如丘处机恨恨地道："出家人本应慈悲为怀，可是一见了害民奸贼、帝国仇寇，贫道竟是不能手下留情"（金庸，2015：22），这句话中"害民奸臣"被译为"traitors and enemies"。而"我大宋北方这半壁江山，是当年徽宗、钦宗、高宗他父子三人奉送给金人的。这三个皇帝任用奸臣、欺压百姓，把出力抵抗金兵的大将罢免的罢免，杀头的杀头"（金庸，2015：7）中，"奸臣"也被译为"corrupt officials"。郝玉青将这些带有严重贬义色彩的词进行了弱化处理，将其重构后的人物形象呈现在读者面前，让读者处于中立的角度去看待这一历史，从而形成自己的新认识。又如，在杨铁心向丘处机解释自己从山东来到临安的缘由时说道："我两兄弟原是山东人氏。只因受不了金狗的肮脏气，三年前来到此，爱这里人情厚，便住了下来"（金庸，2015：7）。郝玉青将其译为"We are from Shandong province," Yang replies. "We came here three years ago after the Jin invaded our hometown. We fell in love with the simple life in the south, as well as the people, and stayed"（Holmwood，2018：4）。英语读者不太熟悉宋金之间的矛盾，译者郝玉青也没有刻意去再现宋金之间复杂的历史信息增加读者的阅读困扰，而是陈述了金国入侵宋的客观事实，对金兵的憎恶程度被极大地消减，但通过这种策略，可以让外国读者将注意力更多地放在小说精彩的情节故事上。

四、解构主义理论下中国文学外译的反思

《射雕英雄传》英译本在英语世界的译介与流行，再次引发了关于翻译文学与世界文学关系的思考。翻译对于文学的重建和对文化历史的重新解释将发挥独特的作用，翻译文学为世界文学开辟了更广阔的道路。解构主义把人们从惯性思维中解放出来，能更加辩证和动态地去理解原文与译文之间的关系。在传统的翻译研究中，原文和作者是第一性的、主导性的，而译文和译

者总是处于第二性和次要的地位。解构主义翻译观挑战了这种"等级凌驾"关系，主张两者之间的平等互补关系，认为两者是"共生"（symbiosis）的关系（张永喜，2006）。解构主义翻译观提高了译文与译者的地位，在一定程度上动摇了"西方中心论"和"欧美中心主义"的观点，倡导各民族文化与语言的平等关系。在世界文化多元化和经济全球化的今天，这无疑给翻译文学在世界文学中的地位进行了重新的定义与解释。一方面，翻译通过新的理解和新的意义，以一种重构的形式，赋予文学新的生命；另一方面，世界文学虽依然以欧美文学为"中心"（Apter，2013：1），但本土文学价值的新发现，有助于文化多元化的发展。世界文学的流通传播很大程度上依赖翻译，翻译文学要立足于世界之林，也必须融入世界文学（孙艺风，2019）。

解构主义理论给人们带来了开放性思维，去探索更多影响翻译的因素，如市场因素和政治因素。翻译是由很多种因素决定的，如作者与译者的主体因素、信息性质的因素、传播渠道的因素、两种文化与语言差异程度的因素等等（吕俊，2002）。中国文学如何走出去是国内近年来讨论的热门话题，讨论的视野往往局限在文学的范围，如：（1）过分强调文学作品的质量，认为中国文学走出去情况不理想是因为中国文学的总体质量不高；（2）过度在意译作"质量"及译者，认为中国文学在西方接受不佳是因为译文质量不高；（3）片面强调译作接受过程中的文学因素，过高估计目标语读者的文学趣味在作品传播中的作用。这种唯文学思维之所以带来这些问题，根本原因在于没有关注文学之外的因素，如市场因素。

在此次《射雕英雄传》译介过程中，译者郝玉青出版代理的经历，使其能够更加准确地捕捉到市场的需求，从而助推了其译本的传播与接受。金庸另外三本武侠小说均由学术出版社出版，此次《射雕英雄传》英译本由英国商业出版社（麦克莱霍斯出版社）出版，体现出对于市场的重视。对通俗作品的轻视也是国内不熟悉文学市场规律的体现。近几年国内比较畅销的海外文学作品，从《哈利·波特》系列到丹·布朗的小说作品，几乎全是通俗作品。然而一直以来，武侠小说作为一种通俗小说，一直被认为难登大雅之堂，此次，《射雕英雄传》一经发行便受到《卫报》《石英》等海外媒体的广泛关注和报道，第一卷英译本在发行后一个月更是加印 7 次，则是中国通俗作品在海外的魅力和其译本译者重视市场规律的体现。

五、小结

《射雕英雄传》译本在英语世界取得如此成绩，不仅是因为原著本身引人入胜，也在于译者为迎合译语读者所采取的重构策略。译者在文本中通过副文本的运用，竭尽所能为读者整合并重构了相关的中国历史文化背景，实现了中西文化的动态交流。在人物形象如郭靖、韩侘胄等人的处理上，郝玉青采取了重构策略，虽重构后的形象与原著有些偏差，但在一定程度上打破了西方读者心中刻板化的中国人物形象，增加了读者对探寻中国文化的兴趣。对英语语言国家受众来说，一种文学体裁或作品的接受需要一段从陌生到熟悉的过程，而解构策略的使用可以使文本内容以译语读者熟悉的形式出现，从而缩短这一过程。从《射雕英雄传》译本的读者接受度来看，此次翻译不失为中国文学的一次成功译介。武侠小说作为中国文学的一部分，正渐渐打开西方文学世界的大门，中国文学的海外译介与传播之路在未来将更加顺畅。

第七节 重构江湖传奇：对《射雕英雄传》译者张菁的访谈

金庸武侠小说不仅在文学领域成就卓越，也在跨文化交流中具有重要影响，其翻译与传播对中国文化的国际传播至关重要。本章聚焦《射雕英雄传》英译者张菁（Gigi Chang），探讨其翻译策略及其对作品海外传播的影响。作为"射雕三部曲"首部，《射雕英雄传》承载着深厚的文化价值。张菁在翻译过程中兼顾文学传承与目标读者的接受度，使英译本自 2018 年出版以来备受好评，成为金庸作品国际传播的重要里程碑。本章通过访谈分析张菁的翻译策略，涵盖四个方面内容：一是翻译策略的平衡，通过归化与异化结合，重构文化意象，精准传达侠义精神与武学术语；二是译者的隐性介入，通过文化补充与叙事调整，实现自然传译；三是文化符号的翻译路径，灵活处理武学术语、卷名与章节标题，确保精准表达；四是跨文化传播视角，考察文化差异对翻译决策的影响及英译本的全球接受度。

一、简介

金庸先生的武侠小说不仅在文学领域备受瞩目，同时也是中华文化的杰出代表，内涵丰富，承载着重要的文化价值，在跨文化交流中发挥着重要作用。金庸武侠小说在国际范围内广泛传播，也充分展示了译者辛勤劳动的成果。译者的观点和经验对于研究翻译策略与过程至关重要。

金庸武侠小说不仅在文学层面上具有价值，更在广泛传播中成为中国文化的重要代表（罗永洲，2011）。这些作品蕴含着丰富的文化内涵，对于跨文化交流具有深远的意义（蒋童、张叶，2023）。武侠小说与中国的历史与传统息息相关，承载着深厚的文化内涵（Davis，2005：56），在英语世界中备受关注。截至目前，金庸武侠作品的正式英译版本共计五部。最早的英译作品为 1993 年由莫慧娴（Olivia Mok）翻译，由香港中文大学出版社出版的《雪山飞狐》（*Fox Volant of the Snowy Mountain*）。随后，1997 年至 2002 年间，闵福德（John Minford）翻译的三卷本《鹿鼎记》（*The Deer and the Cauldron*）由牛津大学出版社（香港）出版。2004 年，晏格文（Graham Earnshaw）翻译的《书剑恩仇录》（*The Book and the Sword*）亦由牛津大学出版社（香港）推出。2018 年至 2021 年，郝玉青（Anna Holmwood）、张菁（Gigi Chang）与白雪丽（Shelly Bryant）共同翻译的《射雕英雄传》（*Legends of the Condor Heroes*）由英国麦克莱霍斯出版社（MacLehose Press）陆续出版。2023 年 10 月，张菁独立翻译的《神雕侠侣》（*Return of the Condor Heroes*）第一卷 *A Past Unearthed* 由麦克莱霍斯出版社正式出版。这是该作品英译的首卷，后续三卷仍在翻译过程中并将陆续出版。该译本的推出不仅丰富了金庸作品的英译体系，也标志着金庸武侠在国际传播上的进一步推进。

《射雕英雄传》是金庸武侠小说首次由商业出版社出版，一经面世，就引发了英国主流媒体的广泛关注，如《卫报》《泰晤士报》《经济学人》等，同时也在亚马逊和 Goodreads 等大型图书网站上受到了高度评价。从翻译版本的热销情况来看，《射雕英雄传》的翻译传播效果非常成功（刘毅，2021：58；张莹，2023：113）。

作为中国香港知名译者，张菁长期从事中文小说、戏剧与戏曲的英文翻译，包括金庸《射雕英雄传》卷二、卷三（与郝玉青合译）、卷四（与白雪丽合译），《神雕侠侣》卷一，英国皇家莎士比亚剧团中国经典翻译项目《窦娥冤》脚本翻译，以及英国皇庭剧场中国项目新编剧本翻译等。

在文学作品和翻译领域，副文本的研究备受重视。翻译活动参与者的访谈作为副文本之一，为我们解读文学作品及其翻译提供了重要线索（Genette，1997：5）。译者访谈被视为解释译者翻译规范与策略，以及翻译过程的重要依据（张汨，2021：134）。对于探究翻译事件和译者行为，译者访谈具有重要价值和意义。

邓高胜（以下简称"邓"）：张菁女士，您好！十分感谢您在百忙之中接受此次访谈。首先，能否请您介绍您的学术背景与职业经历？是什么契机促使您投身翻译事业的？

张菁（以下简称"张"）：邓博士好，感谢邀请。我有机会参与文学翻译工作，是沾了"天时地利"。我（20世纪）80年代出生于香港，在本地英文学校接受中小学教育。2000年初我到英国求学，攻读西方艺术史。毕业时正值北京奥运会前夕，不少英国文化机构在策划中华文化主题活动。因我能读写中文又有相关学术背景，顺利在伦敦找到工作，加入维多利亚与艾尔伯特博物馆（Victoria and Albert Museum）"创意中国"特展的策展与执行团队。在博物馆工作三年间，我负责大量中英文往来沟通工作，并获得第一次署名译文出版的机会，还因工作关系，认识了后来引领我进入文学翻译世界的郝玉青（Anna Holmwood）。

邓：在艺术策展的背景下，是什么促使您转向文学翻译，尤其是戏剧翻译的？

张：我从小热爱电影戏剧，伦敦是全球戏剧重镇，所以在英学习工作期间，除了观摩了数百场演出，我亦尝试实现我的"舞台梦"，寻找剧场工作机会。在当时英国的视觉艺术领域到处能见到中国艺术家的身影，但主流戏剧舞台上却没有上演过来自中国的剧本。舞台工作者对中国戏剧的认识极为有限，少数有兴趣的导演与戏剧老师抱怨剧本译文多为研究中国文学服务，其语言风格不适合搬演。因此我开始研究话剧写作与戏剧翻译，自己尝试动笔，也跟剧场制作人朋友策划演出，后来因个人工作关系未曾实现，但我已向文学翻译领域踏出第一步。

后来我回到香港，选择在舞台戏剧行业工作。在香港，大部分演出需配有双语介绍与字幕，而我的写作能力与语言组合，为我赢得了翻译粤语新编话剧与传统戏曲的机会，部分剧本更以双语出版。后来参与英国剧团举办的中国戏剧翻译项目，亦缘起自我在伦敦与香港工作期间的戏剧关系网络。

邓：您是如何正式加入《射雕英雄传》英译项目的？

张：我在维多利亚与艾尔伯特博物馆工作期间，结识了郝玉青，彼时她在博物馆实习，准备修读汉学系硕士。数年后，她成为文学翻译与文学经纪人，致力向全球出版界推介华语文学作家。我们重新联系上，当时她在代理一本关于香港的长篇小说，让我翻译样稿。自此我们不时合作，我为她推广的作家翻译英文样稿，为她编辑的刊物提供译文，我们亦合译了多个故事。

当郝玉青启动《射雕英雄传》英译工作时，由她独立翻译，但随着项目推进，她逐渐意识到，一人单独翻译工作量过大，难以在计划时间内完成，因此她开始寻找合译者。她问我是否有兴趣翻译金庸武侠小说，我想也没想就答应了。对于在八九十年代华语地区长大的孩子，金庸先生是我们中小学生涯里的快乐源泉，我们最喜欢的电影、电视剧、流行歌曲、演员、小说、游戏都围绕着他的作品、故事与人物。

郝玉青将我推荐给麦克莱霍斯出版社出版人与编辑，经过会面讨论、翻译样章，我正式加入《射雕》翻译项目。

邓：在翻译这样一部文化底蕴深厚的作品前，您是如何进行准备的？

张：我加入项目时，郝玉青已大致完成《射雕英雄传》第一卷的译文初稿，而我们与出版社都认为确保译文风格的连贯性最为重要，避免读者察觉中途来回"换人"。我的主要准备工作是反复细读郝玉青的译稿，反向推测她如何理解原文，以及她对原文的取舍跟译文阅读效果的关系。我的试译稿是对她"翻译策略"理解的实践，并请她提出详细修改建议。这个磨合过程让我们用尽量相近的视角与思路去阅读及理解原文的故事和角色，从深层次确保译文的连贯性。同时，我亦重读了整套《射雕》三部曲，保证对故事世界主要脉络以及人物角色发展的掌握。

二、翻译策略的选择与文化再现

邓： 在文学翻译，尤其是涉及跨文化传播的文本翻译中，归化（domestication）与异化（foreignization）策略的选择至关重要。对于像《射雕英雄传》这样富含东方文化元素的武侠经典，如何在翻译过程中权衡这两种策略，使目标读者既能理解文本，又能充分感受到其文化魅力？在翻译实践中，您的策略取向和考量是什么？

张： 我认为翻译的目标，特别是虚构故事的翻译，不仅仅是传达文本基本语义信息，更重要的是传递故事与角色吸引原文读者的魅力，其中包括叙事节奏、情感张力和文化氛围等，使目标读者能获得与原文读者相似的阅读体验。

金庸武侠小说的魅力具象体现于开卷后停不下来的阅读效果。如要解释作品为何引人入胜，我会归成五个方面：吸引的故事，鲜明的人物，真实的情感，精彩的武打和流畅的文字。

从我的个人经验来说，翻译下笔时没有任何宏观策略，只有一个模糊的目标——传递故事的魅力，吸引读者读下去。如何实现目标，是一个试错过程，初稿、重写、修改，凭经验与直觉衡量，一步步否决不可行或不能达到效果的翻译选择。决策过程是动态的，没有既定条框，而异化、归化等翻译策略是最终译文体现的结果，并不是翻译写作时的前提指引。

简单举例，如"江湖""武林""内功""轻功"等武侠小说特色词汇与概念，在译文中我们不会硬性使用一种译法，而是根据内容与所出现的文体（描述、对白、角色内心思考等）弹性选择最恰当的表达。"江湖"，可能以汉语拼音 jianghu 出现，也可能用字面意思不太准确但意境具象的 rivers and lakes（河流与湖泊），甚至应因文本所描述的情节与"武林""中原""社会"等词汇交替使用，以保持文笔灵动，传递意思清晰，符合角色或故事中的感觉。

邓： 您在归化与异化策略之间进行了精心的权衡，以确保《射雕英雄传》的文化魅力能够有效传达。那么，在评估译文是否达成预期效果时，您是否有一套明确的评判标准？具体而言，您如何判断译文的质量？

张：判断译文是否"完成"、能否达到预期效果，要客观具象地描述我的评判标准比较困难。对我来说这是一种直觉，当译文"到位"时，心里会有种踏实感，而这种"踏实感"是在翻译过程中一步一步建立的。

我的翻译过程大概分三个阶段。

第一，翻译初稿。这个阶段将中文文本用英文表达，主要用来精读文本，发现语言转换后产生的"问题"，比如哪些内容需要补充、理顺逻辑等。

第二，重写译稿。这个阶段脱离中文文本，专注整理译稿的结构与表达，解决第一阶段发现的"问题"。

第三，修改译稿。这个阶段反复精修微调译文文风、用词等，调整译文整体节奏跟阅读感觉。

在第三阶段，译文基本"成形"。之前已经简单提及，《射雕》《神雕》译文需达到的效果是内容读起来好玩、过瘾，想一口气把书看完。测试译文是否达到这个效果，我会使用两个方法：首先，大声朗读全文，如果朗读期间顺畅"不卡顿"，代表语言、节奏跟心理预期差不多；第二，修改过程中是否被故事吸引，顾着"追剧情"而忘记"修改"任务。两个测试都通过的话，就可以交功课给编辑了。

邓：武侠小说承载着丰富的中国文化元素，如侠义精神、武学体系等。在翻译过程中，您是如何精准传递这些独特的文化内涵，使译本读者能够理解并接受的？

张：坦白说，我从不把故事中的文化元素跟故事内容与角色行为心态等分开思考。作为小说翻译，我的首要任务是讲故事。当我所讲的故事有吸引力，角色丰满鲜活，他们所生活的世界活灵活现，译文读者自然能接受故事世界里的各种设定，这是阅读与想象的魅力。简单说，书中所表达的侠义精神，提到的各种传统文化内容和历史背景，对我来说都是故事世界的设定。它们所传递的信息与感觉不是一两句话可以概括的，也不是一种独立存在，更不是说教、讲道理，它们是使故事世界得以运行的结构、逻辑与细节，是其中人物的思考方式与认知。这些通过书中每个角色每一个行为、思考、反应、情感等一字一句堆积起来。

比如，郭靖在《射雕英雄传》结尾质问成吉思汗他东征西讨究竟为了什么，所开拓的疆土、获得的权力与财富，能在他垂老病危之际带来什么。郭靖能有如此反思，是之前三十九回、九十多万字的铺垫，从他出生到全书结尾二十出头的年龄，他经历了战争引起的生离死别、颠沛流离，权力与贪婪导致的背叛与决裂，误会造成的仇恨与伤害。而这些经历，让郭靖在四十多岁时，在《神雕侠侣》第二十回能跟杨过总结只有"为国为民"才能成为"侠之大者"，达到武学最崇高的目的。

三、译者的隐性介入与文化调适

邓：在翻译理论的讨论中，常有人主张优秀的译者应当"隐形"，即让译文如同一扇清澈透明的窗户，使读者能够直接感知原著的世界，而不察觉译者的介入。您在翻译《射雕英雄传》时，如何理解并实践这一观点？

张：每位译者都希望他们的译文能让目标读者无障碍地进入原著所营造的叙事世界。然而，这种"隐形"并不意味着译者的意识与主体性不存在，只是不容易被察觉。整个翻译过程，从遣词造句到语境重构，从叙述节奏的调整到文化意象的传达，译文中每字每句均是译者的判断与选择的结果。

举个常见的例子，在中文写作对白时，常用某角色"叫道"或"笑道"等附带语气、感情的提示语。前者在《射雕英雄传》出现了八百多次，后者逾千次。当这类提示语在译文里出现时，并不会单一、机械地用一模一样的词汇与句式复制。每一个"叫道"，需单独考虑它的声量（是叫、喊、嚷……？），角色的状态与所表达的情感（是愤怒、惊讶、紧张、恐惧……？）等方面，结合上文下理与角色所说的话，选择最灵动传神的表达方式。结果可能是选择最能表达角色情感声量的词汇（cry、call、shout、bellow、yell、roar、shriek、screech……）作提示语，也可能通过调整组织角色说出来的话（用词、句式、标点等）来表达其"叫喊"的感觉。

邓：在翻译的过程中，您的阅读视角是否发生了变化？尤其是在追求"信"的过程中，如何平衡对原著的忠实与对目标读者需求的适应？

张：译者与读者的阅读视角有一定区别。读者相对来说是"被动"接受信息，并不会过于深入思考故事情节、角色行为等前因后果，但翻译时必须考虑这些方面，因为每一个角色的决定、挣扎会影响后文发展，我们要同时掌握宏观大局和微细变化，确保内容一环扣一环，逻辑紧密严谨。所以我翻译时所追求的"信"，是对角色的"忠实"，特别是其情感及心理状态，确保读者阅读时不会"出戏"，能一直沉浸在故事世界的当下，继而达到"停不下来"的阅读体验。

偶然这个追求会跟金庸先生笔下的内容发生冲突，比如《射雕英雄传》第二十八回"铁掌峰顶"中，郭靖有这样一段"内心戏"：

> 郭靖说道："我先瞧瞧你伤势。"打火点燃一根枯柴，解开她肩头衣服和猬甲，只见雪白的双肩上各有一个乌黑的五指印痕，受伤着实不轻，若非身有猬甲相护，这两掌已要了她性命。郭靖心想："欧阳锋与裘千仞的功力在伯仲之间，当日恩师硬接西毒的蛤蟆功，蓉儿好在隔了一层猬甲至宝，其时我又在旁侧击，卸了裘千仞不少掌力，但恩师抵御之功与蓉儿却又大不相同。看来蓉儿此伤与恩师所受的相去无几，重于我在皇宫中所受西毒的一击。九阴真经所载的通息疗伤之法不知是否有用，如何才能痊可？"手执枯柴，呆呆出神。

从讲故事的逻辑出发，原文有此交代是因裘千仞之前形象庸庸碌碌，是孪生兄弟裘千丈所扮，黄蓉误以为他武功平凡而受伤。不过，从郭靖当时的情感出发去考虑，爱人重伤命危，前无退路后有追兵，他真的能冷静分析不同武林人物的武功境界，思考眼前困境以外之事吗？

在译稿修改的最后阶段，我决定从"感情"上翻译郭靖这段内心戏，只保留与他直接相关的两点，即黄蓉的伤势与他受欧阳锋一掌的对比，以及能否用九阴真经疗伤的疑问，并将译文简化为：

> "Let me check on you first." Guo Jing found a branch and lit it. He unfastened her robes gingerly and peeled away the Hedgehog Chainmail from her shoulders.
>
> Two black handprints marked her otherwise unblemished skin.

She would have died instantly if not for the armour, Guo Jing thought with a shudder. It looks as if the blow she has suffered is more serious than the one I took from Viper Ouyang. Perhaps we can use the same healing technique from the Nine Yin Manual?

此情此刻需表达的是郭靖的彷徨无助以及他对黄蓉的关心。关于裘千仞的"武功等级"，与读者熟悉的欧阳锋比较已足够了，再多描述就会冲淡郭靖的情感。

邓：《射雕英雄传》的历史背景宏大，涵盖宋元更替、权力斗争、江湖恩怨与个人情感。面对对这一历史语境缺乏了解的译本读者，您如何在翻译中呈现这一复杂背景，同时避免因信息过载而削弱阅读体验？

张：对于史实背景内容，我不认为中文原文读者跟译文读者对其接受程度有巨大区别。中文读者也有不同年纪与认知，比如，我第一次接触金庸的武侠故事在十二三岁小学升初中的年纪，《射雕英雄传》中宋金战争、铁木真统一蒙古各部等历史背景，对当时的我来说也是完全陌生的。

作为读者，我们对"背景"的接受度在于它们在故事结构中的编排。如果开卷作者就写了十来页详细历史背景，读者可能会被"吓退"，但当我们已被故事吸引，历史信息碎片式地隐藏在情节发展中，它们只会为读者带来乐趣，加深故事世界的立体感与真实感。当然，我参与翻译的是《射雕英雄传》第二、三、四卷（即原文第十至四十回），长篇幅的历史背景在郝玉青翻译的卷一中已交代，我无需在历史背景信息与阅读效果之间艰难取舍。

我们的翻译原则是，在不影响阅读流畅性的前提下，尽量完整地呈现原文。如果内容已交代过，会根据情况修剪枝节，避免重复，但有时亦需稍微增写，提醒读者。部分历史背景与人物、传统文化内容等，我们会提供简单尾注补充。如背景信息对故事情节理解有影响，我们会在译文中稍为添加交代。

邓：除了历史背景，小说的地域文化色彩同样浓厚。从蒙古草原的辽阔天地到南宋江湖的繁华风貌，您如何在翻译中展现这些文化特色，使其既富有异域风情，又能自然融入叙事？

张：翻译时，除了根据原文呈现对地理环境、生活习俗以及人物互动的描写，我着重把其中影响角色"五感"的因素与氛围提炼出来，比如颜色、声音、气味、触觉、气温等，让译文读者与故事人物"身同感受"。

我亦从多方面丰富自己对故事发生的时代与环境的想象，借助宋元绘画等文物侧面了解当时的城市、街道、市集、建筑、衣着、生活用品等细节。"读万卷书不如行万里路"，身体力行，到书中所提及的地点采风——华山、桃花岛、烟雨楼、草原与大漠……将金庸先生的描述与我自己的见闻结合，使译文的描述更实在有根据。

四、文化符号的英译路径与方法论

邓：武侠小说中的武功术语往往承载着深厚的文化意涵，特别是在涉及"阴阳""劲"等概念时，如何确保译本读者既能理解其基本含义，又能感受到其中蕴含的武学哲理？

张：武功术语翻译最大挑战是，在中文里它是一套完整的专业术语，所指的具象动作、内里运劲，对肢体生理的认知和引申或关联的医学哲学理论等，经过一代又一代武术教学与著作，具有相对明确固定的意思。而金庸先生在小说中所创作的武功与武打场面大多建立在真实武学基础上，并借用了武术术语。

在英语中，虽然有些相关翻译（如中医、佛教道教经典等），也有武馆教学不同派别的功夫，但武学概念与术语大多以音译（如粤语、普通话拼音）或与该专业相关的英语术语表达（如中医内容多使用医学术语）。此类词汇通常过于专业或偏门，在文学翻译中作用不大，无法把武打场面畅快淋漓的氛围表达出来，因此翻译中我们需自创一套"打得起劲"的描述方式，让角色的速度、力度、动作等能勾起读者的想象，在他们的脑海中描画出来。

有些词汇与概念，比如阴阳（yin yang）、气（qi 或 chi）、功夫（kung fu）、师父（shifu 或 sifu）等已进入日常英语，但一般人对于它们的理解相对含糊，大部分仍需补充解释或用类似词语替换使用，确保文笔灵动不呆板。有些相对陌生的概念，比如"刚柔""内功"或"内劲"等，我们会寻找最能概括该词在书中含义的表达方式。

以"刚柔"为例，故事中主要与武功结合，描述一种内在、抽象的能量与感觉，"刚"在英语里常翻译成 hard、tough 之类，但这些形容词用在非具象的"内在力量"时不太合适，我们较常用的是 firm。同理，我们着重表达"柔"的"韧性"，所以一般选用柔软但带有可塑性的 supple，并不是完全软趴趴的 soft。

又如"点穴"等武侠小说经典攻击方式，我们参考中医学常用的意译穴位名称，并补充其身体位置，确保读者清楚知道身体哪个部位受到攻击，同时获得中文读者看到穴位名称时字面上带来的想象。

武功相关的翻译，难以单一抽出个别字词来解释翻译时的思路，正如翻译不是根据个别单词的表层意义来替换语言。我们从宏观角度整体出发，借助任何有用的方式来达到效果。从个人方面，我选择去学拳，在学习和练习过程中，理解术语中"推""靠""抓"等跟日常动作描述的区别。我亦参考关于舞蹈、体育、音乐等的评论与写作，学习如何用文字描述动作与声音及其带动的情绪，并收听电台广播的体育比赛现场直播，留意旁述员如何为让看不到现场的听众描述比赛的过程与画面。从翻译策略方面，武打场面的描写借鉴了电影拍摄手法，从镜头运用（如全景推进到角色身上，快镜、慢镜、子弹时间等）到剪接技巧（如不同角色间的切换速度与方式），通过选词、句式、分段、视角等营造类似效果。曾为编剧与导演的金庸先生在原文中也经常使用此类技巧。

邓：在《射雕英雄传》英译版卷名的翻译过程中，您如何平衡叙事策略与文学表达？这些标题在跨文化传播中承担着怎样的使命？

张：《射雕英雄传》原文近一百万字，而英语小说一般约八万至十万字左右，考虑到翻译速度与读者阅读习惯及承受力，分卷出版是必然的。

每卷的命名有多方面的考量。卷名需有一定的吸引力与独特性，在图书市场上众多书名中能突围而出，反映该卷的故事，并让读者有系列性的联想。因《射雕》电视剧的流行，"铁血丹心""九阴真经""华山论剑"以及最近的电影副题"侠之大者"（引自《神雕侠侣》），在中文语境里跟金庸、武侠等有强烈的关联，但这些名字对于不熟悉武侠的英语读者，未必能引起联想和兴趣，因此我们在考量如何将《射雕英雄传》分卷翻译时，同时也在思考每卷的命名。

我们并非完全依据原文分回来平均分卷。因每卷相隔一年多时间出版，我们着重考量每卷的独立性，有完整的开头、起承转合与结尾，能勾起读者对下一卷的期待，而卷名则是该卷内容的提炼，给读者一些内容指引，并希望他们读完后也能回味其中意义。此外，卷名需传递长篇史诗故事的感觉，并有可复制的格式结构，深层次提示这是一套系列丛书。

英译本第一卷的卷名"A Hero Born"意为英雄诞生，讲述主人公郭靖的出生与成长（原文第一至第九回前半部分），是最容易命名的一卷。后面根据我们设定的格式命名（量词—名词—动词），第二卷卷名"A Bond Undone"意为"未竟盟约"，翻译了原文第九回后半部分至第十八回大部分内容，卷名反映了郭靖与黄蓉认识后，对他此前承诺过的关系的影响与改变。第三卷卷名"A Snake Lies Waiting"意为"蛰伏之蛇"或"盘蛇欲出"，包含原文第十八回最后部分至第二十八回，反派角色如欧阳克、欧阳锋、完颜洪烈等的阴谋与野心暴露，为主角郭靖黄蓉带来各种危机。最后一卷卷名"A Heart Divided"意为"心灵困境"，翻译了原文第二十九至四十回，卷名表达郭靖所面对的艰难抉择。

五、跨文化传播与文化输出：金庸武侠的全球化

邓：您长期从事跨文化交流工作，在翻译过程中，如何理解和应对东西方文化的差异？

张：不论是策划展览还是翻译小说，作为其中的参与者，我的策略都以讲故事为主，所以着眼点不在"差异"而是"相同"。无可否认，不同地区的观众与读者因语言、文化、宗教、历史、地理、气候等不同，在生活习惯、思维方式、价值观等方面有一定的区别，但要引起对方的兴趣，只能从"共鸣"入手，寻找共通点。一个故事受到读者的喜爱，得以传世，是因为内容触动人心，描绘了人类如生老病死等经历，以及喜怒哀乐、爱恨情仇等情感。抓住作品中的共同点，才能突破文化语言等表象的差异，超越时空，获得读者的喜爱。我们译者需要寻找和传递的，就是这些共同之处。

邓：在翻译《射雕英雄传》的过程中，您如何在忠实于原文的同时，使

英语读者能够自然理解其中的文化意涵，并保持流畅的阅读体验？

张：翻译文学在英语出版市场中只占很小的一部分，不过英语读者是个非常庞大的群体，包括世界各地任何能以英语阅读的人。《射雕英雄传》在全球五大洲的书店发售，无法简单概括潜在读者与原文读者的"差异"。作为译者，我认为成功的跨文化沟通在于寻找共鸣，异中求同，正如之前所说，寻找作品的共同点，彰显其中的人性共通点。

任何语言之间的翻译，都要面对语言结构、表达方式等不同而可能带来的理解上的误差。翻译时，我们更多考虑表层字义以外附带的含义，从字里行间寻找所表达的语气、隐藏意思等，而不是简单地顺着原文所用的字词，不加思考、一字一句地转换成另一种语言。

举个例子。《射雕英雄传》的对白里经常出现"阁下""在下""尊师""弟子"等敬称与谦称来营造古代氛围，并表达角色之间的关系及语气，但如果每次特殊称谓出现时全部硬性翻译出来，角色所说出口的话很可能不像"人话"，也容易造成理解误差，比如，"弟子"究竟是正规拜师的弟子，还是面对长辈时的谦称？翻译时需灵活地根据上文下理作出选择，运用写作技巧，用不同方式表达中文里称谓的讲究与含义。

如果需要点出金庸武侠小说翻译时最容易让译本读者"水土不服"的地方，我认为是连载的创作方式。《射雕英雄传》及其他作品当年是在报刊上连载，每天一两千字，用几个月到一两年的时间完成，后来结集出版，并经历多次修改。而现时英语小说多是作者独立创作完整的故事，出版后才首次接触读者，就算是连载系列，一般也以一本完整的小说为单位，一本一本地出版。再者，今天读者接触无数影视作品，由于时长限制与大众娱乐需求，影视作品的故事发展一般高速紧凑，主角的存在主要为了达成任务、解决问题，在几个小时内讲完故事。

相对来说，连载体的故事比较松散，角色自由"生活"在故事世界里，并没有非常紧迫的"任务"需要完成。就《射雕英雄传》来说，主角郭靖在故事开始后，过了一百多页才出生，读者陪伴他一百多页成长与学武，等待他十八岁与尚未登场的杨康比武，最后期待近十回的比武并未举行，郭靖随后亦无明确的人生走向。作为译者，我能明确感受到连载体故事发展与现今流行文化中叙述结构的差别。这一点跟之前所谈到的如何翻译传统文化、武功等细节不一样,我没法改变故事主线内容与结构,唯一可控制的是译文行文的阅读感觉与速度。通过紧凑的译文节奏、微调角色的主动性,转移读者的焦点,让他们沉浸在故事世界中,享受跟角色一起生活的过程,并不只为了解角色命运或故事发展与结局而阅读。

正因如此,我认为翻译不单是文化桥梁,而是原文作者与译文读者之间的红娘。翻译过程中,译者用各种方式与技巧为作者与读者牵线,期望能促成好事,让读者有兴趣继续发现作者的其他作品,或该语言文化的其他方面,建立长期的跨文化沟通关系。

邓:非常感谢您的精彩分享!期待您未来更多优秀的翻译作品。

张:谢谢!希望通过翻译,让世界各地的读者有更多机会与渠道接触中华文化与故事。

六、小结

本次访谈聚焦《射雕英雄传》英译者张菁的翻译实践,揭示了武侠小说翻译中的关键因素。张菁在翻译中灵活运用归化与异化策略,既保留原著的文化特色,又考虑译本读者的理解需求。例如,翻译武打场景时使用异化策略保留文化风味,而涉及核心文化概念时采用归化策略,确保译文的流畅性与可读性。面对中西文化差异,张菁通过调整叙事结构、人物塑造和情感表达,使译本读者能够理解武侠世界的核心价值——侠义精神。她不仅忠实再现文本,还通过细腻的语言技巧传递原作的深层文化内涵。张菁在翻译中精准选择语言和情感表达,在不显性干预的基础上引导读者理解原著,从而在忠实原著与适应目标读者需求之间取得平衡。她采用"叙事优先,背景渗透"的策略,使译文既具历史文化内涵,又不失故事的流畅性。通过巧妙融合地域文化与情节发展,避免生硬的文化解释,同时灵活翻译诗词,确保跨文化沟通的有效性。张菁在翻译武功术语时,通过类比西方概念,精确区分文化含义,运用多元翻译策略,确保术语的准确性与可理解性。卷名翻译则兼顾叙事性与文学性,增强译文的吸引力与传播力。张菁认为翻译是文化的桥梁,强调通过凸显武侠文化的核心价值,促进译本读者对中国武侠精神的理解与接受，推动《射雕英雄传》在西方的传播。《射雕英雄传》的英译成功，源于精准的受众定位与多元文化元素的融合。

第八节　《射雕英雄传》合译的惯习之争： 文学翻译中的协作

　　在当今竞争激烈的全球文学市场中，文学作品的翻译速度与质量直接影响其市场表现。尤其是对于那些具有深厚文化内涵和复杂叙事结构的作品而言，快速翻译与出版成为保证其在市场上保持竞争力的关键策略。合译模式，作为一种应对时间压力和复杂文本的方式，能够在保证翻译速度的同时提高译文的质量。然而，合译并非易事，其难点不仅在于保持译文风格的一致，还在于确保不同译者的理解与原文的意图相契合，并在整个翻译过程中维持译者之间的默契与合作。本节将以郝玉青与张菁合译《射雕英雄传》卷三为例，深入探讨合译过程中译者如何通过合作实现翻译的统一性。特别是通过对黄蓉与郭靖这两位关键人物的翻译分析，揭示两位译者如何在保持人物特质的同时，实现译文风格与原文的高度一致。黄蓉和郭靖是金庸武侠小说中的核心角色，他们的性格、语言风格和行为举止在很大程度上影响着读者对整部作品的理解。因此，对这两位角色的成功翻译，既要求译者深刻理解原文的文化背景和人物塑造，也需要合译者在具体的翻译过程中保持高度的协作。郝玉青与张菁的合译经验强调了协作与讨论在合译过程中的重要性，这不仅体现在文本的处理上，还体现在两位译者对原著文化的理解和对译文读者的考量上。她们通过保持开放的沟通渠道，及时处理翻译过程中遇到的难题，并对彼此的翻译提出建设性的反馈。这种高效的合作模式，保证了翻译的最终质量，也为未来的中国文学作品合译实践提供了宝贵的经验与启示。

一、简介

　　在当今阅读市场，商业出版社需高效迅速推出作品，合译优势显著。文学市场竞争激烈，迅速翻译与推广有助于保持竞争力，吸引更多读者。以《射雕英雄传》的翻译为例，瑞典裔英国汉学家郝玉青与香港译者张菁的合译模式引人瞩目。这种中外译者的合作事实上是源语言和目标语言使用者之间的协作，这种合作提高了翻译效率和质量，通过互相帮助，两位译者创造了备受读者欢迎的《射雕英雄传》英译版本（刘毅，2021：58；张莹，2023：113）。然而，合译实践也伴随一系列挑战，其中最关键的是如何确保全面的合一。这种合一不仅要求合译者在理解和传达方面保持一致，还要求翻译作品在历史和各个方面与原作高度一致。郝玉青与张菁的合译成功地实现了这一目标，为未来中国文学的合译和海外出版提供了范例。目前关于《射雕英雄传》英译版本的合译研究相对有限。因此，本研究以郝玉青与张菁合译的《射雕英雄传》卷三为研究对象，并结合她们分别独译的《射雕英雄传》前两卷，以黄蓉和郭靖这两个角色的翻译为切入点，旨在深入探讨如何在合译工作中实现合一的目标，以及合译者如何协调初始和专业惯习，以期更好地理解文学合译的动态过程，并为未来中国文学走向国际的合译实践提供有益的指导。

二、《射雕英雄传》英译的研究回顾与分析

金庸的武侠小说在英语世界独具特殊地位，紧密联系着中国历史与传统，承载着丰富的文化内涵（Davis，2005：56）。本节使用 VOSviewer 可视化软件（版本号：1.6.15）在中国知网以"《射雕英雄传》"和"翻译"为主题检索（截至 2023 年 9 月 21 日），获得 159 篇论文。关键词反映学术文章核心主题，通过系统研究特定领域文献的关键词共现，揭示时间段内的研究焦点和热点问题。使用 VOSviewer 进行关键词聚类，最低频次为 2，在 539 个关键词中共有 116 个关键词入选，形成多个聚类（见图 1）。每个板块代表一种关键词聚类，面积表示出现次数，字体大小表示频次。

根据发文关键词数据，本研究得出《射雕英雄传》翻译研究的前 10 个关键词为《射雕英雄传》（出现 142 次）、武侠小说（出现 50 次）、翻译策略（出现 39 次）、《射雕英雄传》英译本（出现 34 次）、郝玉青（出现 33 次）、金庸（出现 22 次）、文化负载词（出现 20 次）、生态翻译学（出现 18 次）、

译者主体性（出现 15 次）、武侠文化（出现 12 次）。

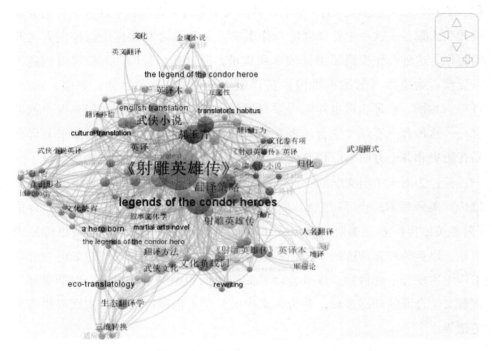

图1　《射雕英雄传》翻译研究发文关键词聚类图

本研究除关注中国《射雕英雄传》翻译研究外，还关注海外相关研究。使用 Web of Science（WOS）数据库，检索主题为"Legend of the Condor Heroes"（截至 2023 年 9 月 21 日），筛选英文研究后，共获 10 项研究，其中包括 4 篇与《射雕英雄传》翻译相关研究，涉及武器碰撞声词的翻译方法（Hong，2023）、《射雕英雄传》翻译的文学代理模式（Hong，2022）、英译版本中译者的叙事干预（Chen & Dai，2022）和对译者张菁的访谈（Chen，2021）。

通过文献综合分析，可以得出研究重点为《射雕英雄传》翻译策略、郝玉青的译者主体性以及文化负载词翻译。然而，对于郝玉青和张菁合译的《射雕英雄传》卷三以及合译角度的研究相对稀缺。因此，为弥补《射雕英雄传》合译研究领域的研究空缺，本节选取了郝玉青与张菁合译的《射雕英雄传》卷三为研究对象，并结合她们分别独译的《射雕英雄传》前两卷，以黄蓉和郭靖这两位角色的翻译为重点，深入研究合译的动态过程，探讨如何在合译中实现合一，以及合译者如何协调翻译初始和专业惯习。

三、译者惯习的形成与影响

翻译行为受多种因素的影响，其中译者作为最重要的因素之一，其研究领域也呈现多元性。翻译微观史的研究关注个体与社会的相互作用，因此特别关注译者的翻译策略。翻译策略的选择和应用通常受到社会规范的制约，同时也受到译者的惯习影响。这些惯习具有开放性和累积性。开放性意味着个体经验的变化会导致惯习结构的变化，这表明惯习的持久稳定性是相对的（Bourdieu & Wacquant，1992：133）。某一时期译者形成的惯习不仅构成了以后形成的惯习基础，而且也会被后者重新构建（Bourdieu，1977：86－87），也就是说，惯习是逐渐积累的。个体惯习之所以各异，是因为个体的社会轨迹是独特的（Bourdieu，1990：59）。因此，我们可以追踪译者的职业发展轨迹，以了解其职业惯习形成的过程。

梅莱尔茨（Meylaerts，2010：2）提出，初始惯习是指在译者进入翻译领域之前，他们在家庭、社会阶层和教育中形成的生理和心理结构，即早期社会化的个体社会轨迹。初始惯习主要关注译者所在阶层和教育的影响。对于译者而言，初始惯习在很大程度上为其进入翻译领域奠定了坚实的基础。此外，梅莱尔茨（Meylaerts，2010：3）还指出，双语或多语能力并非译者培训的结果，而是早期社会化的产物，即出生在双语家庭或居住在多语社会并接受非母语语言教育的结果。这个社会化过程还包括各种语言、社会、宗教和政治经验和轨迹，它们会影响译者对各种语言和文化的认知。职业惯习是指译者在进入翻译领域后逐渐形成的特定惯习。在大多数情况下，这些惯习主要来源于大量的翻译实践。许多译者通常在从事翻译实践之前（或同时）从事其他职业，因此他们经常将在其他领域形成的惯习带入翻译领域（Meylaerts，2013），并与翻译领域的实践相互影响，形成职业惯习。

四、人物形象翻译中的协作：郝玉青与张菁的合译与独译对比

1. 黄蓉人物形象翻译

黄蓉是《射雕英雄传》中重要角色，性格活泼开朗，机智聪慧，被认为

是金庸作品中的经典女性角色之一。在《射雕英雄传》前三卷中，黄蓉呈现出乐观开朗、善良和机智幽默等特质。

（1）乐观开朗

在《射雕英雄传》第七回中，黄蓉因与父亲黄药师发生矛盾而独自离开桃花岛，开始在江湖中闯荡。旅途中，她常常感到孤独与冷漠，直到与郭靖相遇。郭靖的出现以及他的真诚为黄蓉的生活注入了一丝温暖。尽管在某些情况下，黄蓉遇到了困境，甚至与人发生冲突，但她的性格一直乐观开朗，总是能保持微笑，表现出积极向上的态度。原文中是这样描述的："黄蓉抬起头来，虽满脸泪痕，却喜笑颜开，只见他两条泪水在脸颊上垂了下来，洗去煤黑，露出两道白玉般的肌肤，笑道：'大哥，咱们走吧！'"郝玉青将其独译为："Lotus looked up. The tears had cleaned her cheeks, revealing a jadeite glow beneath. 'Let's go,' she said."（Holmwood，2018：258）原文描述了黄蓉虽然满脸泪痕，但仍然喜笑颜开。译文"tears had cleaned her cheeks, revealing a jadeite glow beneath"巧妙地传达了这种情感。译文使用了形容词"jadeite"来形容黄蓉的肌肤，这暗示了皮肤的洁白和光滑，与原文中的"白玉般的肌肤"相呼应，同时增加了翻译的文学质感。"Let's go"与原文中的"咱们走吧"一致，保留了原文中黄蓉要继续前行的决心和积极性。保持意境的策略有助于呈现黄蓉的乐观性格。郝玉青在翻译中通过准确选词、保留情感和意境，以及简洁而生动的表达，成功地展现了黄蓉乐观的性格特点，让读者更深刻地理解和感受到这个角色的性格。

（2）善良

在《射雕英雄传》第十一回中，黄蓉和郭靖在树林中赶路时，偶遇了一位威风凛凛、欺凌贫苦人的胖妇人。当面对这位胖妇人和她的丈夫时，黄蓉并没有选择采取残酷手段，尽管他们平时经常欺负弱势群体。相反，她给了他们一个改过自新的机会。这个情节凸显了她善良的品质。原文中是这样描述的："黄蓉道：'你们夫妻平时作威作福，仗着有几个臭钱便欺压穷人。眼下遇上了"姑娘大王"，要死还是要活？'这时那胖妇人早就停了叫嚷，左手按住了脸畔伤口，与那胖子齐声道：'要活，要活，姑娘大王饶命！'黄蓉道：'好，今日轮到你们两个做做轿夫，把轿子抬起来！'"张菁将其独

译为 "'You may have a few ingots to your name, but you can't walk over people like that! Do you want to live or die?' 'Live! We want to live!' husband and wife shouted in unison. 'Well, it's your turn. Carry the chair!.'" （Chang, 2019：385－386）

译文中黄蓉的提问（Do you want to live or die?）具有一定的善意提醒。她不仅询问他们是否想要活下去，还通过这个问题暗示他们应该珍惜生命，不再欺凌穷人。译文中的 "Live! We want to live!" 的回应突出了胖夫妇渴望生存的情感，这与原文中夫妇的回应相符。译文通过保持原文直接、善意提醒、情感表达和语气一致，成功呈现了黄蓉的善良。

（3）机智幽默

在《射雕英雄传》第二十三回中，黄蓉和周伯通一同前往皇宫，计划为洪七公偷取美味佳肴。然而，周伯通提出了一个不太明智的主意，他建议直接闯进宫殿，而不是悄悄绕过宫廷侍卫的巡逻。这种行为可能会引发混乱，进而使偷取食物变得更加困难。黄蓉对周伯通的建议作出了迅速而合理的反驳，阐述了自己的观点。她的回应中融入了一些幽默的元素，以轻松的方式化解了紧张气氛，使对话变得更加有趣："周伯通问道：'干么不闯进宫去？这些酒囊饭袋，能挡得住咱们么？'黄蓉道：'闯进去自然不难，可是我问你，咱们是要去打架呢，还是去御厨房吃东西？你这么一闯，宫里大乱，还有人好好做鸳鸯五珍脍给师父吃么？'周伯通道：'打架拿人，是卫兵们的事，跟厨子可不相干。'这句话倒颇为有理，黄蓉一时难以辩驳，便跟他蛮来，说道：'皇宫里的厨子偏偏又管做菜，又管拿人。'"郝玉青与张菁合译为："'Why didn't we try to get into the palace? Those sacks of rice wouldn't have stopped us!' Zhou Botong said. 'Are we here for a fight, or are we after the food? Our presence would cause chaos in the palace, and then do you think the chef would calmly agree to make some Contrast of the Five Treasures for Shifu?' 'Capturing intruders has nothing to do with the palace chefs,' Zhou Botong said. Lotus was momentarily stumped by this logic, but she did not want to admit it. 'There's nothing stopping a chef from catching an intruder,' she said hesitantly."（Holmwood & Chang, 2020：155）

合译文用"Are we here for a fight, or are we after the food？Our presence would cause chaos in the palace, and then do you think the chef would calmly agree to make some Contrast of the Five Treasures for Shifu？"清晰地表达了黄蓉的思考和判断，以及对局势的深刻理解。合译文中，黄蓉强调是为了食物，从而凸显了她的机智。黄蓉在回应周伯通时，用幽默的方式化解了紧张气氛。合译文用"There's nothing stopping a chef from catching an intruder"，以幽默的语气来回应周伯通，同时也展现了她的幽默感。合译文成功地传达了原文中黄蓉的机智和幽默的人物特点，通过巧妙的语言和反问，使角色形象更加生动和有趣。

这段合译文在多个方面体现了合一的原则。首先，在语言方面，合译文与原文的表达保持了高度一致，用词准确，语法结构保持了一致性，确保了译文的语言流畅性和准确性。其次，在内容方面，合译文成功传达了原文中的对话内容，未遗漏任何重要信息或细节，确保了故事情节的完整性。再次，在文化方面，合译文保持了原文中的文化细节，有助于读者更深入地理解故事的文化背景和情境。除此之外，合译的翻译风格与郝玉青与张菁分别的独译版本一脉相承，准确描绘了黄蓉的角色形象。合译版保留了原文对话的直接性和清晰性，有助于更好地传达情感和人物性格。这些译文都专注于成功传达原文中的情感和人物特点，包括黄蓉的关怀、善良、乐观和机智幽默，以让读者深刻感受这些性格特质。最后，这些译文都突出了语言表达的直接性和简洁明了，保证了译文的清晰易懂。

2. 郭靖人物形象翻译

（1）责任感

郭靖性格坚韧、善良，具有高尚的品德。在《射雕英雄传》前三卷中，郭靖表现出责任感、善良正直、坚定和勇敢等特质。在《射雕英雄传》第五回中，郭靖有幸得到全真教马钰的指点，并开始练习内功。然而，郭靖的理解能力相对较低，而且马钰也没有明确告诉他在练习什么，因此郭靖并不知道自己练习的是武功，更不了解这是内功。所以，当郭靖的六师父全金发怀疑他可能私下跟其他人学习武功时，郭靖因为愚钝，并不明白六师傅指的是什么。尽管郭靖的思维相较迟缓，但他对自己的行为有高度的责任感。当被师父们指责偷偷背地里学习武功时，他坦诚承认自己的错误，决不欺瞒。原文中是这样描述的："郭靖照规矩让了三招，第四招举手还掌……郭靖一呆之下，双膝跪地，叫道：'弟子做错了事，但凭六师父责罚。'他心中又惊又惧，不知自己犯了什么大罪，六师父竟要使杀手取他性命……郭靖急得眼泪直流，道：'弟子……弟子决不敢欺瞒师父。'郭靖呆呆地道：'内功？弟子一点也不会啊！'"郝玉青将其独译为："As custom dictated, Guo Jing was waiting until his shifus fourth move before launching his riposte. Guo Jing stared at his Master and then knelt on both knees. 'I have been foolish, I will accept my Sixth Sbifus punishment.' Flustered, he could not think what he had done to make his Master try to hurt him in such a way. 'I... I wouldn't dare lie to my shifus.' Tears shone in his eyes...'"（Holmwood, 2018：212 - 213）

原文中，郭靖的师父试图伤害他，而他的反应是跪地请求师父的责罚。这种情感的交流在译文中得以保留，通过郭靖的哭泣和请求（Guo Jing stared at his Master and then knelt on both knees... Tears shone in his eyes.），强调了他内心深处的责任感和对师父的尊重。译文中郭靖严格遵守了练功规矩，等到师父的第四招才开始反击。这体现了他对练武的严谨态度和责任感。翻译保持原文中的时间顺序（As custom dictated, Guo Jing was waiting until his shifus fourth move before launching his riposte.），以传达原文中的情感和细节。译文成功地保持了与原文一致的情感，包括郭靖的震惊、愧疚和恐惧，以及师父和师兄们的严肃。这有助于读者更好地理解郭靖的内心。

（2）善良正直

在《射雕英雄传》第十回中，郭靖不慎吸入了梁子翁养的药蛇的血液，而梁子翁却试图吸取郭靖的血。在梁子翁追赶郭靖时，一位身受重伤的女子偶然救了郭靖。郭靖并不知道这位受伤女子正是梅超风，当他听到她的哭声时，虽然她的哭声声音凄厉，但出于对她救命之恩的感激以及对人性的信仰，他毫不犹豫地转身去帮助她，准备回应她的求助。原文中是这样描述的："郭靖只消机灵得半分，听得她声音如此凄厉，也必回头向她瞥上一眼，但他念着人家救命之恩，想来救我性命之人，当然是大大的好人，更无丝毫疑忌，立即照实回答。"张菁将其独译为："'Yes,'he answered, unaware of the bile evident in her voice. Guo Jing… he must repay her with honesty. Even when she spoke in such an alarming tone, it did not occur to him to turn and look at her face. ” (Chang, 2019：16)

译文使用了 "unaware of the bile evident in her voice", 不仅表明了郭靖的正直, 更强调了他的无辜和单纯。郭靖对对方的声音中所流露出的恶意完全没有察觉, 这进一步强调了他的善良, 因为他没有怀疑他人的恶意。译文提道, 郭靖已经决定要以诚实回报那位帮助他的女人。这强调了他对救命之恩的感激, 郭靖认为只有以真诚和诚实来回应这份恩情 (repay her with honesty)。通过这些, 我们可以更深入地理解译文中郭靖的性格特点, 包括他的单纯、信任、报恩的决心, 这些都有助于读者更好地理解他的内心世界和行为动机。

（3）坚定和勇敢

在《射雕英雄传》第二十六回中, 华筝、哲别等人不幸被欧阳锋和裘千仞抓住。得知华筝等人遭遇危险后, 郭靖立刻坚决表示要前去营救, 对黄蓉的反对态度毫不在意。黄蓉之所以反对, 是因为她知道华筝也对郭靖有好感, 产生了一些嫉妒情绪, 不想去救华筝。但郭靖却急切地请求黄蓉一同前往, 甚至备好马具, 展现了他的勇气和决心, 毫不顾忌一切困难。原文中是这样描述的: "郭靖神色惊惶, 说道：'蓉儿, 他们有难, 咱们快去相救。'黄蓉道：'谁啊？'郭靖道：'我的义兄义妹。'黄蓉小嘴一撇道：'我才不去呢！'郭靖一呆, 不明她的心意, 急道：'蓉儿别孩子气, 快去啊！'牵过红马, 翻身上鞍。黄蓉道：'那么你还要我不要？'郭靖更是摸不着头脑, 道：'我怎能不要你？'左手勒着马缰, 右手伸出接她。黄蓉嫣然一笑, 叫道：'爹, 我们去救人, 你和六位师父也来罢。'双足在地下一登, 飞身而起, 左手拉着郭靖右手, 借势上了马背, 坐在他的身前。" 郝玉青与张菁合译为："'Lotus！' Guo Jing cried, as soon as he saw her. 'They're in trouble; we have to save them！' He looked very agitated. 'Who's in trouble？' 'My sworn brother and sister！' Lotus pouted. 'You can go on your own. ' 'Lotus, don't be so childish. They need us！ Come on. ' He ran over to Ulaan and jumped up into the saddle. 'Do you still want me, or not？' Guo Jing was baffled. 'Of course I want you. I want you more than life itself. ' Clutching the reins with one hand, he reached out towards her with the other. Lotus flashed a dazzling smile and cried out, 'Papa! We're off on a rescue. Why don't you and the Six Heroes come too?' She jumped up and landed behind Guo Jing, on the back of the horse. Guo Jing bowed to Apothecary Huang and his shifus, before spurring his horse on. The condors were already up ahead, crying out to show the way. " （Holmwood & Chang, 2020：282）

在合译文中，郭靖的话语中表现出了明确的坚定决心。"They're in trouble；we have to save them！"清晰地表达了郭靖要去救援的决心。尽管黄蓉表现出不愿意去相救的态度，但郭靖并没有动摇，坚定地回应"Lotus, don't be so childish. They need us! Come on. "。这表明郭靖不受干扰，坚持要行动起来，不容忽视。合译文中，郭靖表示愿意单独前往救援，显示出他的勇气。他跳上马背，准备出发，表现出了应对困难和危险的勇气。他还表达了对黄蓉的依赖和情感，说"Of course I want you. I want you more than life itself. "，表现出他对黄蓉的珍视和依赖。

在这一段合译文中，合译版本也成功地彰显了合一的原则。首先，合译文保持了语言一致性。英文表达与原文中的中文表达高度一致，例如，原文中的"蓉儿"译为"Lotus"，"义兄义妹"译为"my sworn brother and sister"，从而有助于传达原文中的情感和关系。其次，合译文维持了内容的一致性。它成功地传达了原文中的对话内容，没有漏掉任何重要信息或细节。合译文中的情节、角色互动以及黄蓉最终同意前去救援的情感变化都在合译文中得以准确地展现，确保了故事情节的完整性和连贯性。再次，合译文保持了文化的一致性。在传达原文中的文化细节方面，合译文也保持了一致性。例如，合译文中还保留了原文中的术语"Six Heroes"（六位师父），这一术语也体现了原文中的文化背景。最后，合译和独译均注重具体的情感表达和内心思考，生动呈现了郭靖的人物特点和内在感受。无论是描述责任感还是忠诚守信，都着重展现了角色的情感世界和内心挣扎。两位译者力图传达郭靖代表的价值观，如责任感、忠诚守信、回报恩情等，这些价值观是角色性格的本质特征，通过情感和行为得以彰显。

五、译者惯习的一致性与差异性探讨

1. 初始惯习上的一致性

郝玉青和张菁在相似的社会化背景下成长，都在多语社会中接受非母语教育，具备双语能力。郝玉青的双亲分别来自英国和瑞典，她曾在牛津大学攻读中国文学硕士学位，在中国台湾和北京学习中文。张菁在中国香港长大，曾在伦敦大学攻读艺术史学位，拥有中西文化的双语背景，对金庸的武侠小说有着特殊的情感。这些背景使她们对文学和语言有深刻的理解和熟悉度。郝玉青和张菁都对中国文化有着深厚的热爱和认同。郝玉青在旅行中深爱中国和中华文化，她的丈夫林家纬是中国台湾人。郝玉青在中国台湾开始阅读金庸作品，深深着迷于金庸的武侠小说，激发了她翻译金庸作品的渴望。张菁在香港成长，同样热爱金庸武侠，因为这些故事是她成长过程中的一部分，使她更能理解和传达金庸的故事情节和价值观。郝玉青和张菁具备相似的初始惯习、语言背景、文化认同和共同文学兴趣，成为理想的合译搭档。她们的双语能力和深厚文学背景为翻译金庸复杂文学作品提供坚实基础，而共同的热爱和理解使她们更好地传达原作的精神和文化内涵。在翻译金庸小说时，郝玉青和张菁充分利用相似的惯习和背景，通过密切合作、沟通和对文化元素的关注，成功将这一文学作品引入英语世界，确保了翻译的一致性和质量。

2. 专业惯习上的一致性

郝玉青和张菁在合译方面有经验，曾在英国国立维多利亚与阿尔伯特博物馆（Victoria and Albert Museum）合作，这一经历对她们在共同翻译项目中建立默契和协作有颇多助益。她们曾共同合译文本，锤炼了合作技巧和互补能力。在专业领域方面，郝玉青在文学代理方面经验丰富，而张菁在戏剧领域有翻译经验，两者不同的专业背景为合译提供广泛的知识和技能。例如，张菁的戏剧翻译经验有助于更好地传达金庸小说中的戏剧性情节。在目标受众的共识方面，郝玉青将金庸小说的目标受众定位为英语世界的一般读者，这与张菁的观点相符。她们认识到广泛的读者是文学翻译取得更多销量的基础，因此致力于将金庸的作品翻译成易于理解和吸引大众的英文版本。

六、小结

郝玉青和张菁的合译实践为中国文学的合译提供了有价值的经验，强调了协作、多样性、文化解释和适应目标受众的重要性，以及文学翻译的更广泛使命，即创造新的对话和激发新的文化兴趣，有助于提高中国文学作品在国际舞台上的可见性和影响力。

未来的中国文学合译实践可以考虑以下模式：（1）合作式合译模式：适用于较大的文学作品或系列作品，多个译者合作以减轻工作量，提高质量，并确保一致性。合作可以发生在不同的翻译阶段，如初稿、编辑和校对。（2）专业领域合译：对于特定领域的文学作品，专业知识可能至关重要。邀请领域专家参与以确保对专业领域、历史或文化元素的准确理解和传达。（3）与出版商和代理合作：郝玉青的经验表明，与出版商和文学代理合作对推广中国文学作品至关重要。强调与出版和代理机构的合作，进行市场研究，制定市场策略、推广计划。（4）文学翻译工作坊：建立文学翻译工作坊和培训计划，培养更多的文学译者和专业人才，可以通过与大学、文学组织和文化交流项目的合作来实现。未来的中国文学合译实践应根据作品性质、目标受众和市场需求选择适当的模式，可以单独使用或组合，以灵活性适应不断变化的文学市场。

本节以郝玉青与张菁合译《射雕英雄传》卷三为研究对象，同时分析了郝玉青和张菁分别独译的《射雕英雄传》前两卷。通过深入分析黄蓉与郭靖二角翻译过程，本研究旨在揭示在合译中如何实现合一目标，以及合译者如何协调译者初始与专业惯习。研究发现，郝玉青与张菁在译者初始与专业惯习上保持高度一致，有助确保其合译《射雕英雄传》卷三与各自独译风格一致。郝玉青与张菁合译过程彰显了协作与讨论的价值，为未来中国文学合译实践提供有益启示。根据不同情境与需求，中国文学合译实践可采用多种模式，包括合作式合译、专业领域合译、与出版商及代理合作，以及文学翻译工作坊等。以上诸模式各具独特优势与适用性，应因情境而异。

第四章　科幻巨作的全球对话:《三体》英译探析

　　本章以《三体》英译为核心,探讨这一中国科幻经典在全球文化场域中的翻译实践与跨文化传播。本章结合布迪厄的场域理论与社会翻译学理论框架,系统分析《三体》英译过程中的文化对话、翻译策略及其在西方文学市场中的接受度与文化共鸣,旨在揭示全球化背景下中国文学作品的翻译、传播及其文化重构策略。首先,本章探讨《三体》英译中的文化场域与跨文化对话,通过布迪厄的场域理论,分析《三体》在全球文化场域中的位置以及翻译活动在跨文化交流中的权力结构。通过回顾已有的社会翻译学研究,提出并讨论了《三体》英译过程中面临的核心问题和挑战,试图从文化资本、权力关系与文化生产等角度阐释翻译的社会功能。其次,本章从全球视角考察《三体》英译本的市场反响与文化共鸣,结合社会翻译学与布迪厄的社会实践理论,通过分析 NOW 语料库新闻数据和亚马逊读者评价,探讨了《三体》英译本在全球市场中的资本运作模式,以及译作如何通过文化调适与资本积累实现其在跨文化传播中的成功。最后,文本之外的翻译现象成为重要研究对象,本章探讨了《三体》英译中的副文本及其文化阐释功能,聚焦内外副文本在跨文化传播中的作用,分析译者如何利用这些策略应对文化差异,进行文化补偿,进而加强译作的可读性与接受度。

　　本章特别探讨了《三体》中的重要部分,即科技语的跨文化传递问题,分析译者如何通过语义衔接与文化转换实现科幻语言的跨文化重构,探索其翻译路径与策略的理论依据与实践操作。通过对《三体Ⅱ:黑暗森林》另一译者周华的访谈，分析其译者视角下的文化想象与翻译策略，以期为中国科幻作品的全球传播提供更为具体的经验与启示。本章通过对《三体》英译在跨文化传播中的多维探讨，揭示了翻译过程中涉及的文化权力、语言重构与全球传播策略，以期为中国科幻文学的国际化翻译与传播研究提供理论支持与实践参考。

第一节　《三体》英译中的文化场域与跨文化对话

《三体》系列的英译版本被誉为最具全球影响力的中国文学作品之一，成为中国文学进入英语世界主流市场的典范之作。这一文学现象引发了英语媒体的广泛关注，并在全球范围内获得了卓越的商业成功。文学作为一种象征性产品，承载了文化资本的多重功能，尤其是在全球文学场域中，某一国家的文学作品往往被视为其文化软实力、文学声望乃至经典地位的象征。在这种场域中，文学作品并不仅仅是审美创作的产物，还承担了文化价值的传播与符号化的任务。根据布迪厄的场域理论，全球文学场域内存在着主导与从属的关系，这一关系由权力结构和文化资本的分配决定。某些文学传统和作品由于其在全球范围内的影响力、历史积淀和文化认同，被赋予主导地位，掌握着象征资本的分配权，而其他文学则处于从属地位，需通过翻译、出版和推广等多种渠道争取话语权。文学场域中的这种主导与从属之争不仅反映了文化之间的冲突与竞争，也揭示了不同国家和文化如何通过文学作品争取全球文学市场的认同与接受。在这一过程中，政治影响、经济资本、文化地位等因素成为推动文学场域内权力转换的重要动力。《三体》的全球化传播是这一文学场域权力结构转变的一个重要案例。它从中国文学场域中的从属地位逐步跃升为全球文学场域的主导性力量，这一过程受到多重因素的共同推动。首先，经典中国国际出版工程与丝路书香出版工程等国家项目的推动为《三体》的翻译和国际出版提供了强有力的政策支持和资金保障。这些项目不仅体现了中国政府对文化输出的重视，也为中国文学作品的国际化提供了制度性保障。其次，译者刘宇昆的双重身份在这一过程中起到了关键作用。刘宇昆不仅作为中西文化的跨界者，成功地将《三体》的文化内涵融入西方语境，还凭借其科幻作家的身份在西方科幻界赢得了声誉，为作品赢得了更广泛的市场认可。此外，托尔出版社等国际知名出版机构的参与为《三体》提供了强大的出版和推广平台，使其得以在全球范围内实现有效的传播。通过对 BCC 和 NOW 语料库的系统检索与分析，本节将深入探讨这些翻译与出版力量如何协同作用，推动《三体》由从属文学场域向主导文学场域的成功转移。研究揭示了《三体》全球化传播的多层次运作机制，在这一过程中，《三体》不仅实现了文学文本的跨文化传播，还作为中国文化软实力的代表，体现了当代中国文学在全球文学格局中的新兴地位与影响力。

一、简介

刘慈欣的《三体》系列，包括《三体》《三体Ⅱ：黑暗森林》和《三体Ⅲ：死神永生》，在英语世界享有广泛的赞誉和高度评价（Deng & Goh，2022：186）。该系列通过描绘信息交流、人类与三体文明之间的生死较量，以及两大文明在宇宙中的兴衰，展现了恢宏的叙事格局和深刻的哲学思考。2015 年 8 月，《三体》系列的第一部英文版荣获雨果奖最佳长篇小说奖，使刘慈欣成为首位获得这一科幻文学顶级荣誉的亚洲作家。《三体》系列凭借其宏大的主题和广阔的视野，以科幻文学的形式深入探讨了人性，巧妙地融合了科学与人文精神。该作品不仅反映了对科技进步和文明发展的深刻思考，还揭示了人类在面对未知与危机时的复杂心理和行为。《三体》系列的成功不仅在于其内容的丰富性和深刻性，还在于它在国际间的广泛传播和接受。通过翻译，该作品突破了语言和文化的障碍，成为全球读者共享的文化财富。经典中国国际出版工程、丝路书香出版工程以及译者刘宇昆和托尔出版社的支持，进一步推动了《三体》系列的全球化传播。本节旨在探讨《三体》系列在英语世界中的传播路径及其影响，分析它在文学领域中从从属地位向主导地位转变的过程，并揭示这一转变背后的文化、社会和政治因素。通过对相关文献的系统梳理和数据的深入分析，本节将进一步阐明《三体》系列如何成为跨文化交流的重要案例。

二、布迪厄的场域理论与文化对话

翻译作为一种跨学科和跨文化的活动，涉及的不仅是特定领域内的权力动态，还常常引发不同国家文化之间的冲突。在这一背景下，社会背景可以被视作一个"场域"。布迪厄（Pierre Bourdieu）和华康德（Loïc Wacquant）对场域的定义是："场域是由不同位置之间的客观关系构成的网络或配置。这些位置的存在以及它们对占据这些位置的人、代理人或机构的影响，取决于它们在权力（或资本）分配中的当前和潜在状态。拥有权力的人决定了在该场域内获取特定利益的机会，同时，这些位置还受到它们与其他位置之间的客观关系（如支配、从属、同构等）的影响。"（Bourdieu & Wacquant，1992：97）

布迪厄的"场域"概念已经广泛应用于宗教（Bourdieu，1982）、文学（Bourdieu，1983）、社会阶层的生活方式（Bourdieu，1984）和高等教育机构（Bourdieu，1988）等领域。然而，布迪厄并未将"场域"概念引入翻译研究领域。直到古安维克（Jean-Marc Gouanvic），这一概念才开始被用于翻译研究。古安维克的研究揭示了在翻译过程中，各种因素和主体的互动如何影响翻译的形成。他认为，翻译的实践不仅具有高度的合法性，而且在不同的社会场域中具有权力属性，因此翻译协议在这些场域内不断被重新谈判（Gouanvic，1997：146；Gouanvic，2002：167）。

整个社会可以看作一个大的场域，其中包含政治场域、经济场域、文学场域和权力场域等多个独立的子场域（Bourdieu，1983）。布迪厄（1977：81）指出，在高度分化的社会结构中，这些子场域作为具有自己独特逻辑和必然性的客观关系空间存在。这些子场域相互交织，彼此之间经常会相互影响和制约。

在翻译研究领域，政治通常被认为是贯穿整个翻译历史的重要力量。然而，正如社会中的话语权力并不均等分配，翻译过程中的权力交换也不是完全平等的。在全球化背景下，全球经济发展的不平衡和权力的不均等导致了文化交流的不对等，这不仅仅是翻译活动的表象，更是其背后的动力。尽管文学场域有其自身的规则体系，文学翻译的运作主要由专业人士和资助者主导，因此翻译活动与文学领域（即专业人士）及支持力量（即资助者）密切相关。这种关系的强度在不同的时间和国家中有所不同。因此，从这个角度来看，翻译不仅是一个文学活动，更是一个受各种力量影响的过程。

三、《三体》系列的社会翻译学研究回顾与问题提出

翻译活动并非在孤立的环境中进行，将翻译仅视为纯粹的语言转换活动存在一定的局限性。《三体》系列作为英语世界中最著名的中国文学作品，其社会学研究仅限于 9 篇相关文献。宋升华（2017）探讨了外国出版商的资本支持，但其研究主要集中于译者本身，未对翻译环境进行深入分析。李慧（2017）研究了作者及原文本身所具备的资本、译者和出版商的资本角色，但未涉及翻译文本的整体语境。杨晶妍（2017）的研究集中于译者的文化资本、象征资本、原作的象征资本以及出版商的社会资本，并探讨了译者的惯习。刘璟莹（2019）关注于译者的惯习、资本积累策略以及翻译技巧。单春艳（2019）的研究则专注于译者的惯习及目标语言读者的惯习。张林熹（2019）分析了刘宇昆的翻译行为，而任晶蕾（2020）则限于译者的惯习和翻译策略。邓高胜（Gaosheng Deng）和吴尚雄（Sang Seong Goh）探讨了社会资本、文化资本及象征资本在《三体》系列传播和接受中的积极作用，指出如奥巴马等名人的社会资本、雨果奖的文化资本、克拉克的象征资本以及《流浪地球》的票房奇迹等因素对三部曲的推广及读者吸引力的影响（Deng & Goh, 2022）。吴攸（You Wu）的研究支持了作者的积极推动作用、外国和中国出版商的中介作用，以及多媒体平台如 Facebook、Twitter、YouTube 和 Goodreads 在国际翻译传播中的应用（Wu, 2020）。然而，尽管吴攸提到中国出版商的资本支持为翻译活动创造了有利环境，但未进一步探讨翻译的政治、经济及文化背景。

尽管现有研究探讨了翻译过程中涉及的各类资本和惯习，但大多缺乏对

翻译环境的全面考察。翻译活动不仅是语言转换的过程，更是一个复杂的社会过程，涉及政治、经济、文化等多方面因素的互动。因此，未来研究应更多关注翻译活动的整体环境，探讨其背后的政治、经济和文化背景，全面理解《三体》系列在国际上的传播与接受过程。

综上所述，基于布迪厄社会学理论的现有研究在资本和惯习方面已取得一定成果，并引发了学术界对社会翻译研究的关注。然而，针对《三体》系列英文翻译的社会学研究仍显不足，特别是在场域和翻译环境的系统性探讨方面。

场域理论通过关系主义的方法研究影响翻译活动的各种动态和变量，重点关注社会文化变量与翻译生产之间的双向互动。这种方法有可能偏离传统的语言研究范式（即关注语言间转换）以及文化研究范式中的意识形态决定论。随着时间的推移，翻译的性质也在不断演变，文化和经济发展的需求促使我们超越纯粹的语言和文化界限。有效研究翻译的社会性质需要将其置于由出版商、赞助者、译者等多方参与者共同塑造的社会经济背景中。

本研究旨在填补这一文献空白，拟探讨以下问题：

1. 在为《三体》系列创造有利的翻译场域和外部环境方面，中国的官方和机构采取了哪些具体措施？这些措施对该作品的翻译和传播产生了怎样的影响？

2. 非政府力量（如民间组织、私人机构等）在为《三体》系列创造有利的翻译场域和外部环境方面作出了哪些努力？这些努力对该作品的翻译和传播产生了怎样的影响？

通过对这些问题的探讨，本研究将揭示《三体》系列在国际传播中的复杂动态，以期为理解翻译活动的社会性质提供新的视角和方法。

四、研究方法论述

描述性翻译研究，也称"实证研究"（Tymoczko，1999：25），将翻译视为嵌入时代背景、政治、意识形态、经济和文化等复杂系统中的现象进行分析。这一研究方法关注影响翻译材料选择、翻译策略及翻译接受的多重因素

（Hermans，2004：21），以文本的内外部因素为研究起点 （Toury，2001：65），涵盖翻译本身以及译者、编辑和出版商的相关言论。

描述性研究主要用于探讨中国官方和非政府力量对创建有利翻译场域和环境的影响。研究者可以通过对新闻报道和评论内容的系统分析来实现这一目标。例如，通过分析 BCC 语料库和 NOW 语料库中的新闻数据，研究中国官方对中国文学作品国际化的政策支持 （从相关部门和机构的官方网站新闻报道中获取），以及非政府翻译活动的内容、数量和规模，考察非政府力量对中国文学作品走向国际的支持 （同样从相关部门和机构的官方网站新闻报道中获取）。

五、研究结果与分析

1. 政治场域的跨文化再现

文学翻译不仅是文化交流的一种形式，同时也是一个展示和推广文化影响力的策略性项目。场域被视为一个相对独立的社会子系统，具备其自身的逻辑和运作规律。它不仅仅是指地理上的空间，也不是单纯的意识形态范畴。

布迪厄提出："任何社会形态都是通过一系列按层级组织的场域来构成的（如经济场、教育场、文化场等），每个场域都被定义为一个具备特定运作规则和力量关系的结构化空间，这些规则和关系通常独立于政治和经济领域的力量关系，当然，经济场和政治场的情况例外" （Bourdieu，1993：6）。

虽然布迪厄并未对政治场域进行明确的界定，但在文学翻译的研究框架下，政治场域可以被理解为因政治因素而影响文学作品跨国传播的领域。这一领域反映了政治关系和文化交流的复杂互动。具体而言，政治场域在文学翻译中的作用体现在它对某些作品在特定国家或地区获得支持和传播的影响。研究文学翻译中的政治场域，可以揭示国家如何通过文学传播其价值观，以及该场域对其他国家或地区文化认同的潜在影响。

在原语言环境中存在的任何抽象观念和主观概念，通过翻译进入目标社会的话语体系，预期实现其功能。国家的影响力在翻译活动中起到了重要作用，决定了哪些观念或概念能够进入目标社会的话语体系，进而强化国家在场域中的地位。这种话语建构功能凸显了国家在翻译过程中的干预。各国政府资助本国文学作品翻译和出版，已成为常见现象。例如，荷兰文学制作与翻译基金会（The Foundation for the Production and Translation of Dutch Literature）和以色列希伯来文学翻译研究所（Institute for the Translation of Hebrew Literature），都是由国家资助来促进本国文学作品传播和发展的典范。

文学界是一个层级分明且充满竞争的场域，其中语言资本和文学资本的竞争尤为显著。语言作为文学资本的基础，涉及文学体裁、形式以及诗歌传统等方面。因此，文学场域之间的竞争本质上是语言之间的竞争。一些文学场域因积累了更多资本而被认定为"主导"场域，而其他场域则处于"从属"地位（卡萨诺瓦，2015：153 – 170）。尽管汉语、阿拉伯语、印地语等语言拥有深厚的历史背景和广泛的使用者群体，它们在全球文学界仍处于从属地位（Casanova，2009：290）。这些语言虽然在其使用者中占据重要地位，但其使用范围多局限于特定地区。此外，这些语言的使用情况还受到历史与社会因素的影响。例如，殖民时期欧洲语言的广泛传播使其成为国际交流的主导语言，而其他语言则面临挑战。这一历史过程导致了欧洲语言在全球范围内的广泛传播和使用。

当一个新成员进入或退出某个领域时，其身份发生显著变化，这一现象被称为"神圣化"（Bourdieu，1981：265）。神圣化意味着其地位和发展路径经历了显著的转变。在文学场域，神圣化的表现形式包括作品获得著名评论家的认可、在各种文学体裁中得到体现，以及作品的文学性和合法性得到确认（Casanova，2004：126）。

人们参与社会经济网络的动机多种多样，而翻译作为其中的一种手段，是参与者实现自身利益的一种方式。不同的利益诉求可能会对翻译过程提出不同的要求。在源语环境中存在的任何抽象观念、非理性思想或社会现象，都可能通过翻译进入目标社会的中心，并在此过程中发挥新的功能。参与者在翻译活动中的角色取决于他们的参与程度，可以将其分为核心参与者（如直接参与翻译工作的译者和出版商）与边缘参与者（如间接参与翻译活动的机构等）。尽管边缘参与者可能不会直接从事翻译活动，但他们对翻译过程的影响依然不可忽视。

（1）《三体》系列英译的赞助者

图书作为文化和思想传播的重要媒介，其版权交易依然是推动国家图书在国际市场上推广的主要方式之一。图书的出口和国际出版不仅是传播国家文化的关键途径，也是国家文化软实力的体现。国际出版在某种程度上反映了国家的文化传统、创新能力和意识形态，从而塑造了国家在全球舞台上的文化形象。国家图书的数量被视为衡量其全球文化影响力的重要指标（钱凤强、刘叶华，2016：42）。

根据 BCC 语料库中的新闻（见图 2），《三体》系列的翻译和传播得到了经典中国国际出版工程、丝路书香出版工程等政府资助项目的支持。这些项目作为中国政府推动国际文学传播的举措，通过资金支持，促使《三体》系列及其他中国文学作品从相对边缘的领域走向国际市场，同时在一定程度上改善了中国文学的全球传播环境。

图 2　BCC 语料库截图

国际文学作品的出版通常涉及翻译、编辑及出版等多个成本高昂的环节。由于市场风险较高，若预期利润不足，商业出版商可能不愿承担相关财务风险。政府的经济支持能够为这些过程提供必要的资金，推动文学作品的国际出版和传播。此外，政府资助还可以促进文学作品的多样性与区域性，增强国家的文化软实力，从而提升国际地位。

进入 21 世纪，中国的相关文化机构规划并实施了多个资助项目，旨在推动图书的翻译与传播。2009 年，国家新闻出版广电总局启动了经典中国国际出版工程（Classic China International Publishing Project）。作为一项国家级的出版资助项目，该工程自设立以来便受到了国内外出版界的广泛关注。该项目向国内外出版机构提供资助，允许外国出版商通过签署资助协议直接获取翻译和出版资金（钱风强、刘叶华，2016：42）。自 2013 年起，多个外国出版商和版权代理机构，如《三体》英文版的美国出版商托尔出版社（Tor Books），开始参与这一项目（蒋欣，2018：28）。目前，经典中国国际出版工程已逐渐吸引了众多国际著名出版机构的参与，包括美国的托尔出版社、企鹅兰登书屋（Penguin Random House）、西蒙与舒斯特（Simon & Schuster）、约翰·威利父子出版公司（John Wiley & Sons, Inc.）、圣智学习出版公司（CENGAGE Learning），英国的麦克米伦出版公司（Macmillan Publishers Limited）、泰勒–弗朗西斯出版集团（Taylor & Francis Group），德国的施普林格出版集团（Springer Group），法国的菲利普·毕基埃出版社（Editions Philippe Picquier），加拿大的哈珀柯林斯出版社（Harper Collins Publishers），荷兰的莱顿大学出版社（Leiden University Press），日本的日本侨报社（Duan Press）等。

该项目采用专家评审制度来确定资助对象，并建立了由政府官员、国内外从业者以及翻译、文学、哲学、历史、经济学、社会学等领域的学术专家组成的评审专家库。这些专家在各自领域中享有高度的声誉和权威，擅长识别和培育有潜力的作者。例如，中国教育图书进出口有限公司与托尔出版社签订合同，为《三体》英文版申请了翻译和出版资助，旨在引进高水平的翻译人才。经典中国国际出版工程的评审专家认为，《三体》系列作为中国科幻文学的代表作，具有显著的市场潜力，因此批准了该项目的翻译资助（钱风强、刘叶华，2016：42）。考虑到《三体》在中国的广泛受欢迎程度，评审专家进一步确认其在国际市场上的成功潜力，并认为财政支持是推动其国际翻译和出版的关键途径，从而促进其全球传播。这一举措进一步凸显了政府对文化产业及其软实力的重视和支持。

《三体》系列由刘宇昆（Ken Liu）① 和周华（Joel Martinsen）② 翻译成英文。英文版《三体》于 2014 年发布，并在 2015 年 8 月获得了科幻文学领域的最高荣誉——雨果奖。这不仅显示了政府资助的翻译项目在推动中国文学海外传播中的积极作用，也表明中国科幻文学成功进入西方主导的文学与文化市场。

经典中国国际出版工程自 2009 年至 2021 年共资助了 1637 种中国图书，其中 418 种（占比 25.5%）为文学作品，涵盖经济学、科学技术、法律、历史、地理、建筑、艺术、宗教、环境等多个学科领域。这表明该项目在支持文学作品方面的显著投入。2013 年，该项目资助了刘慈欣《三体》系列的英文翻译和出版，并在 2015 年和 2017 年分别资助了刘慈欣《球状闪电》和《超新星纪元》的英文版。此外，该项目还资助了《三体》系列的挪威文版（2019 年）、《球状闪电》的日文版（2020 年）、《超新星纪元》的德文版（2020 年）、《流浪地球》的阿拉伯文版以及《当恐龙遇上蚂蚁》的西班牙文版。

《三体》的成功展示了资助项目在推动中国文学作品国际传播中的重要作用，为其他中国文学作品的海外出版提供了参考模式和激励机制。基于此，经典中国国际出版工程继续支持并推广刘慈欣的其他科幻作品，旨在提升中

---

① 刘宇昆（Ken Liu，1976 年—）是一位美籍华裔科幻及奇幻作家，同时兼任翻译员、律师和计算机工程师。刘宇昆于 1976 年出生于中国甘肃省兰州市，后随家人移民至美国，在哈佛大学获得了英文学和法学的双学位，同时辅修计算机科学。毕业后，他在微软和 Idiom Technologies 担任软件工程师，并随后进入哈佛法学院攻读法学硕士研究生学位。法学硕士研究生毕业后，他在波士顿从事知识产权和技术类案件的律师工作。2017 年，他辞去了律师职务，专注于写作。刘宇昆的写作生涯始于 2002 年，他的作品《迦太基的玫瑰》首次引起了美国文学界的关注。2012 年，他凭借短篇小说《手中纸，心中爱》（The Paper Menagerie）赢得了星云奖最佳短篇故事奖和雨果奖最佳短篇故事奖，成为首位同时获得这两项世界科幻文学大奖的华裔作家。2013 年 9 月，刘宇昆凭借《物哀》（Mono no Aware）再次获得了雨果奖最佳短篇小说奖，进一步巩固了他在国际科幻文学界的地位。刘宇昆还积极推动中美文化交流，曾将刘慈欣、郝景芳、陈楸帆、马伯庸、夏笳等中国科幻作家的作品翻译成英文并在国际上发表。他于 2012 年 11 月签约担任《三体》的英文翻译，2015 年 8 月，他翻译的《三体》获得了雨果奖最佳长篇小说奖。此外，他于 2016 年 8 月翻译的郝景芳小说《北京折叠》也获得了雨果奖最佳中短篇小说奖。刘宇昆的工作不仅涵盖了创作与翻译两个领域，还涉及跨文化交流，为促进中美之间的文学与文化互动作出了重要贡献。

② 周华（Joel Martinsen），美国人，毕业于美国马里兰大学，是刘慈欣科幻小说重要译者之一，翻译了《三体Ⅱ：黑暗森林》（2015）、《球状闪电》（2018）和《超新星纪元》（2019）三部长篇小说，《思想者》（2011）、《时间移民》（2020）、《欢乐颂》（2020）和《地火》（2020）四部短篇小说。

国文学作品的国际知名度和传播力，增强中国的文化影响力。对刘慈欣其他科幻作品的持续资助和国际出版，有助于扩大其读者群体，提升其在国际文学界的声誉和影响力，从而进一步激发国际读者对《三体》系列以及中国文学和文化的兴趣。

由于中国文化在海外的传播能力仍然有限，仅依靠图书版权贸易市场的内部竞争机制来推动传播存在显著挑战。政府对翻译和出版的资助，通过外部支持，显著缩短了翻译和出版的生产周期，使中国图书逐步在主流海外书市中崭露头角。

（2）《三体》系列国际 IP 的推动者

如果说经典中国国际出版工程在将《三体》推向国际舞台方面起到了关键作用，那么丝路书香出版工程则在保持《三体》在国际上的热度方面发挥了重要作用，并最终促使该系列在 2022 年 9 月跻身中国年度十大 IP 之列。作品能否达到经典地位并转化为知识产权（IP），通常依赖于其持久的艺术价值和商业潜力。一些作品可能会经历短暂的流行，但如果缺乏深厚的艺术内涵，它们终将逐渐被遗忘。反之，如果作品能够得到持续的推广和宣传，就有更大的机会获得广泛的认可和接受，最终成为经典。进一步来说，具备商业价值的作品可以转化为 IP，推动电影、电视剧和游戏等娱乐产品的开发，从而进一步增强其影响力和商业价值。因此，持续的推广和营销策略是促使作品逐步经典化并实现 IP 转化的关键因素。

2014 年 12 月 5 日，中共中央宣传部批准实施丝路书香出版工程，这是中国"一带一路"倡议的重要项目之一，由国家新闻出版广电总局负责组织和实施。该项目的启动标志着中国文学国际传播新阶段的开启（宋婷，2017：144）。丝路书香出版工程借助"一带一路"倡议的深入推进，优化了中国文学的国际生产环境。自 2015 年起，中国政府积极倡导和推动"一带一路"倡议，相关领域随之制定了一系列推广方案。例如，中国设立了"一带一路"专项奖学金和"丝绸之路青年学者资助计划"，实施了科学与人文交流项目，建立了教育合作联盟、"一带一路"新闻合作联盟、"一带一路"国家出版合作机制，推进了"一带一路"图书馆合作项目以及"一带一路"版权贸易合作计划。这些措施为中国文学的国际翻译与出版提供了直接或间接的有利条件（王珺，2019：6）。

自 2015 年起，丝路书香出版工程累计资助了 2550 种中国书籍的国际出版与发行，至 2021 年底，资助数量每年保持在 250 至 450 种之间，逐渐稳定在每年约 300 种。表 5 展示了丝路书香出版工程在不同年度对中国书籍翻译支持的具体数据。

表 5　丝路书香出版工程年度资助书籍数量统计表

资助年份 （年）	英译项目数量 （种）	文学翻译项目数量 （种）	中文书籍翻译资助总计 （种）
2015	97	177	546
2016	47	114	439
2017	38	63	272
2018	46	95	375
2019	34	60	286
2020	46	74	308
2021	24	88	324

自 2015 年启动以来，丝路书香出版工程在 7 年内资助了《三体》系列的九种语言版本的翻译与出版，包括匈牙利语（2015 年）、土耳其语（2015年）、波兰语（2016 年）、捷克语（2016 年）、泰语（2016 年）、俄语（2017年）、印尼语（2019 年）、荷兰语（2020 年）以及希伯来语（2021 年）。这些翻译和出版工作显著提升了《三体》系列的全球影响力。

此外，丝路书香出版工程不仅支持了《三体》系列的国际传播，还资助了刘慈欣其他科幻作品的翻译和出版。例如，该项目资助了《超新星纪元》的越南语翻译（2018 年），以及《流浪地球》和其他科幻作品的波兰语翻译（2020 年）和俄语翻译（2021 年）。这些资助活动不仅提升了中国科幻文学在国际市场的曝光度，也为中国科幻文学的进一步全球传播奠定了坚实的基础。这一过程体现了政府资助在推动中国文学全球化中的重要作用。

《三体》系列获得了多个国际科幻文学奖项，包括库尔德·拉斯维茨奖（The Kurd Laßwitz Award，2017 年，德国主要科幻文学奖）、凯尔文奖（Premios Kelvin）和诡秘奖（Premios Ignotus，2017 年，西班牙权威科幻奖）、意大利国际科幻奖（Premio Italia，2018 年，意大利国际科幻奖）以及星云奖（The Seiun Award，2020 年，日本顶级科幻奖）。以上奖项不仅显著提升了《三体》系列的全球影响力，还推动了其多语言版本的广泛传播。该作品在全球范围内的销售持续增长，并于 2022 年 9 月被评选为 2021 年度中国十大国家知识产权（IP）之一。根据中国教育图书进出口有限公司的统计数据，《三体》系列的多个语言译本受到了国际主流媒体的高度评价，包括《纽约时报》（The New York Times，美国）、《华盛顿邮报》（The Washington Post，美国）、《世界报》（Le Monde，法国）、《明镜周刊》（Der Spiegel，德国）、《国家报》（El País，西班牙）、波兰国家广播电台（Polish National Radio）、芬兰国家广播电台（Finnish National Radio）以及瑞典国家广播电台（Swedish National Radio）。截至 2020 年 7 月，由中国教育图书进出口有限公司负责的《三体》系列已在 26 种语言中实现版权出口，全球累计销售超过 260 万本，其中英语版本被超过 1350 个国际图书馆收藏（吴瑾瑾，2021：173）。

《三体》系列在特定国家的流行程度反映了其在该文化环境中的接受度和读者基础，但这可能限制其影响力的范围。相比之下，《三体》在多个国家的受欢迎程度表明，该作品的艺术价值和吸引力超越了单一文化的局限，能够触及更广泛的国际受众并产生深远的影响。该系列在多个国家获得重要奖项以及在主流媒体中被广泛报道，显示了该作品在全球范围内获得广泛认可，进一步巩固了它作为具有持久艺术价值的作品的地位。这些荣誉不仅提升了《三体》系列的商业潜力，还为其衍生的娱乐产品（如文学改编、影视作品和游戏开发等）提供了广阔的发展前景。

在文学领域的政治场域中，新兴作品可以通过正统或非正统的策略进行定位。西方文学通常采取正统策略，以维持其在文学领域中的优势地位。而文化背景较弱的主导文学则可能采取非正统策略，通过权力干预和资本支持，挑战现有市场结构和意识形态，突破传统的文学等级体系。这种策略旨在重塑文学领域的权力结构，提升作品在全球文学市场中的话语权和影响力。

2. 文学场域的翻译策略与挑战

文学场域可以看作一个复杂的竞争场景，各种资本的争夺是主要的内容。为了确保这一过程的有效进行，参与者需要对游戏规则和资本达成一致，这种一致性反映了对领域内部规则的共同认同（Bourdieu 1984：114；Bourdieu & Wacquant 1992：98）。在布迪厄的场域理论框架下，文学场域被理解为一个多层次的背景和要素体系，涵盖了文学作品的翻译与传播，包括译者、读者、语言的文化背景、历史与社会环境、出版与传播渠道，以及相关的文学评价和批评等。

文学作为一种特殊形式的权力，其运作模式与资本类似，但有自己独特的规则。尽管如此，文学的独立性通常是相对的，因为它往往需要在机构或经济场域中进行交换。随着时间的推移，文学场域逐渐从政治和经济场域中分化出来（Swartz，2012：147）。在这一过程中，文化生产者及其创作的文化产品不仅反映了他们在文化生产斗争中的地位，还显示了他们如何争取和巩固主导地位（Swartz，2012：151）。文化生产场域的动态不仅由文化商品生产场域的功能逻辑决定，还受到虚构作品及其差异化策略的影响。

（1）《三体》系列在美国科幻场域引介的引导者

文学场域既是权力动态变迁的场域，也是权力博弈的竞技场。在这个场域中，参与者根据自身在权力结构中的位置和所掌握的资本制定策略，其策略的总体方向受到其在前期斗争中获得资本的制约（Gouanvic，2005：151）。刘宇昆作为《三体》系列的主要译者，具有显著的学术声誉和影响力。他的翻译工作预计将吸引更多美国读者。刘宇昆拥有双重文化背景，对中美文化和社会有深入的理解。他的翻译有助于中国科幻作品在跨文化传播中克服语言和文化障碍，从而促进中美文化交流。这种跨文化的桥梁作用不仅能够扩大译者在中国的读者群体，也将提升其作品在中国的影响力。

中国科幻小说的历史可追溯至古代的神话与奇幻文学。这些古代作品虽蕴含超自然和奇幻元素，与现代科幻小说在某些方面存在相似之处，但因其属于古代幻想文学的范畴，不能直接归为现代意义上的科幻小说。现代中国科幻小说的起点可以追溯到 1891 年，当时李提摩太（Timothy Richard）将爱德华·贝拉米（Edward Bellamy）的《回头看纪略》（*Looking Backward*）翻译成中文，标志着现代科幻在中国的首次传播。然而，直到 1964 年，老舍的《猫城记》（*City of Cat*，也译作 *Cat Country*）由詹姆斯·E. 迪尤（James E. Dew）翻译成英文，中国科幻小说才首次进入国际视野。自此，中国科幻文学逐渐扩展至国际市场。据统计,从 1964 年至 2010 年,共有 15 部中国科幻小说被翻译成英文,而在 2011 至 2014 年期间,这一数字激增至 59 部(高茜、王晓辉,2021)。特别是 2015 年,刘宇昆翻译的《三体》获得雨果奖,这标志着中国科幻文学在国际上的重要突破,同时也是亚洲科幻首次获得此殊荣。

自 2015 年以来,英语世界对中国科幻文学的关注显著增强,翻译和出版数量达到了前所未有的高度。然而,这一发展离不开科幻译者的卓越贡献。刘宇昆作为重要译者之一,在 2015 至 2020 年间翻译了 36 部中国科幻小说。在此期间,共有 150 部中国科幻小说被翻译并在英语世界出版(高茜、王晓辉,2021)。表 6 展示了刘宇昆翻译的中国科幻小说的详细信息。

表6 刘宇昆翻译的中国科幻小说汇总表

译作(原作名称)	作者	出版年份(年)
The Fish of Lijiang(丽江的鱼儿)	陈楸帆	2011
The Mark Twain Robots(马克·吐温机器人)	马伯庸	2011
The City of Silence(寂静之城)	马伯庸	2011
A Hundred Ghosts Parade Tonight(百鬼夜行街)	夏笳	2012
Taking Care of God(赡养上帝)	刘慈欣	2012
The Flowers of Shazui(沙嘴之花)	陈楸帆	2012
The Three-Body Problem(三体)	刘慈欣	2014
Death's End(三体Ⅲ:死神永生)	刘慈欣	2016
The Snow of Jinyang(晋阳三尺雪)	张冉	2016
Invisible Planets(看不见的星球)(科幻小说集,包含13部科幻小说)	刘慈欣、陈楸帆、夏笳、马伯庸、郝景芳、糖匪、程婧波	2016
The Robot Who Liked to Tell Tall Tales(爱吹牛的机器人)	飞氘	2017
Fields of Gold(黄金原野)	刘慈欣	2018
Waste Tide(荒潮)	陈楸帆	2019

续表

译作（原作名称）	作者	出版年份（年）
The Redemption of Time（三体 X·观想之宙）	宝树	2019
Broken Stars（碎星星）（科幻小说集，包含 16 部科幻小说）	夏笳、张冉、糖匪、韩松、程婧波、宝树、郝景芳、飞氘、刘慈欣、吴霜、马伯庸、顾适、王侃瑜、陈楸帆	2019
Vagabonds（流浪苍穹）	郝景芳	2020

郝景芳（《北京折叠》作者，获雨果奖）在《奇点遗民》（*Staying Behind*，2017）的前言中指出，"刘宇昆不仅是一位杰出的翻译家，更是一位卓越的作家。他在翻译中国科幻文学作品时，深怀对中国科幻文学的情感与责任，推动了这些作品的国际传播。没有他的高水平翻译与推广，中国科幻文学可能难以在国际上获得广泛认知"。从图 3 可以看出，《三体》的英文译本在表达上更贴近作者的创作意图。刘宇昆在英文翻译中所作的重要调整，实际上提升了《三体》的整体呈现效果。此外，他在翻译过程中对原文中的性别偏见问题进行了有效修正，避免了对性别歧视内容的直接翻译。这些翻译策略不仅忠实传达了原作意图，也提高了作品在国际语境中的接受度。

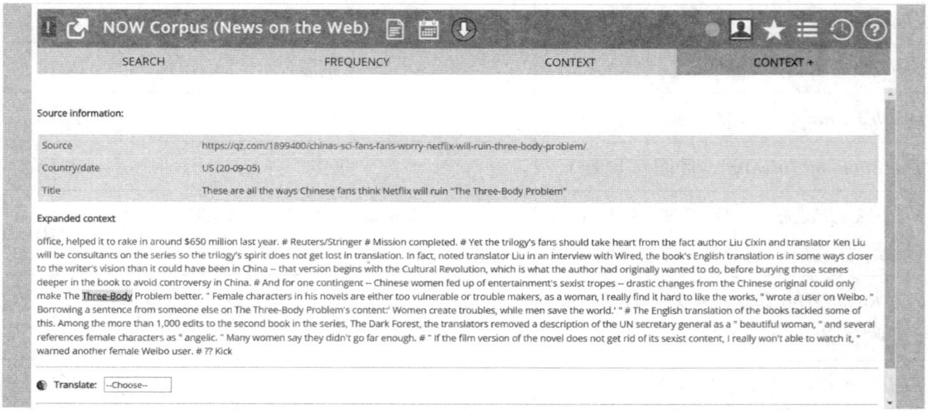

图 3　NOW 语料库截图

文化翻译的实践在很大程度上受到文化差异和译者身份的影响。从海外华人的视角来看，文学翻译不仅是跨文化交流的重要手段，也是文化教育的平台（孙艺风，2006：6）。根据奎迈·安东尼·阿皮亚（Kwame Anthony Appiah）的理论，这种翻译方式被称为"厚翻译"（thick translation），其目标在于通过文学作品的翻译向读者传达文化的深层次信息。厚翻译通常通过注释和解释的方式，将翻译文本置于其语言和文化背景中（Appiah，1993：817），以展现源文本的文化语境，从而揭示文本隐含的意义，并体现译者的翻译意图。

刘宇昆在《三体》中采用了英文小说中不常见的脚注形式，以帮助英语读者更好地理解书中丰富的中国文化背景。他的翻译原则是"提供的脚注信息旨在满足读者对故事内容的基本理解需求，同时，对于有深入兴趣的读者，亦可通过在线资源进一步探索"（尹文卓，2018）。根据对《三体》第二部的译者周华的采访（Deng & Goh，2023），他曾与刘宇昆、作者刘慈欣、版权持有者以及其他科幻作家讨论翻译过程中的诸多方面。相比之下，中文版本中的脚注主要用于解释科学术语、介绍名人背景，或将英文缩略语翻译成中文，而非保持英文缩略语的形式。

刘宇昆在《三体》第一部翻译中加入了大量脚注。作为《三体》系列英文版的编辑，利兹·格林斯基（Liz Gorinsky）决定保留这些脚注，原因在于刘宇昆已经确立了这一翻译风格。因此，编辑团队向周华提出了诸多问题，并指出了他们认为适合添加脚注的文本位置。根据这些要求，周华起草了大量脚注，形成了最终的脚注版本。

在《三体》第一部的英文版中，刘宇昆共添加了37个脚注（以下分类有重叠，某些脚注同时属于多个分类），其中包括：15个关于政治文化的注释，7个涉及具体事物（如地名、物品等），5个关于历史和文化的注释，4个关于历史人物的解释，3个涉及天文学知识的注释，2个关于汉语特殊表达的说明，1个关于宗教文化的注释，1个解释原词意义的注释，以及1个解释隐含姓名含义的注释。刘宇昆通过这些脚注，不仅阐释了翻译的社会意图和读者期望，还向读者介绍了故事的文化和意识形态背景。这些脚注扩展了英文版《三体》的文化参照，从原文本的点状信息延伸到更广泛的背景介绍，帮助英语读者了解中国的政治文化（如干部和牛棚）、历史与文化背景（如战国时期、商朝周王）及历史人物（如墨子）和其代表性的思想内涵。通过这些脚注，翻译完成了推动中国文化和思想全球传播的目标。

类似于书籍的封面，读者通常也会关注书籍的封底。封底不仅对封面内容进行补充，还常常包含知名专家的推荐，这种推荐有助于提升书籍的信誉和权威性。正如库马尔（Kumar）所指出的，"书评索引及其他出版物可以协助读者找到他们感兴趣的书籍"（Kumar，2018：34）。名人由于其作为意见领袖的身份，具有显著的影响力，能够深刻影响公众的思想和决策（Harvey，2014：13）。

在竞争激烈的市场环境中，作者、译者和出版社通常会邀请名人和领域内的知名专家撰写书评和推荐，以提升其市场竞争力，并通过名人的影响力进行宣传和推广（滕雄、文军，2017：82）。《三体》系列最初于2006年在《科幻世界》杂志上连载，该杂志在中国科幻界享有极高的声誉。小说出版后，迅速赢得了中国科幻读者的高度评价（顾忆青，2017：11）。在出版的第二年，它荣获第十八届中国科幻银河奖，这是中国科幻领域的最高奖项。银河奖不仅激励了作者继续创作《三体》系列，还为该小说单独出版提供了资金支持，并使其获得了来自知名中国科幻作家的联合推荐，从而进一步巩固了其在市场中的地位。

著名中国科幻作家韩松、王晋康和吴岩从不同角度对《三体》系列进行了评价。韩松指出，该系列作品从叙事和构思的层面，几乎完美地融合了中国五千年的历史与150亿年的宇宙现实；王晋康则从意识形态的角度分析了该作对历史与现实的深刻反思，以及对人类灵魂的宇宙展望；吴岩则强调了该作展示的人类文明在宇宙中的历程，带来的震撼、感动与思考。

然而，鉴于中国科幻文学在全球科幻领域中仍处于相对边缘地位（刘健，2021：62），中国著名科幻作家的推荐对国际读者的影响有限。因此，在英文版《三体》中，所有的中国名人推荐被替换为国际科幻领域的权威推荐。为了使具有东方神秘色彩的《三体》引起英语读者和媒体的广泛关注，刘宇昆邀请了多位国际知名科幻作家，为三部曲争取到了全球科幻领域专家和读者的认可。

在这些推荐中，大卫·布林（David Brin），一位四度获得雨果奖的科幻作家，评价频率最高。他在《三体》系列每一部英文版的封底上都撰写了推荐语。在第一部中，布林指出："《三体》对当前时代的一系列重大问题进行了深刻反思。刘慈欣无疑站在了所有语言科幻作家中的顶尖位置。刘宇昆的流畅翻译使这部作品成为任何真正希望探究大胆新视角的读者的必读之作。"在第二部中，他评价道："《三体》系列或许是21世纪科幻文学中最伟大的史诗之一。"在第三部中，布林进一步指出："《三体》史诗以其宏大的叙事规模、广泛的视野及崇高的风范圆满结束，堪与弗雷德里克·波尔（Frederik Pohl）、保尔·安德森（Poul Anderson）及赫伯特·乔治·威尔斯（H. G. Wells）等著名科幻作家的作品相媲美。"

《三体》还获得了金·斯坦利·罗宾逊（Kim Stanley Robinson，多次荣获雨果奖和星云奖）的高度赞誉，他称其为"最优秀的科幻作品，既熟悉又充满新奇"。罗宾逊在第一部的英文版封底上进一步评价道："我期待能阅读到刘慈欣更多的作品，并对这部杰作表示由衷的赞赏。"

在《三体》系列的评价中，本·波瓦（Ben Bova）、阿丽耶特·德·波达尔（Aliette de Bodard）、麦克·雷斯尼克（Mike Resnick）、安娜丽·奈维茨（Annalee Newitz）和拉维·提德哈（Lavie Tidhar）等知名科幻作家也纷纷给予高度评价。六次获雨果奖的波瓦称赞此作为"由一位新兴强声带来的首屈一指的科幻佳作"，并指出"作者展示了中国过去与未来的深刻视角"。波达尔（三次获星云奖、三次获英国科幻协会奖）则表示："该作品融合了虚拟现实、外星入侵和激动人心的科学，成功赋予了这些元素全新的面貌。它是对中国及世界历史的深刻探索。"雷斯尼克（五次获雨果奖）认为此作"完全配得上所有赞誉"。奈维茨（雨果奖得主）则指出："如果你对计算机感兴趣，这本小说应列入你的必读书单。"提德哈（获得多个奖项，包括世界奇幻奖和约翰·W. 坎贝尔纪念奖）则称其为"无可比拟的杰作"。

刘宇昆的翻译工作不仅仅是语言转换的过程，更是文化传播的重要环节。中国科幻作家夏笳在给刘宇昆的邮件中惊叹道："我简直不敢相信这些人真的读了《三体》系列。"刘宇昆则回应道："我让他们读了"（尹文卓，2018）。

国际著名科幻作家的推荐对《三体》系列的全球传播具有深远的影响。

这些作家在其本国及国际上享有卓越声誉和广泛影响力，其背书显著提升了《三体》系列在全球的知名度和接受度。知名科幻作家的推荐不仅为《三体》系列提供了专业性和权威性的认可，还增强了作品在国际范围内的认可度，助推该作品获得重要奖项和荣誉。

在文学场域中，政治人物若希望介入并获得承认，必须首先在文学界中赢得一定的认同，例如通过获得文学评论家的积极评价，从而提升其在该场域的合法性和认可度。这种不同场域参与者之间的相互影响与认可被称为"折射效应"。在这一过程中，刘宇昆作为《三体》系列在美国科幻场域的引荐者和推荐专家，发挥了关键的引导作用，为该作品在国际科幻界的合法化和认可提供了重要支持。

（2）《三体》系列在美国的强有力支持

在以市场为导向的文学场域中，译者作为文化资本的持有者，具有显著影响力，而出版商则通过利用其商业利益的幻象，最大化书籍的经济效益，结合文学和社会资本来实现这一目标。书籍封面设计是吸引读者的重要手段之一，不仅传递了作品的基本信息，还呈现了作者、译者和出版商希望传达的视觉形象（胡清韵、谭渊，2021：110）。与中文版的标准出版流程不同，《三体》系列的英文版封面得到了外国出版商托尔出版社的特别重视，并邀请了国际著名科幻插画师斯蒂芬·马提涅尔（Stephan Martinière）亲自设计。

《三体》系列首次出版时，作者刘慈欣的知名度仍局限于科幻界而非整个文学界，重庆出版社对该系列的未来并未有充分预见。因此，出版社在当时未能给予该系列额外的关注和优待。结果，首版封面的色彩平衡、设计和透视效果等方面未能达到最佳标准，系列封面的风格也存在不一致的问题。

视觉语法被定义为"围绕某一资源的显性与隐性知识及实践的系统，包括特定文化背景下视觉交流所依赖的元素与规则"（Kress & van Leeuwen，2006：3）。在色彩运用方面，《三体》系列第一部和第三部的封面使用了温暖的色调，营造出一种炽热的视觉效果，而第二卷则运用了冷色调，展示了神秘的森林及隐藏面孔的剪影，使读者产生了恐怖或超自然小说的印象。在图形设计上，《三体》系列封面的图像布局较为拥挤，这种设计未能有效传达科幻文学所特有的渺小感、空虚感和非现实感。同时，封面元素的尺寸较大，进一步加强了视觉上的压迫感。此外，《三体》系列的封面设计缺乏统一性，只有第三部与第一部在封面设计上共享了一个球体元素，而第二部则未采用类似设计。

英文版《三体》的封面设计更为精细，且风格上更贴近原著。封面设计师斯蒂芬·马提涅尔是一位知名的科幻艺术家，自 2000 年起从事封面艺术创作，并获得了包括雨果奖、英国科幻协会奖及切斯利奖在内的多项荣誉。他还参与了《星球大战》《我，机器人》和《星际迷航》等知名科幻影视作品和游戏的设计。马提涅尔在英文版《三体》的设计中，通过封面上的单眼和金字塔等符号，为时空和宇宙注入了深刻的象征意义。尤其是金字塔上方的巨大机械装置（即书中描绘的智子形象），其设计灵感源于马提涅尔在佛罗伦萨伽利略博物馆的参观经历。他借鉴了博物馆中精美的天球仪及其他机械装置，创作出书中的智子形象（搜狐新闻，2018）。这一形象不仅在结构上精致，而且在视觉效果、设计理念和透视表现方面展现了强烈的科技感和艺术性。

在色彩运用方面，《三体》英文版第一部采用了冷色调，第二部使用了暖色调，第三部则结合了暖色调和冷色调。例如，第三部的中央部分使用了暖色调，而周围的圆环则呈现冷色调。这种色彩策略不仅提升了视觉的层次感，还有效地增强了图像的整体表现力。

从图形形式的角度分析，《三体》英文版的设计展现了设计师在图形元素、色调、字体排列及其尺寸方面的精细整合。这种设计手法不仅影响了读者的视觉体验，还对其阅读决策产生了导向作用。

根据甘瑟·克雷斯（Gunther Kress）和西奥·凡·勒文（Theo van Leeuwen，2006）的理论，图像具有三种主要的元功能：表征性、互动性和构成性意义。表征性意义分为叙事性表征和概念性表征（Kress & van Leeuwen，2006）。在叙事性表征中，图像可能包含向量图或位图图像。在英文版三部曲中，马提涅尔运用了球体元素作为位图图像，这一设计选择优化了大量细节的呈现，并增强了图像的层次结构和连贯性。

概念性表征包括分类性、分析性和象征性过程（Kress & van Leeuwen，2006）。在封面设计的分析性过程中，重点关注的是部分与整体之间的关系

（Kress & van Leeuwen，2006：87）。三部曲英文版中，标题的字体大小和排列方式增强了系列的整体感，使读者能够识别出这是一个连贯的系列作品。象征性过程则揭示了参与者的身份（Kress & van Leeuwen，2006：105），读者可以通过封面上的细节元素推测情节，从而激发其阅读兴趣。

互动性意义要求读者的注意和认同（Kress & van Leeuwen，2006：116 - 122），而构成性意义则通过图像中元素的位置和尺寸来引导读者关注关键信息，文字的排列和大小进一步引导读者决定如何首先关注这些细节。

托尔出版社作为一家在英文科幻与奇幻文学领域占据重要地位的出版机构，积累了显著的发行系统和文化资本优势，曾荣获最佳科幻出版社奖。自2014 年 5 月起，托尔出版社便开始系统化地为《三体》系列的出版进行预热。除了在其官方网站上发布刘慈欣的自传体随笔（由刘宇昆翻译），托尔出版社还在官网和社交媒体平台上定期发布《三体》系列的节选，以激发潜在读者的兴趣。在书籍正式发行当天，托尔出版社组织了包括读书抽奖在内的多种推广活动，以扩大市场影响力。此外，托尔出版社通过《纽约时报》（*New York Times*）和《出版周刊》（*Publishers Weekly*）等主流媒体进行宣传，进一步增强了在科幻文学圈的可见度。

因此，《三体》系列获得了多项权威奖项，包括 NPR 年度最佳图书（NPR's Best Books of the Year）、密尔沃基日报年度百本好书（Milwaukee Journal Sentinel's Top 100 Books of the Year）以及哈德逊年度最佳图书（Hudson's Best Books of the Year）等，这些奖项不仅彰显了作品在科幻文学领域的卓越地位，也反映了在全球范围内的广泛影响力。

刘慈欣作品在国际传播中的成功在很大程度上得益于编辑质量。编辑利兹·格林斯基拥有超过十年的出版和编辑经验，并于 2017 年获得雨果奖最佳编辑奖。在协助刘宇昆优化《三体》翻译过程中，刘宇昆表示这是他迄今为止经历的最优质的编辑体验之一（见《三体》译者后记）。托尔出版社对该系列的编辑修订和调整，成为作品在目标语言市场取得畅销的重要因素。此外，托尔出版社及时推出了包括 Kindle 电子版和有声读物在内的多媒体版本，使《三体》系列能够在数字时代的在线和移动用户中以多样化的格式进行竞争（吴攸、陈滔秋，2020：39）。

在市场营销策略方面，托尔出版社借鉴了《魔戒》（*The Lord of the Rings*）和《饥饿游戏》（*The Hunger Games*）的发行模式，即在三年内分期发布《三体》三部，每部之间设置一定间隔，以逐步吸引和扩大读者群体。自 2014 年开始出版以来，《三体》英文版已成为海外读者中最受欢迎的中国文学作品之一，并创下了外国图书馆收藏数量和中国文学在海外销售的最高记录（吴瑾瑾，2021：172）。

《三体》系列能够成功进入西方主流文学场域，主要依赖于国家权力提供的经济资本、刘宇昆所具备的文学和象征资本所赋予《三体》在美国科幻领域的专业合法性，以及托尔出版社的商业运作策略，将《三体》从政治翻译活动转化为正统形式的市场驱动商业出版活动。这一过程在托尔出版社早期续约《三体》英文版版权的决策中得到了充分体现。2021 年，托尔出版社以 125 万美元的价格续约《三体》英文版版权，创下中国文学作品海外版权输出的最高纪录，使刘慈欣成为托尔出版社预付版税超过百万美元的五位作家之一。这不仅标志着《三体》在海外市场的商业成功，也凸显了其在全球文学市场中的地位和影响力。

六、小结

从场域理论的视角审视《三体》系列的翻译实践，可以认为政治和文学等场域的参与者通过各自的方式介入文学与文化作品的国际传播。翻译不仅是文本之间的简单转换，更是在世界文学层级场域中，在权力限制下进行的主要传播手段。在欧美发达国家主导的文学场域中，通过经典中国国际出版工程和丝路书香出版工程等政府主导的翻译项目，《三体》系列得以实现海外翻译和传播，进入英语世界。然而，在欧美主导的文学场景中，《三体》系列依然需要通过建立文学信誉来获得进一步的认可和普及。译者刘宇昆和出版商托尔出版社在科幻文学领域的成就和声誉，为《三体》系列的质量提供了强有力的保障，推动了其在国际上的顺利传播。

本节强调了社会因素在文学翻译与传播中的重要性。研究结果显示，在层级化的世界文学场域中，翻译不仅是文本之间的直接转换，更是世界文学在权力边界内传播的重要媒介。基于本研究的数据，在一个国家的语言和文化尚未具备优势地位的情况下，仅依靠图书版权贸易市场的内部竞争机制，难以推动该国图书的海外传播。相反，通过政府资助的翻译和出版项目的外部影响，可以缩短翻译和出版的生产周期，使非主导语言的图书能够进入主导语言的图书市场。具备双语能力和敏锐文化感知力的移民译者，在协调异化与可接受性之间的关系时，可以更好地找到创新的翻译技术，并通过合理的文化调解，确保文化价值的成功传播。

第二节　全球视野下的《三体》英译本：市场反响与文化共鸣

《三体》作为亚洲首部获得国际科幻文学最高荣誉"雨果奖"的作品，标志着中国科幻文学在全球文学体系中的突破性成就。作为英语世界中最受瞩目的中国文学作品之一，《三体》系列的英译作品成功进入西方主流文学市场，不仅引发了广泛的学术探讨，也得到了媒体与读者的高度关注和评价。这种全球性的文学传播现象背后，隐藏着复杂的社会、文化和象征资本的交织作用，值得深入分析和研究。本节基于布迪厄的资本理论，旨在探讨《三体》系列英译作品在全球传播中所展现出的资本运作机制。布迪厄的理论框架将资本区分为经济资本、社会资本、文化资本和象征资本，这些资本在不同的文学场域中相互作用，决定了文学作品的流通、接受与经典化过程。通过对《三体》在西方市场的成功路径进行分析，本节从社会资本、文化资本与象征资本的角度，揭示了该作品跨文化传播背后的内在驱动力。通过综合社会、文化与象征资本的多维分析，本节旨在揭示《三体》英译作品全球传播成功背后复杂的资本运作机制，以期为探讨《三体》在英语世界中的文化传播路径提供新的理论视角，也为分析其他中国文学作品的跨文化传播过程提供参考与启示。

一、简介

近年来，刘慈欣《三体》系列的出版在国内反响强烈，先后获得第十八届、二十二届中国科幻文学银河奖科幻特别奖、第二届全球华语科幻星云奖最佳长篇小说金奖等多个奖项。在英语世界，2014—2016 年《三体》系列英译本相继在美国出版，先后获得第 73 届"雨果奖"最佳长篇奖（《三体》，2015）和 2017 年轨迹奖最佳长篇科幻小说奖（《三体Ⅲ：死神永生》，2017）。"雨果奖"又被称为"科幻界的诺贝尔奖"，是科幻文学界的国际最高奖项。《三体》英译本获"雨果奖"最佳长篇奖，为亚洲首次，也是首部荣获国际科幻文学大奖的翻译作品。《三体》系列英译堪称近年来最成功的中国文学英译作品（顾忆青，2017：12），但《三体》英译本并非其最早外译本。在《三体》英译本出版前一年，《三体》韩译本就已在韩国发行，但效果却与英译版有天壤之别。作为《三体》的第一个外译本，2013 年 9 月《三体》韩译本的初次印刷只有 400 本，且销量惨淡。韩国同为亚洲文化背景，本应更能引起共鸣，但却因为刘慈欣在《三体》刚出版时在国外没什么名气，所以当时《三体》韩译本并未受到重视。韩国出版方（子音与母音出版社）在封面设计和宣传等方面也不够重视，导致《三体》韩译本无法引起人们的购买欲，而且韩国的很多民众并不知道《三体》韩译本发售消息。后来，《三体》英译本在英语世界大获成功，韩国出版方也意识到问题所在，重新设计了封面。之后，《三体》在韩国的销量呈现小幅上涨。

翻译是一项无法在绝对真空中开展的社会活动（屠国元，2015：31）。《三体》系列格局宏大、立意高远，从科幻的角度探讨人性，将科学与人文相结合（Liu，2013：22-32）。其英译系列能够冲出重围，成为首部荣获国际性科幻文学大奖的翻译作品，固然离不开其作品自身的文学性、思想性与跨文化的价值。但与韩译本的惨淡相比，其英译本的成功是否还有一些特殊的社会因素，对其译介发挥了推动作用。从布迪厄的资本理论剖析《三体》英译本获得成功的原因，能够发现诸如"社会资本""文化资本"和"象征资本"等社会因素对《三体》英译本曝光度与市场热度的提高，从而使其在英语世界获得了更多的关注与青睐。

二、《三体》英译现状与社会翻译学的前瞻

翻译是不同民族、国家、团体和个人之间进行交流和协调的必要手段，翻译本身就是一种社会活动，翻译实践离不开社会语境。翻译研究的社会学

途径是翻译研究必然要经过的途径。截至目前（2021－08－01），海外关于《三体》的研究（宋明炜，2013；Dionne Obeso，2014；Elizabeth de Freitas & Sarah E. Truman，2020）尚未触及翻译问题，而国内关于《三体》英译的研究论文已有202篇，但关于《三体》社会学翻译研究的论文仅有7篇。

宋升华（2017）发现刘宇昆的《三体》英译本在场域、惯习和资本等方面都优于其他英文版的中国科幻小说。李慧（2017）在追踪译者生活轨迹的基础上，探究译者所处场域，活跃在场域中各种变量对其翻译惯习外化成的翻译选择等方面的影响。杨晶妍（2017）发现译者刘宇昆双重文化影响下的成长经历、文理并重的教育背景以及写作生涯都赋予了其内在或外在的文化资本，对译文产生了影响。刘璟莹（2019）通过观察和比较译者刘宇昆职业经历和社会关系，包括与作者、编辑的合作和与读者的沟通，来解释译者的倾向和偏好。单春艳（2019）认为在选择译者时，其生活经历、文学品位、审美偏好甚至个人能力等都是出版社需要慎重考虑的内容。张林熹（2019）认为刘宇昆是一位成功的译者，他的译者行为都是他所处文学翻译场域对他不断塑造和资本共同作用的结果。任晶蕾（2020）探索译者刘宇昆惯习的形成轨迹，剖析译者惯习在翻译过程中发挥的建构作用。

总体来看，现有的对《三体》英译的社会学研究大多着眼于译者的研究。而针对《三体》英译的社会学研究，我们发现社会及相关权力机构的重视、原作者的文化素养、出版社的后期服务与推广策略等因素同样与《三体》英译的传播与接受密不可分，这些社会因素与译者的主动性相互配合，相互影响着译介的结果，重构着整个《三体》翻译和社会传播的过程。针对《三体》英译的资本研究较少情况，笔者通过结合NOW语料库和海外亚马逊读者评价，发现《三体》英译的传播与接受有着较为成熟的营销和运营技巧，其中社会、文化、象征等资本相互配合，共同促进了《三体》在普通民众间的广泛传播。

三、社会翻译学与布迪厄的社会实践理论探讨

"社会翻译学"最早由当代西方翻译研究学派创始人霍姆斯在《翻译学的名与实》（1972）一书中提出（Holmes，1972）。20世纪90年代以来，社会

翻译学研究在翻译研究的"社会学转向"中发展成一种成熟的译学研究范式，并初步成长为翻译学的一个分支学科。作为翻译学一个新的分支学科，社会翻译学旨在探索社会因素及社会变量与翻译活动及翻译产品之间双向、互动的共变关系（王洪涛，2011：16）。较以往囿于语际转换规律的语言学研究范式和陷入"文化决定论"的文化研究范式，社会翻译学从更接近翻译本质属性的角度观察和解释翻译活动与译者、社会、文化和全球化之间的错综复杂的联系（王悦晨，2011：12），进而能更加客观、深入地揭示出翻译活动在国际社会文化背景下从发生到发展、从传播到接受的整体运作轨迹、规律与逻辑。

目前，对翻译研究比较有影响的社会学理论主要有德国社会学家卢曼（Luhmann）的社会学系统论（Theory of Social Systems）、法国社会学家拉图尔（Latour）的行为者网络理论（Actor-Network Theory）和法国社会学家布迪厄（Bourdieu）的社会实践论（Social Practice Theory）。这三种社会学理论有各自的世界观和研究重点，也各有盲点，既相互冲突又相互补充（Buzelin，2013：187）。在卢曼的翻译系统中，人的意识和心理被泛化成为翻译系统的环境，其忽略了译者这个具有一定自主能力的实体在整个翻译系统中所发挥的作用，译者不仅仅会无意识地践行来自其他系统的规约，还会有意识地践行或者抵抗来自其他系统的影响（陈水生、陈光明，2012：99－100）。拉图尔的行动者网络理论本身就复杂且概念不清，其否认社会结构的存在，认为实践最好的解释方式就是描述实践本身，从而降低了其适用性（邢杰等，2019：34）。

"场域"（field）、"惯习"（habitus）和"资本"（capital）是布迪厄社会实践理论的核心概念，试图超越社会科学的二元论研究。布迪厄认为复杂的语言实践和使用总是涉及权力和资本的不平等分配，并被其塑造和挤压。社会学家对语言的关注应该更多地集中于语言实践的相互交流以及特定社会生活形式对语言交流的影响（Bourdieu，1991：3）。布迪厄主张打破结构主义语言观的桎梏，将语言付诸实践以检验其功能。他关注语言与社会实践，尤其是语言与权力的密切关系，从而将语言的社会哲学研究推向了当代思想的前沿。

"资本"（capital）是决定主体在场域中地位的重要符码，主体已经占有的资本又会成为他进一步争夺资本的砝码。资本是一种以实体或内化形式体现的积累劳动，当主体或主体群以私人或排他的方式占有这种劳动时，又会反过来使主体占有特定的社会资源（Bourdieu，1986：241）。资本可以概括为三种基本形式：社会、文化和经济资本（Bourdieu，1997：47）。社会资本是指一定的个人或群体，凭借具有相对稳定的、在一定程度上制度化的相互联系和相互交往的关系网（布迪厄、华康德，2004：162）。文化资本是指人们在社会生活中获得的文化教育资源，比如著作、官方认可的教育文凭等（布迪厄，1997：192－193）。文化资本有象征性功能，即人们通常会认为文化资本高的人能创造更多的价值，他们也更容易被认可，因此文化资本在有些情况下会以象征性的方式发挥作用，这时我们可以称之为象征资本（Bourdieu，1977：187）。

四、基于 NOW 语料库新闻与亚马逊读者评价的《三体》英译本资本运作分析

NOW（News on the Web）语料库是世界上最大的英文报纸及杂志语料库之一，库容量为 126 亿词，且每月大约增长大约 180～200 百万词，约 30 万篇英文文章（检索时间为 2021 年 7 月 21 日）。网购和电子阅读的普及，使得越来越多的海外读者倾向于通过亚马逊等在线平台购买和阅读纸质或电子书籍，并在网上分享对书籍的评价，参与评论的读者来自各行各业，年龄分布也较广，使亚马逊等图书在线平台成为研究文学接受的宝贵资源。充分收集这些读者评价和新闻报道并对其进行综合分析，无疑能帮助我们更好地了解中国译介文学在海外的接受情况和国外普通、专家读者的阅读偏好，弥补译介文学受众实证的不足。

海外读者熟悉的中国作家屈指可数，仅限于莫言、麦家、余华、刘慈欣等几位炙手可热的当代作家（魏清光，2015：155－159）。通过检索 NOW 语料库新闻和亚马逊读者评价（检索时间为 2021 年 7 月 21 日），笔者发现有关《三体》系列的英文新闻报道和读者评价数量远多于其他中国文学英译作品，也给笔者进行本研究提供了宝贵数据来源，相关对比见表 7。

表7　部分中国当代作家及其作品英译的英文新闻对比表

英文书名（中文）	新闻数量	作者	新闻数量	所获奖项
The Three-Body Problem 《三体》	446	Liu Cixin	371	雨果奖最佳长篇小说奖（2015）
The Dark Forest 《三体Ⅱ：黑暗森林》	271	Liu Cixin	371	
Death's End 《三体Ⅲ：死神永生》	68	Liu Cixin	371	轨迹奖最佳长篇科幻小说奖（2017）
Red Sorghum: A Novel of China 《红高粱》	136	Mo Yan	345	改编电影获第38届柏林国际电影节金熊奖，成为首部获得此奖的中国电影（1988）
Life and Death Are Wearing Me Out: A Novel 《生死疲劳》	10	Mo Yan	345	美国纽曼华语文学奖（2008）
Frog: A Novel 《蛙》	0	Mo Yan	345	茅盾文学奖（2011）
To Live: A Novel 《活着》	0	Yu Hua	92	意大利格林扎纳·卡佛文学奖最高奖项（1998）法国国际信使外国小说奖（2008）
Brothers: A Novel 《兄弟》	0	Yu Hua	92	法国《国际信使》外国小说奖（2008）
The Last Lover 《最后的情人》	3	Can Xue	13	美国最佳翻译小说奖（2015）
Ruined City: A Novel 《废都》	0	Jia Pingwa	21	法国费米娜文学奖（1997）
Decoded: A Novel 《解密》	5	Mai Jia	16	2014年被收入英国"企鹅经典文库"，成为首部被收进该文库的中国当代小说

　　通过检索海外亚马逊官网有关《三体》系列的读者评价（检索时间为2021年7月21日），共得到相关读者评价18 841条，发现《三体》系列在销量排名和读者评价数量方面都远超过其他的中国文学英译作品，相关对比见表8。

表 8　主要中国文学作品英译的读者评价对比表

英文书名（中文）	作者	译者	出版年份（年）	销量排名	评分（满分5）	读者评价数量
The Three-Body Problem《三体》	Liu Cixin	Ken Liu	2014	445	4.3	9214
The Dark Forest《三体Ⅱ：黑暗森林》	Liu Cixin	Joel Martinsen	2015	1 039	4.6	5537
Death's End《三体Ⅲ：死神永生》	Liu Cixin	Ken Liu	2016	1 895	4.7	4090
Red Sorghum: A Novel of China《红高粱》	Mo Yan	Howard Goldblatt	1994	546 314	4	183
Life and Death Are Wearing Me Out: A Novel《生死疲劳》	Mo Yan	Howard Goldblatt	2012	551 325	4	153
Frog: A Novel《蛙》	Mo Yan	Howard Goldblatt	2016	1 229 632	4.1	53
To Live: A Novel《活着》	Yu Hua	Michael Berry	2003	62 131	4.5	258
Brothers: A Novel《兄弟》	Yu Hua	Eileencheng-Yin Chow	2010	183 062	4.4	68
The Last Lover《最后的情人》	Can Xue	Annelise Finegan Wasmoen	2014	1 468 454	3.4	9
Ruined City: A Novel《废都》	Jia Pingwa	Howard Goldblatt	2016	2 422 588	4.1	7
Decoded: A Novel《解密》	Mai Jia	Christopher Payne	2014	321 692	3.4	186

借助 NOW 语料库对"The Three-Body Problem""The Dark Forest""Death's End""Liu Cixin""Ken Liu""Joel Martinsen"等《三体》系列关键词分别进行检索（检索及统计时间为 2021 年 7 月 21 日），经过人工筛选，删除与刘慈欣《三体》系列无关的天体力学中三体问题的相关报道，共得到英文报纸及杂志报道 1425 篇，总字数约 26.9 万。借助海外亚马逊官网检索整理（检索及统计时间为 2021 年 7 月 21 日）《三体》及英译相关的读者评价，

经过人工删除重复提交评价并对非英语语言评价译为英文，共得到《三体》系列英译读者评价 18 841 条（其中《三体》三部曲评价分别为 9214、5537 和 4090 条），通过亚马逊官网评价筛选过滤，共得到积极评价 4527 条（其中《三体》三部曲积极评价分别为 2430、1140 和 957 条），积极评价总字数约 32 万。将上述 NOW 语料库和亚马逊官网《三体》系列及英译相关的新闻报道和读者积极评价整理建库，总库容约 58.9 万词。

社会资本指的是个体在社会中的各种人际关系，也就是"人脉"，是社会积累起来的资源的总和（布迪厄、华康德，2004：162）。西方知名人士和权威媒体的推广与宣传，对于中国本土文学的走出去发挥着不可忽视的作用。知名人士在社交媒体主页上或被采访报道时对《三体》系列的提及是扩大其影响力与传播面的一个主要渠道。

角谷美智子（Michiko Kakutani）是《纽约时报》的首席书评人，曾于 2017 年 1 月 13 日在白宫采访了即将卸任的美国总统奥巴马（Barack Obama）。他们在面谈中讨论了读书的意义以及奥巴马喜爱的书籍，奥巴马就提到了刘慈欣的《三体》系列。他认为此书背景宏大、有着狂野的想象力，另外还开玩笑说比起这本书的内容，他平常与国会的争执就显得十分微不足道，毕竟他并不需要担心外星人的侵略。美国全国广播公司（NBC）采访奥巴马的经济顾问杰森·弗曼（Jason Furman）时，弗曼说道："我会想念与他讨论中国科幻作品的时光，奥巴马真的非常喜欢这本书，我们好几次开会的时候都讨论过这本书，并且奥巴马已经看完了前两册，在第三部还没出版的时候，我就在奥巴马生日之时给他送去了第三册的先行版，他乐于与他的科学顾问讨论其中的内容。"奥巴马的公开支持对《三体》英译本的宣传作用是立竿见影的，他不仅通过访谈、列举书单等方式宣传《三体》，他本人更是多次通过邮件形式联系作者刘慈欣，并在刘慈欣另一部小说《流浪地球》改编的同名电影中客串。

在海外新闻报道中，通过检索 2014—2020 年间 NOW 语料库中《三体》系列及英译相关的新闻报道，对关键词"Barack Obama"和"Obama"进行检索，显示共有 79 篇新闻在报道《三体》时提到了 Barack Obama。譬如，《悉尼先驱晨报》（*The Sydney Morning Herald*）简·苏利文（Jane Sullivan，

2017）称奥巴马喜欢阅读一些从全人类视角来思考世界的末日题材科幻小说，如刘慈欣的《三体》。奥巴马表示这些书在他感到孤立、困难时帮助了他，因为跟人类居住的星球以及整个宇宙的命运相比，他眼前的一些烦心事显得微不足道。《娱乐周刊》（*Entertainment Weekly*，美国著名王牌娱乐周刊）鲁思·基南（Ruth Kinane）和大卫·坎菲尔德（David Canfield）（2019）也称奥巴马是科幻小说的粉丝，奥巴马在白宫时，常与一群年轻学生分享了他的一些最爱，比如刘慈欣的《三体》。奥巴马认为《三体》读起来很有趣，且有些情节与他在白宫的琐碎事务有关，其椭圆形办公室可能是一个孤独的地方，阅读《三体》给他提供了逃避现实的可能。

而查阅亚马逊官网中读者评价，能够发现很多读者开始对《三体》系列感兴趣，其实就是因为奥巴马的推荐。广大的普通读者才是《三体》系列英译版能获得更多销量的基础来源，也是文学译介的最终目标受众群，只有真正被广大普通受众接受并产生积极反馈，中国文学对外输出才算是完成了最终目标。通过检索 2014—2020 年间海外亚马逊官网中《三体》系列及英译相关的新闻报道读者评价，对关键词"Barack Obama"和"Obama"进行检索，显示共有 26 条在评价提到了奥巴马。譬如，读者艾伦·伊斯特曼（Alan D. Eastman，2017）表示他开始阅读《三体》就是因为这本书在奥巴马总统的推荐书目中；读者约翰·埃文斯（John H. Evans，2017）称他是在奥巴马的科学顾问约翰·霍尔德伦的电视访谈中了解到这本书，并表示奥巴马是自托马斯·杰斐逊以来最精通科学的总统，而霍尔德伦在电视访谈中表示他经常与奥巴马总统讨论《三体》；读者梅纳德（J. Maynard，2018）表示在得知奥巴马总统推荐这本书后，他决定尝试一下，尽管他之前从未读过任何非美国作家写的科幻小说。

文化资本在某些条件下能转换成经济资本，文化资本以内化（如一个人的审美能力、语言能力等）、客观化（如一位作家出版的作品）和制度化（如文凭、奖项等）的方式存在，是所有资本中最为重要的（Bourdieu，1986：243）。诺贝尔文学奖在世界文坛的影响力有多大，雨果奖在世界科幻迷中的地位就有多高。2015 年，刚刚翻译出版的《三体》系列获得第 73 届雨果奖最佳长篇故事奖，这是亚洲人首次出现在雨果奖的名单上。雨果奖的宣布，对《三体》甚至《三体》系列的宣传效果可谓立竿见影，所有国外媒体的目光一瞬之间就聚焦到《三体》系列及其作者刘慈欣身上。

通过检索 2014—2020 年间 NOW 语料库中《三体》系列及英译相关的新闻报道，对"Hugo Award"和"Hugo"进行检索，分别有相关文章 332 和 219 篇。譬如，《好莱坞报道》（*The Hollywood Reporter*，美国娱乐界两大报刊之一）帕特里克·布热斯基（Patrick Brzeski，2020）称刘慈欣的《三体》在 2015 年获得了科幻小说的最高荣誉雨果奖，这是亚洲作家作品获得该奖项的首次。《三体》系列已成为国际畅销书，被翻译成数十种语言，并因其宏伟的主题和独创性而受到评论家的称赞。《卫报》（*The Guardian*，英国的全国性综合内容日报，与《泰晤士报》《每日电讯报》被合称为英国三大报）郭莉莉（Lily Kuo，2019）指出《流浪地球》被一些人视为中国科幻的曙光，改编自《三体》系列作者、第一位获得雨果奖的中国作家刘慈欣的作品。《每日电讯报》（*Telegraph*）西蒙·赫弗（Simon Heffer，2016）指出刘慈欣的《三体》于 2015 年以英文出版，成为第一部获得雨果奖的中国科幻小说。

通过检索 2014—2020 年间海外亚马逊官网中《三体》系列及英译相关的新闻报道读者评价，对"Hugo Award"和"Hugo"进行检索，分别共有相关读者评价 105 和 48 条。譬如，读者乔·卡尔皮尔兹（Joe Karpierz，2015）表示在 2014 年，《三体》可以说是中国最受欢迎的科幻作品。他还表示从来没有听说过刘慈欣，但听说过译者刘宇昆。读者丹尼尔·丹尼希－欧克斯（Dan'l Danehy-Oakes，2016）表示鉴于这是有史以来第一本获得雨果奖的非英语小说，他对《三体》的期望很高。他还补充道刘慈欣是中国大陆最著名、最受欢迎的科幻作家，九次银河奖的获得者（相当于美国的雨果奖）。读者吉姆·基特（Jim Keat，2016）表示在一个月前，他在《连线》（*Wired*，美国科技类月刊）上读到一篇关于雨果奖的文章。多亏了这篇文章，才得以认识一些获得雨果奖的非白人作家以及他们的一些获得雨果奖的科幻作品。读者詹廷（Jtin，2015）表示他阅读了《三体》作为其阅读雨果奖作品的一部分。读者赛加（Cyga，2015）表示他总是试着阅读雨果奖获奖者的作品。读者贾姆·利利（Djam Leelii，2016）表示《三体》是自 1953 年该奖项设立以来第一本获得雨果奖最佳小说奖的中文书籍。

文化资本有象征性功能，即人们通常会认为文化资本高的人能创造更多的价值，他们也更容易被认可（Bourdieu，1977：187）。名人是人们生活中接触比较多，而比较熟悉的群体，名人效应也就是因为名人本身的影响力，而在其出现的时候达到事态扩大、影响加强的效果。除了奥巴马对《三体》系列的推介，约书亚·罗斯曼（Joshua Rothman）的一篇文章也让《三体》系列与另一个名人联系在了一起。2016 年，《纽约客》记者罗斯曼发表文章"China's Arthur C. Clarke"分析了来自中国的《三体》为何能吸引美国读者，认为《三体》唤起了探索的振奋与规模的美感，并建立了一个完全不同于西方的文化体系供美国人阅读与欣赏（罗斯曼，2016）。他在标题中就称赞刘慈欣是中国的"亚瑟·克拉克"（Arthur C. Clarke），并在文中综合介绍了刘慈欣的背景及写作手法，认为刘慈欣作品的独到之处并非在于不同文化间的差异，刘慈欣所讲述的故事大部分都是关于整个人类发展历程的寓言——既有具体的想象，又内含抽象的概念。此文一出，刘慈欣与这位 20 世纪最著名的科幻小说家的名字就联系在一起了，逐渐在海外读者中进一步打开了知名度。

通过检索 2014—2020 年间 NOW 语料库中《三体》系列及英译相关的新闻报道，对关键词"Arthur C. Clarke"和"Clarke"进行检索，显示共有 46 篇新闻在报道《三体》时提到了克拉克。譬如，《娱乐周刊》（*Entertainment Weekly*）詹姆斯·希伯德（James Hibberd，2020）表示刘慈欣被《纽约客》称为"中国的亚瑟·克拉克"，他将中国绵长的历史和丰厚的社会文化传统融入故事的点滴细节中，构筑起一个横跨过去、现实与未来的时空复调，赋予太空史诗般的气象。《三体》独特迷人的中国色彩、宏阔新颖的科幻构思，使作品呈现出强烈的异质特征，营造了一个优雅且深刻的人类寓言。《连线》（*Wired*）（2019－06－16）刊发文章"The Top Tech Books of 2016（Part I）"称《三体》获得了科幻小说的最高荣誉雨果奖，而刘慈欣被《纽约客》称为"中国的亚瑟·克拉克"，刘慈欣因将科学重新归入一种流派而广受赞誉，对科学有着明显的热爱。

通过检索 2014—2020 年间海外亚马逊官网上《三体》系列及英译相关的新闻报道读者评价，对关键词"Arthur C. Clarke"和"Clarke"进行检索，显示共有 78 条在评价《三体》时提到了克拉克。譬如，读者罗斯（R. J. Rose，

2015）称刘慈欣是现代版的"亚瑟·克拉克"，认为他的《三体》充满了硬科学和侦探惊悚，文笔巧妙、有趣，情节引人入胜；读者沙基布·乔杜里（Shakib Chowdhury，2016）称阅读刘慈欣的《三体》能够让人想起亚瑟·克拉克。作者总是尝试告诉你一个精彩的故事，而不是靠文学才华吸引你。读者韦帕威尔（Vaperware，2016）表示其阅读过从克拉克、阿西莫夫、罗宾逊到尼文的所有作品，以及刘慈欣的《三体》系列，尤其是《三体》第三部《死神永生》将其推进了最受欢迎的硬科幻作家的前五名，还表示《三体》系列会和《沙丘》《基地》等作品一样，载入史册。读者扎德·诺斯特罗姆（Zad Nostrom，2019）称自己是在一篇关于中国科幻文学的文章中了解到《三体》，将《三体》作者刘慈欣称为中国的"亚瑟·克拉克"。因为诺斯特罗姆一直是克拉克的书迷，出于好奇，去阅读了《三体》，让人难以置信的是，刘慈欣和克拉克一样，将看似密密麻麻、难以逾越的科学概念，用一种读者能够理解的方式展现了出来。这是他多年来读过的最好的科幻文学，期待刘慈欣的其他作品。

当参与者们获得利益之后，也希望通过自己的地位和权力，使别人相信这种资本形式是有价值的，于是他们便强化了场域的规律（通过资本结构体现的规律）。当这种他们倡导的新资本结构获得了其他参与者的认可之后，这种资本形式便得以合法化，即被场域中其他参与者认可，这种资本形式就成了"象征资本"（symbolic capital）。他们让自己手中的资本变得有价值。同时，让其他参与者相信资本是值得追求的行为，就是在制定或强化场域的规律，这就是一种权力的体现，布迪厄称之为"象征暴力"（symbolic violence）（Bourdieu & Wacquant，1992：110－113）。产业生态链条助力文学作品"走出去"，目前，将文学作品打造成一个完整的产业生态链，以多种形式对文学作品进行传播在国际上已是常态。比如日本、美国、欧洲，从将一个文字的作品改编成影视、游戏、动漫，再到周边的衍生产品，甚至可以将其打造成主题乐园。完整的文学产业生态链，对各国文学"走出去""走进去"所产生的影响是巨大的。以《哈利·波特》为例，虽然是文学作品先进入中国，但后续的影视作品无不给作者和出版方带来比文学作品本身更强的文化影响力和经济效益。

刘慈欣的《三体》系列虽然尚未成功改编成电影搬上银幕，但刘慈欣的另一本小说《流浪地球》改编的同名电影已于 2019 年 2 月 5 日在中国内地上映，累计上映 90 天，最终中国内地累计票房为 46.87 亿元人民币，全球累计票房为 6.998 亿美元。《流浪地球》的成功，给中国科幻文学及影视带来了希望，打开了中国科幻电影的新纪元，也为刘慈欣和其获得了中国大众乃至世界认证的《三体》系列吸引了海内外的关注。

通过检索 2014—2020 年间 NOW 语料库中《三体》系列及英译相关的新闻报道，对关键词 "*WANDERING EARTH*"（《流浪地球》）进行检索，显示共有 119 篇新闻在报道《三体》时提到了《流浪地球》。譬如，《视相》（*Variety*，全球文化娱乐的主要发源地及风向标）丽贝卡·戴维斯（Rebecca Davis，2021）表示美国网飞（Netflix）正在改编刘慈欣的《三体》三部曲，这一系列影片应该有很大的前景，因为刘慈欣另一部同名中篇小说改编的《流浪地球》就是一个意想不到的成功，目前仍然是中国有史以来票房第四高的电影。《弗里兹》（*Frieze*，当代艺术的世界权威刊物）张哲熙（Gary Zhexi Zhang，2019）表示《流浪地球》是今年（2019）迄今为止票房最高的电影，美国网飞（Netflix）计划将这部电影翻译成 28 种不同的语言，并在 190 多个国家/地区上映，届时会极大地吸引观众去重新认识中国的科幻作品，如刘慈欣的《三体》。

通过检索 2014—2020 年间海外亚马逊官网上《三体》系列及英译相关的新闻报道读者评价，对关键词 "*Wandering Earth*" 进行检索，显示共有 9 条在评价《三体》时提到了《流浪地球》。譬如，读者波尔斯（C. L. Pors，2016）表示他是通过观看《流浪地球》才了解到作者刘慈欣，因为被刘慈欣丰富的想象力所震撼，所以转而搜索阅读了刘慈欣的其他作品，如《三体》。此外，匿名读者（2021）表示他最近在网飞上观看了《流浪地球》，觉得非常喜欢，所以找到了作者刘慈欣，从而发现了其《三体》，然后就被其丰富的想法所震撼。

五、小结

古安维克指出，布迪厄的资本等概念只是方便我们观察的工具而已

（Gouanvic，2002：99），其作用在于帮助我们总结在特定环境影响下形成的特定行为方式。资本实际上就是对博弈，也就是对场域规则的把握或感知。比如，在文学市场场域中，参与者通过自身长期积累起来的社会、文化和象征资本作为某部作品进入市场必要的基础，这种投入可以让出版社获得更多的利益，从而获取更多资本。翻译作品在英语语言国家图书市场一直销量低迷，海外读者对翻译作品的质量不够相信，中国文学英译本在英语世界市场上也鲜有销量成功案例，但《三体》系列却得到《纽约时报》《卫报》《纽约客》《娱乐周刊》等众多报纸杂志的 1425 篇报道和亚马逊官网上的 18 841 条读者评价，这不禁吸引着读者去思考"为什么《三体》系列会获得如此关注"。《三体》能够冲出重围，成为首部荣获国际性科幻文学大奖的翻译作品，固然离不开其作品自身的文学性、思想性与跨文化价值。但酒香也怕巷子深，奥巴马、亚瑟·克拉克知名人士的社会资本，雨果奖光环等文化资本对《三体》系列的聚焦和《流浪地球》票房奇迹背后的资本象征也共同对《三体》进入海外普通读者的视野发挥了必要的宣传作用，从而帮助《三体》成为近年来最成功的中国文学英译作品。

第三节　文本之外：《三体》英译中的副文本与文化阐释

《三体》系列作为首部获得国际科幻文学领域最高奖项"雨果奖"的亚洲科幻作品，在全球范围内的影响力和成功引发了广泛关注。该系列的成功不仅在于其原创性的科幻构想，还与其翻译及传播过程中的副文本策略密切相关。副文本，即围绕主要文本存在的附加信息，如封面、译者序、注释、名家评论等，构成了翻译文本的一部分，对文本的理解与接受起到了重要作用。本章节将基于热拉尔·热奈特的副文本理论，深入探讨《三体》英译本的副文本如何在其翻译、传播与接受过程中发挥关键作用。副文本理论强调，任何文学作品的接受不仅依赖于作品本身的内容，还受到其外部文本的影响，这些外部文本包括封面设计、序言、注释等，它们在读者与文本之间构建了重要的中介关系。副文本不仅起到信息补充的作用，更在意义建构和文化阐释中发挥了不可替代的作用。通过热奈特的副文本理论分析《三体》系列英译本，能够清晰地看到副文本在其翻译、传播与接受过程中所发挥的多重作用。副文本不仅在意义的补充和文化的阐释中扮演了重要角色，还在作品的国际传播中促进了其成功的实现。副文本的策略使《三体》不仅在中国文学中占据了重要地位，也在国际文学场域中赢得了广泛的认可和赞誉。

一、简介

《三体》系列格局宏大、立意高远，从科幻的角度探讨人性，将科学与人文相结合（Liu，2013：22－32）。作为中国最受欢迎的科幻小说之一，《三体》系列先后在国内获得第十八届中国科幻文学银河奖科幻特别奖、第二十二届中国科幻银河奖特别奖、第二届全球华语科幻星云奖最佳长篇小说金奖等多个奖项。此外，在 2020 年 4 月，《三体》甚至列入《教育部基础教育课程教材发展中心中小学生阅读指导目录（2020 年版）》。

在英语世界，2014—2016 年《三体》系列英译本相继在美国出版，并先后获得第 73 届雨果奖最佳长篇奖（《三体》，2015 年）和 2017 年轨迹奖最佳长篇科幻小说奖（《三体Ⅲ：死神永生》，2017 年）。雨果奖又被称为"科幻界的诺贝尔奖"，是科幻文学界的国际最高奖项。《三体》英译本获"雨果奖"最佳长篇奖，为亚洲首次，也是首部荣获国际性科幻文学大奖的翻译作品。《三体》系列英译本堪称近年来最成功的中国文学英译作品（顾忆青，2017：12），对中国文学海外传播及中国文化走出去等议题具有重要的研究与借鉴价值。目前对《三体》系列英译本的研究主要体现在两方面：（1）其英译本在西方世界的接受与传播研究，如刘舸、李云（2018），吴赟、何敏（2019），张璐（2019），吴瑾瑾（2021）等的研究；（2）其英译本的翻译研究，如张生祥、秦君（2018），李庆明、习萌（2018），韩淑芹（2019），刘会然、张德玉（2019），吴庆娟、张丽云（2021）等的研究。至今鲜有学者从副文本理论视角对《三体》系列英译本进行研究。本节基于热拉尔·热奈特副文本理论，分析《三体》系列在翻译、传播与接受过程中衍生出来的包括封面、封底、译者注释、译者后序等内副文本和翻译笔记、访谈与评论等外副文本因素。从副文本视角解读《三体》系列英译本，能够帮助我们更为全面与客观地认识其翻译与传播中体现出来的译者文化补偿与赞助人推介作用。

二、翻译研究中的副文本理论探讨

"副文本"(paratext)最早出现在 1979 年法国文论家热拉尔·热奈特(Gérard Genette,也有译为杰拉德·热奈特,如朱晓烽 2019)出版的 *Introduction á l' architexte* 中,热奈特使用副文本(也有译为准文本:秦海鹰,2004;伴生文本:朱玉彬、陈晓倩,2015;类文本:许德金、周雪松,2010;超文本:张美芳,2011)这个概念指代"用于描述正文本、协调正文本与读者关系,并用于展示作品的言语和非言语的信息"。他认为认为"不同文本之间存在模仿与转化关系"(Genette,1992:261 - 272),而副文本可以"拓展文本信息,使文本以图书的形式呈现给世界,并被读者接受和消费"(Genette,1997:1)。1996 年,芬兰学者乌尔波·科瓦拉(Urpo Kovala)首次将副文本概念运用在英译芬兰语研究中,考察了 1890 至 1939 年间芬兰译英美文学作品,研究了译本中的标题、前言、封面、注释和插图等非文本因素(Kovala,1996:124)。

1997 年,热奈特的法语著作 *Seuils* 英译为 *Paratexts: Thresholds of Interpretation*,并由剑桥大学出版社出版发行。在书中,热奈特更加明确了副文本含义,并将其细分为内副文本(peritext)和外副文本(epitext)两类。内副文本是文本内部呈现的信息,包括封面、序言、跋语、注释、插图、附录、后记、题词等,而外副文本是外在于整本书成品的,由译者与出版者为读者提供的概述性相关信息,如翻译笔记、访谈与评论等(Genette,1997:1)。

热奈特认为作品的出版往往多以被修饰的形式出现,而这些相关的语言及非语言信息共同构成了作品的副文本(Genette,1997:1)。由于思维方式、语言和文化的差异,在翻译中不可避免会出现一些不可译或难以翻译的情况,而在这种情况下译者需要对此加以说明,如采用注释、插图等副文本形式来解释其内涵。这些副文本与正文相关联,成为正文的重要补充。如此,便将目标语读者置于源语语境中,利用原文与副文本的相关性,提高了读者对译文的认知效果。

副文本服务于正文,使文本信息的呈现更加完整,不仅为读者提供了原作的信息描述，还便于目标语读者去了解译者的翻译背景及策略，为读者更好地阅读译本，学者更好地研究译作提供了宝贵的材料来源。作为作者、作品、出版商和读者之间的纽带，副文本为翻译研究提供了新的视角（肖丽，2011：17）。

三、《三体》英译本中的内副文本与文化补偿策略

《三体》系列英译本的内副文本主要包括封面、封底、译者注释、译者后序等。

1．封面设计

封面的设计往往传递着译本的基本信息，是译者及出版商最想表达的意象组合，也是吸引读者最为直接的手段（胡清韵、谭渊，2021：110）。2008年，《三体》第一部出版，到2010年，三部曲全部出版发行。由于《三体》系列刚出版时，其作者刘慈欣在国内尚未出名，而重庆出版社（中文系列出版商）也未意识到这套丛书会在未来获得科幻文学领域国际最高奖项之一的雨果奖。所以，当时的重庆出版社并没有给予《三体》系列特殊的"照顾"，《三体》初印版本的封面无论是颜色搭配，还是设计、透视效果上，都没有达到当时的最高或较高水准，甚至三部曲的封面风格都未得到统一。

而《三体》英译本在设计上可谓颇费心思，且风格接近，其封面设计师斯蒂芬·马提涅尔（Stephan Martinière）是国际著名科幻艺术家。马提涅尔在2000年开始创作封面画，拿过雨果奖、英国科幻协会奖和切斯利奖等多个奖项，参与过包括《星球大战》《我，机器人》《星际迷航》等多部知名科幻影片及游戏制作，是科幻界公认的顶级画师之一。马提涅尔在《三体》第一部英译本中通过封面的独眼和金字塔等因素增加了时空、宇宙和科幻的象征与意蕴。封面中金字塔上方的巨大机械装置（故事中智子展开的想象图）尤其令人称奇，其设计灵感源于马提涅尔在佛罗伦萨伽利略博物馆的一次旅行。马提涅尔借鉴博物馆中精美的浑天仪和其他机械装置来建构对于书中智子的形象，成品图不仅结构精妙，在视觉效果、设计、透视等方面也都具有强烈的科技与画面感。

2. 封底说明

封底，是封面的延展、补充、总结与强调。封底与封面二者之间紧密关联，相互帮衬，相互补充，缺一不可。因为封底与封面一样，极易进入读者视线，所以出版商为追求最大的社会和经济效益，在激烈的市场竞争中扩大阵地，往往会邀请图书所在领域知名的专家撰写评语进行推荐，强调原文及译文的权威地位（滕雄、文军，2017：82），借以争取更多的读者。

《三体》系列英译本的出版发行公司汤姆·多赫尔蒂集团（Tom Doherty）旗下的托尔出版社（Tor Books）利用自身关系资源，邀请多位美国著名科幻作家（雨果奖、星云奖得主）撰写封底推荐语。其中，美国著名科幻作家大卫·布林（David Brin，其作品先后四次获得雨果奖）是撰写封底推荐语次数最多，先后在三部英译本的封底撰写推荐语，如在《三体》第一部中评价该书极富想象力且融入了最前沿的科学与技术，作者刘慈欣在任何国家的科幻小说作家中都名列前茅，译者刘宇昆（Ken Liu）自然流畅的翻译更令这本书成为每个具有探索精神读者的必读之作。在《三体》第二部封底，布林称作者大胆地提出了黑暗森林概念，描绘了人类最好和最坏的一面，这使作品成为 21 世纪科幻小说中最伟大的潜在史诗作品之一。评价《三体》第三部时，布林补充说，第三部赋予了三部曲宏伟与庄严，作者堪比科幻大师弗雷德里克·波尔（Frederik Pohl，科幻作品有史以来"七大巨擘"之一）、著名科幻小说家赫伯特·乔治·威尔斯（Herbert George Wells，创作的"时间旅行""外星人入侵""反乌托邦"等主流话题作品对科幻领域影响深远）等人。

此外，美国知名科幻作家金·斯坦利·罗宾逊（Kim Stanley Robinson，多次获得雨果奖和星云奖，更曾前无古人地六次摘取轨迹奖）也在《三体》第一部英译本的封底称赞刘宇昆的地道翻译将中国与世界相结合，使其成为最好的科幻小说之一，给人既熟悉又陌生的感觉。他的这条评语还出现在了《三体》第三部英译本的封底。其他雨果奖得主作家如本·波瓦（Ben Bova）、阿丽耶特·德·波达尔（Aliette de Bodard）等也认为刘慈欣给读者带来了对中国过去和未来的深刻洞察，刘宇昆的翻译既流畅又不影响读者阅读等。

除知名作家外，《纽约时报》（The New York Times）在《三体》第二、三部英译本的封底评价《三体》系列为科幻世界注入了新的活力，是亚瑟·克拉克（Arthur C. Clarke）风格的延续，将刘慈欣与 20 世纪最伟大的科幻小说家之一的亚瑟·克拉克联系在了一起。《华盛顿邮报》（*The Washington Post*）在《三体》第二部英译本封底称，硬科幻的粉丝们将陶醉于这部由中国最著名的科幻作家之一创作的错综复杂且富有想象力的小说中，给予了作品极高的评价。

3. 序言

序，亦称"叙"，或称"引"，又名"序言""前言"和"引言"，是放在正文之前的文章。作者自己写的叫"自序"，内容多说明作品内容、写作缘由、经过、旨趣和特点；别人代写的序叫"代序"，内容多介绍和评论该书的思想内容和艺术特色。通过译本序之类的文字，可以分析在特定的文化时空中译者对所译作家、作品的阐释（张剑，2020：179）。

在《三体》第一部英译本序言中，译者除了简要介绍故事情节，还强调这是英语读者第一次阅读中国最受欢迎的科幻作家的屡获殊荣的作品。第二部英译本序言中，除刚才提到的信息介绍，还补充说第一部英译本在出版后广受好评，已入围雨果奖和星云奖，是自 1976 年意大利科幻小说家伊塔洛·卡尔维诺（Italo Calvino）的《看不见的城市》（*Invisible Cities*）以来第一部获得主要科幻小说奖提名的翻译小说。第三部英译本序言中，除提及上述信息外，译者还称《三体》系列一经出版便广受包括《纽约时报》和《华尔街日报》等美国主流媒体的好评，甚至进入了奥巴马的推荐书单。此外，还强调道《三体》第一部获得了雨果奖，成为第一部获得重大科幻奖的翻译小说。

后序也称"跋"，其体例与"序"大致相同，合称"序跋文"（张剑，2020：179）。《三体》三部曲后序中，对于刘慈欣的介绍大致相同，称其为最高产的中国科幻作家，并八次获得银河奖（中国雨果奖）和中国星云奖。而对于译者的介绍，第一、三部后序称刘宇昆（Ken Liu）为作家、律师和计算机程序员，其短篇小说 "The Paper Menagerie"（《手中纸，心中爱》）是第一部横扫星云奖、雨果奖和世界奇幻奖的科幻作品。第二部后序中，称译者周华（Joel Martinsen）是经验丰富的科幻翻译家，他的译文多次出现在科幻文学知名期刊 *Words Without Borders*（《文学无国界》）、*Chutzpah*（《天南》）和 *Pathlight*（《路灯》）中。

4．注释

翻译《三体》是一项浩大的工程，科学知识和术语、完全陌生的文化背景以及中英语言的不同表达，都给译者带来了巨大挑战。为了让美国读者理解《三体》中冗长的政治背景，刘宇昆加入英语小说中很少见的术语注释。

《三体》系列英译本正文中的注释达 74 条，三部曲分别为 37、26 和 11 条。这些注释所含信息颇丰，不仅能为英语读者解惑，还传递了大量的中国传统文化知识。

在所有注释中，政治文化背景补充的注释最多，有 21 条。如在译文 They want to distribute it to select cadres for internal reference（第一部第 27 页，以下简写为"部‐页"）中增加了"cadre"的注释，将其解释为"干部"，并补充说该词不是指一个群体，而是指党或国家的个别官员。在译文 I did find two possible candidates, but both would rather stay at the May Seventh Cadre Schools rather than come here（1‐44）中增加了"May Seventh Cadre Schools"的注释，将其解释为五七干部学校，称是"文化大革命"期间干部和知识分子"再教育"的学校。

除政治文化背景的补充外，历史文化背景补充的注释数次之，有 16 条。如在译文 After a lengthy silence, Shi Qiang said, "Three things are unfilial, and having no issue is the greatest"（2‐165）中注释说，这句关于孝道的名言出现在《孟子》中，这是一本与生活在公元前 4 世纪后期的儒家哲学家有关谈话和轶事的合集。而在译文 When the force of acceleration subsided, he struck up a conversation with Xizi, who was sitting next to him. "Child, are you from Hangzhou?" Then she recovered and shook her head. "No, Master Ding. I was born in the Asian Fleet"（2‐411）中注释说西子是中国古代四大美女之一西施的别称，西施住在杭州附近，因此杭州的西湖与西施有着特殊的联系。

汉语语言特有表达解释的注释为 14 条。如在译文 "You're... Xiao Luo?"（2‐11），In the words of his neighbor Lao Yang, today was the start of his second childhood（2‐30）中解释了"Xiao"是"小"或"年轻"的意思，用于姓氏之前称呼孩子；"Lao"意为"老"，常用于比说话者年长的人的姓氏之前，

以示尊重。

天文科技知识补充的注释为 12 条。如在译文 It could only have come from the closest extra-solar stellar system：Alpha Centauri（1 - 273）中解释了 Alpha Centauri 为半人马座阿尔法星，虽然肉眼看起来是一颗单星，但实际上是一个双星系统，而受双星系统引力影响，它还有一颗肉眼看不见的比邻星，为三颗星组成的系统。在译文 The Low-Tech Level：Spacecraft speed achieves fifty times the third cosmic velocity, or roughly eight hundred kilometers per second（2 - 129）中译者解释了第一宇宙速度，是物体进入轨道所需的初始速度，第二宇宙速度是离开物体引力所需的速度，第三宇宙速度是离开太阳系所需的速度。在译文 Spacecraft are fully equipped with life support. Under these conditions the combat radius extends to the Oort Cloud，with preliminary interstellar navigation capabilities（2 - 129）中解释了"the Oort Cloud"为奥尔特云，是球形分布的冰冷天体的集合，围绕太阳系，距离为 50 000 至 100 000 天文单位，被认为是长周期彗星的来源。

特有事物的解释（计量单位、物品、地方等）的注释为 10 条。在译文 He had spent 400,000 yuan（2 - 61）中译者解释了这大约相当于 2015 年初（译本翻译出版的年份）的 65 000 美元。

历史人物背景补充的注释为 9 条。如文中出现了"Chien-Shiung Wu"（1 - 115），译者解释了吴健雄是近代最杰出的物理学家之一，在实验物理学方面有许多成就。她第一个通过实验反驳假想的"平价守恒定律"，从而支持理论物理学家李政道和杨振宁的工作。译文出现了"Mozi"（1 - 140），译者解释了墨子是战国时期墨家学派的创始人。墨子本人强调经验和逻辑，被称为多才多艺的工程师和几何学家。译文出现了"Liu Buchan"（2 - 259），译者解释了在 1895 年 2 月，刘步蟾在威海卫之战中指挥北洋舰队中的定远舰。

宗教文化背景补充的注释为 2 条。在译文 Compared to other "Monsters and Demons,"reactionary academic authorities were special（1 - 12）中译者解释了"妖魔"原本是一个佛教名词，"文化大革命"期间用来指代革命的一切敌人。在译文 You mean，"If I don't go to hell, who will"（2 - 456）中译者解释说

这句概括了地藏菩萨不成佛的大愿，直到一切众生都得救。

词汇本义解释的注释为 1 条。本义的注释，顾名思义就是对词汇本义的注释。在译文 Professor Wang! Academician Wang!（1-84）中译者解释了这里指的是王教授作为中国科学院院士的身份。

包含寓意人名解释的注释为 1 条。在译文 Wang created the ID "Hairen," and logged in（1-95）中译者解释了海人意为"大海中的人"，这是对汪淼名字中两个字都与水有关的戏谑。

四、《三体》英译本中的外副文本与资本运作分析

外副文本是外在于整本书成品的，由译者与出版商为读者提供的概述性相关信息，如翻译笔记、访谈与评论等。

1. 翻译笔记

作为跨文化的"媒人"，译者的翻译策略、翻译手法、翻译原则除了可以通过研读翻译文本来获得，还可以在译本中的译后记中发现译者的显形（肖丽，2011：18）。在《三体》第一部英译本的译后记中，译者刘宇昆表示其翻译行为包括分解一种语言的作品，然后将这些作品跨过一个海湾，将它们重新组合成另一种语言的新作品。但有时文化差异产生的困难远比语言结构上的大。《三体》的故事中富有大量的中国典故，刘宇昆表示他尽量将解释性注释的数量保持在最低限度，通过在文中添加一些信息（均获作者批准）来为非中文读者提供必要的文化知识。此外，文学手法和叙事技巧的不同也给译者的翻译工作带来了挑战，美国读者对小说有不同的期望和偏好，在有些情况下，译者会尝试将叙事调整为美国读者更熟悉的表达，而在其他情况下，则更多地保留原文的初始风格。

刘宇昆认为过于直译，远非忠实，实际上通过模糊意义而扭曲了意思，且翻译有时也较少关注原文的完整性，以至于缺少原始的韵味。这两种方法都不是负责任的译者会采用的。从某种意义上说，翻译可能比原创更难，因为译者必须努力满足目标语读者的审美需求，同时还要受到原作的严格约束。刘宇昆还表示在翻译时，他的目标是充当忠实的解释者，尽可能地去保留原文的细微差别，而没有过多的修饰或遗漏。此外，刘宇昆认为译者还须平衡

对原文的忠实度、表达的恰当性和风格的美感。事实上，最好的英译本读起来并不像最初用英文写的，因为英语单词的不同排序等表达可以使读者瞥见另一种文化的思维模式，听到另一种语言节奏和韵律的回声，这些都是译者在翻译时所要有的标准。

2. 访谈与评论

知名出版社以及译者的资本积累是促使《三体》系列在美国大获成功的重要力量之一。在中国文学走向世界的历程中，不少作品英译本"都是通过学术出版机构出版，往往被归在学术化的小众类别"，未能真正进入本土图书市场，为大众读者所接受，因而并未取得理想的译介效果（吴赟、顾忆青，2012：90）。而《三体》系列英译本的出版商是汤姆·多赫尔蒂集团（Tom Doherty）旗下的托尔出版社（Tor Books）。托尔出版社曾连续 20 年获得"轨迹奖"最佳科幻小说出版商称号，在科幻文学界享有崇高声誉，拥有广泛的读者群体，捧红过不少科幻作家，这使《三体》系列的海外发行传播渠道得以有效拓展，充分扩大了翻译作品的阅读受众。托尔出版社长期积累起来的社会资本和文化资本为《三体》顺利进入美国市场奠定了必要的基础，托尔出版社还利用自身的关系资源，邀请美国的知名科幻作家金·斯坦利·罗宾逊为《三体》系列撰写封底推荐语。罗宾逊是当代美国最高产、最受好评的科幻作家之一，被《纽约时报》誉为最伟大的科幻作家之一。罗宾逊的象征资本为《三体》系列在美国科幻创作界赢得了宝贵的声誉。

随后，在 2015 年 10 月出版的《科学》（面向科学共同体的全世界最具权威的学术期刊之一）杂志中，《三体》第一部英译本作为雨果奖获奖作品之一获得了单独撰文的待遇。叶夫根尼娅·纳西莫维奇（Yevgenia Nusinovich）在文中说"《三体》是一本突破常规的科幻小说……书中表现出的未来主义与硬科学知识令人心潮澎湃"。美国《纽约客》编辑罗斯曼（Joshua Rothman）在其文章标题中就称赞刘慈欣是中国的"亚瑟·克拉克"，他在文中综合介绍了刘慈欣的背景及写作手法，认为"刘慈欣作品的独到之处并非在于不同文化间的差异，他所讲述的故事大部分都是关于整个人类发展历程的寓言——既有具体的想象，又内含抽象的概念"（罗斯曼，2015）。

知名人士在社交媒体上或被采访报道时提及《三体》系列也是扩大其影

响力与传播面的一个重要渠道,且可从侧面证明《三体》系列的传播已经深入社会的各个阶层。不可否认的是,广大普通读者才是《三体》系列英译版能获得更多销量的基础来源,也是文学译介的最终目标受众群,只有真正被广大普通受众接受并产生积极反馈,中国文学对外输出才算是完成了最终目标。角谷美智子(Michiko Kakutani)是《纽约时报》的首席书评人。她于2017年1月13日在白宫采访了时任美国总统奥巴马。他们讨论了读书的意义以及奥巴马喜爱的书籍,其中奥巴马就提到了刘慈欣的《三体》系列。

曾获得过雨果奖、星云奖、世界奇幻奖等诸多世界级大奖的科幻大师迈克尔·斯万维克(Michael Swanwick)专门为《三体》获得雨果奖给中国科幻界写了一封公开信,表达了对刘慈欣的诚挚祝贺及看到中国科幻界崛起的喜悦之情。他在信中写道:"大约七年前,我为《科幻世界》的专栏写了一篇介绍雨果奖的文章。在文章的最后,我写道中国科幻作家完全有机会摘获雨果奖,但那时我认为这可能会在十几年后才发生。上个星期六,我在现场观看了《三体》获奖的全过程,宣奖那一刻掌声此起彼伏,不过我一定是鼓得最响的那一个。我鼓掌的原因,一是我作为读者喜欢这本小说,二是我作为作家赞叹刘慈欣的想象力。此外,我鼓掌还为了整个中国科幻界,是你们的努力让我的预测在更短的时间内就能实现。"另外,他还指出,雨果奖的获得不仅是作家作品本身的成功,"更应该归功于让科幻在中国成为一种受人喜爱的文学形式的各位读者"(斯万维克,2015)。

五、小结

副文本与译文本相辅相成,一起构建了完整的翻译与传播过程。副文本作为翻译研究中一种特殊的史料来源,对理解原文及译本有举足轻重的作用。译者(刘宇昆和周华)作为在读者之前已经阅读、接受和理解作品的人,有义务把他们对原作的解读通过某些途径传达给目标语读者。因此,译者会充分利用译本传播的各个渠道或平台再现自己的翻译过程,并结合译文呈现作品的文学性与艺术价值。译文文本之外的副文本是译者传达他们对作品解析的一个重要的文本空间,这也是译者对译作思想内容和文本形式传达的一种补充。《三体》系列英译本中各类形式的内、外副文本为目标语读者的阅读起到了引导、介绍和信息预告的功能，具体内容不仅涉及译作的选材、主题、写作技巧和方法的阐释，还参与了对原作艺术性的建构，帮助呈现作家在文中所要表达的文学观点及各种主张。

第四节　科技术语的跨文化传递：《三体》英译中的语义衔接

《三体》系列是中国最负盛名的科幻小说之一，蜚声海外。小说以未来科技和观念为中心，借助科技术语构建一个虚构的先进科技世界观基础。通过留意专业术语、科技设备描述、科学组织名称以及天文物理词汇，本节总结《三体》系列中 68 个科技术语，分为技术工具、人物组织、天文物理和社会人类学四类。通过英译分析，本节得出直译、使用特定词汇、结合角色或功能，以及利用词根和词缀四种主要策略。术语翻译需考虑文化背景、读者理解力、故事情节、准确性和一致性。研究术语翻译有助于展示中国科幻作品，增强国人自信，打破西方文化主导地位，促进多元文化交流与融合。

一、简介

科幻小说涵盖科学、技术、未来概念等，故其中有大量专业术语（Roberts，2002：2）。此等术语对故事理解至关重要，构成科幻世界之基（Bennett，2017：9）。《三体》为中国科幻扛鼎之作，蜚声海外，其中的科技术语承载着作者刘慈欣对科学、哲学、社会问题独特思考和想象力。这些术语有时无法直接对应目标语言，因此译者需要凭借想象力和逻辑思维，并考虑读者理解能力，寻找恰当译法。《三体》在国际上的成功展示了中国科幻的独特魅力和吸引力，通过研究其术语翻译，可以更真实地讲述中国故事，增强文化自信，进一步提升中国的国家形象（冯慧怡、许明武，2023：86）。同时，深入探究其术语翻译的策略和技巧，可以为传达中国故事提供有力支持，进一步扩大中国故事在全球传播渠道上的影响力，促进文化交流与理解的深入发展。

二、《三体》中的科技术语

术语是用于特定学科领域内概念以及社会生活专门领域中事物的专用词汇。它们具有独特的语言特点，并遵循特定的命名原则和规律（张沉香，2006：65）。

在中国知网上以"三体"和"翻译"为主题进行检索，共得305项相关研究，其中仅2篇涉及《三体》系列术语翻译。而在海外研究中更是罕见探讨《三体》术语翻译的。王天宇和高方（2020）研究了《三体》术语翻译，然而，他们并没有对其中术语进行全面分析，只是讨论了法语译本中"宇宙微波背景辐射"等15个术语，并且每个例子的分析内容较少。此外，宋雪婷（2020）的研究也仅讨论了"红岸基地"等4个术语的英译，并且讨论内容更为有限。研究《三体》术语翻译对于探索其文学价值、创作意图和隐喻意义具有重要意义。此外，这种研究还能够扩大中国故事在全球传播渠道上的影响力（王烟朦，2022：163）。通过深入分析术语翻译的策略和技巧，可以更深入地理解作品的内涵和审美特点，提升科幻翻译实践，并促进目标社群对科学技术的理解以及科学知识的传播与普及（赵世举、程海燕，2023：74）。

本研究在提取和选择《三体》系列中科技术语时，综合考虑了多个方面，包括作者在小说中使用的专业术语、描述科技设备和工具时使用的词汇、与科学机构和组织相关的名称，以及涉及天文物理领域的词汇。根据小说中出现的科技词汇和未来概念，本研究共汇总68个科技术语，并按特点分为技术工具、人物组织、天文物理和社会人类学四类（详见图4）。技术工具类涵盖科技、工程和工具相关术语，反映作者对科技进步和未来世界的独特想象。人物组织类揭示小说情节中人际关系、权力结构和个体与集体的互动。天文物理类涉及天体物理、宇宙学和物理学等术语，丰富了作品的科学内涵。社会人类学类探讨小说中的社会现象和人类行为，展示了对社会科学的关注和思考。

尽管原文中术语可根据技术和工具、人物和组织、天文和物理学以及社会和人类学等类别分类，但译文对于不同种类术语的翻译策略似乎没有明显区别。这可能是由于在《三体》系列中，这些术语的使用并没有明显的趋势或规律，导致译者无法针对不同类型的术语采用特定的翻译策略。因此，翻译策略的选择更多地取决于术语本身特点和上下文需求，而非术语所属的分类。

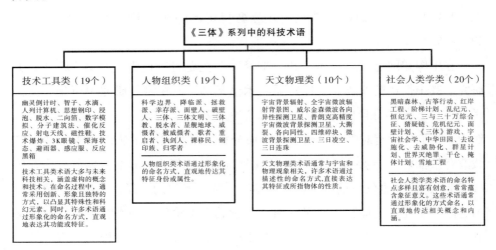

图4　《三体》系列的科技术语体系图

三、科技术语的英译路径与衔接策略

根据对《三体》系列译者周华（Joel Martinsen）的访谈（Deng & Goh，2023）获悉，本研究在翻译《三体》系列前，译者们已确定大致术语翻译策略。因此，尽管《三体》系列有刘宇昆和周华两位译者，他们在术语翻译策略上几乎保持一致。本研究分析《三体》系列68个术语的中英版本，总结出直译、使用特定词汇、结合角色或功能，以及利用词根和词缀四种主要策略。

"直译"保留原文字面意思，确保翻译准确性和忠实度，使读者更好地理解原文含义。"使用特定词汇"指原文对应多个可行的直译译文，而在这些可行译文中选择一个最合适的，考验译者的专业能力和译文质量。"结合角色或功能"指译者会选择与原文角色或功能相关的词汇，但不一定要求直译。译者可能会选择更符合目标读者习惯的表达方式，以确保译文更加自然流畅，并使读者更容易理解。通过"利用词根和词缀"的策略，译者能够以术语结构和构成为基础，创造新术语，将词根、前缀和后缀相结合，以确保翻译的准确性和专业性。

这些策略中，"使用特定词汇"和"直译"有相似之处，区别在于原文是否有多个常见的直译版本。而"结合角色或功能"与"使用特定词汇"的不同之处在于其结合角色或功能，而不一定采用直译。与前三种方法不同，"利用词根和词缀"更注重术语层面的处理，关注术语的结构和构成。这四种策略在翻译过程中起到不同的作用，但它们并不是相互独立的，而是可以相互结合使用。

1. 直译

"直译"指直接将原文译为对应的英文，而不进行太多的解释或重新表达（如表9所示），如"面壁人"译为"Wallfacer"，"face"是一个常见单词，意为"面对"或"面向"，而"facer"是"face"的名词形式，表示"面对者"或"面对的人"，直接传达了原词的意思。

表9　《三体》系列中直译的科技术语对照表

原文	译文
面壁人	Wallfacer
恒纪元	Stable Eras
威慑者	deterrer
破壁人	Wallbreaker
乱纪元	Chaotic Eras
磁性鞋	magnetic shoes
猜疑链	a chain of suspicion
危机纪元	Crisis Era
3K 眼镜	3K glasses
被威慑者	deteree
星舰地球	Starship Earth
深海状态	deep-sea state
黑暗森林	dark forest
面壁计划	Wallfacer Project
催化反应	catalytic reaction
红岸工程	Red Coast Project

续表

原文	译文
古筝行动	Operation Guzheng
阶梯计划	Staircase Program
科学边界	frontiers of science
技术爆炸	technological explosions
数字模拟	mathematical simulations
射电天线	row of radio antennas
分子建筑法	molecular construction
宇宙背景辐射	cosmic microwave background
三与三十万综合征	three and three hundred thousand syndrome
全宇宙微波辐射背景图	map of the cosmic microwave background
威尔金森微波各向异性探测卫星	Wilkinson Microwave Anisotropy Probe
普朗克高精度宇宙微波背景探测卫星	Planck, the space observatory

2. 使用特定词汇

"使用特定词汇"与"直译"相似。在"使用特定词汇"中，一些翻译似乎采用了"直译"的方式。然而，两者之间也有一些不同之处。在"使用特定词汇"中，原文可能对应多个可行的直译译文，而在这些可行的译文中选择一个最合适的，则需要译者的专业能力。

（1）"三体"的翻译："Three Body"还是"Trisolaran"

英译中，"三体""三体文明""三体教"和"《三体》游戏"分别译为"The Three-Body Problem""Trisolaran civilization""the Trisolaran religion"和"The Three Body game"。选择"Three-Body"还是"Trisolaran"反映了译者在语义一致性方面的考虑。

"三体"指一种特殊行星系统，其中三颗恒星围绕彼此运动，形成一种复杂的引力相互作用。这种行星系统的运动问题在科学中被称为"三体问题"，这是一个著名的、困难且不可解的物理学难题。将"三体"译为"The Three-Body Problem"可准确地传达原文中科学背景和核心概念，同时也与物理学领域中术语保持一致，使读者更容易理解。

　　"三体文明"指来自三体星系的外星文明，而"三体教"指这个外星文明所信仰的宗教。为保持一致性和连贯性，译者选择"Trisolaran"作为表示与三体星系相关概念的统一术语。在"教"这个词的英译上，译为"religion"将其归类为一种宗教信仰，强调了宗教的特性。然而"三体教"除宗教信仰外，还涉及人们对未来和宇宙的追求、对生命和文明的思考，以及对人类存在意义的探索。因此，仅将其译为"the Trisolaran religion"无法全面传达原文中"三体教"所具有的多重含义和复杂性。而译为"doctrine"虽然能够传达"三体教"作为一种教义和理论体系的含义，但它无法涵盖原作中宗教信仰的情感成分。"Faith"这个词则更好地传达这种情感成分，使读者更能体会到"三体教"对人物和故事的重要性。

　　"Trisolaran"指代三体星系相关概念，而非整个系列故事。将"《三体》游戏"译为"Trisolaran game"会让读者以为游戏的主题只涉及三体星球，而非整个三体系列，而译为"The Three Body game"，读者可以更容易理解游戏与《三体》系列故事的关联。

　　（2）虚构的高度先进科技实体的英译

　　"智子"和"水滴"是虚构的三体文明使用的具有高度先进科技属性的实体，用于监视和干扰地球文明，它们分别译为"Sophon"和"Droplet"。"Sophon"是一新造词，这种独特性有助于读者认识到故事中"智子"的特殊性质和科幻背景。其他翻译版本如"Wise"和"Intellect"虽然也传达了智能的意思，但"Wise"广泛用于描述人或事物具有智慧和理性的特征，而"Intellect"更偏向描述人的智力或思维能力。

　　"Droplet"具有直观意象，能准确传达"水滴"概念，让读者想象到小而圆润的水珠。尽管"Droplet"本身并没有直接体现高度先进科技属性，但它是一个通用且易于理解词汇。作者和译者通过描述"水滴"的功能、特性和技术细节来确保读者理解它的高科技属性。通过详细介绍"水滴"的能力、构造和使用场景，读者可逐渐了解到它不是普通水滴的概念，而是一种高级科技设备。相对于"Droplet"，其他选择可能在表达上稍显复杂或含义不够明确，如"Water droplet"由两个词汇组成，增加了翻译结果的结构复杂性。

（3）反映角色核心特点或从事行为的术语英译

"脱水者""歌者""重启者"和"执剑人"的命名都与其所代表的角色或行为紧密相关。"脱水者"指被脱水的三体人；"歌者"指爱好吟唱歌谣的某个外星文明的统称；"重启者"指致力于重启宇宙，回归田园时代的文明的统称；而"执剑人"指控制拥有毁灭两个文明能力的引力波威慑系统，保持两个文明的战略平衡的地球人。这些术语都采用了直观和描述性的方式来命名。英译本中，"脱水者"译为"dehydrate"。"Dehydrate"将动词性前缀"de-"（去除）与"hydrate"（水分）结合，准确地表达了"脱水者"作为一种能够使生物体变干的设备或生物的含义。如果译为"Water Extractor"，虽强调从水源中提取水分，但更多指涉提取水的设备或方法，与原意稍有不同。

"歌者"译为"Singer"，采用直观和描述性的方式来传达了"歌者"的核心特点，没有过多的修饰或复杂的词汇结构。相比之下，"Bard"和"Minstrel"等使译文更加复杂。"Bard"指古代歌手，常与史诗、传说和英雄故事关联，而"Minstrel"指中世纪欧洲流浪艺人，常与骑士、宫廷和传统文化联系。"Singer"是通用词汇，不依赖于特定的文化、历史或语境背景，因此更易于被广大读者接受和理解。

"重启者"译为"Resetters"，突出了角色的动作和目的。除了强调重启的动作，"重启者"还承载了更深层次的含义，涉及对宇宙规律、文明进程和人类命运的理解和干预。而"Rebooters"和"Restarters"则侧重于更新和恢复，可能不如"Resetters"那样广泛适用于不同语境和文化背景下的读者。"Resetters"作为一简单词汇，易于理解和接受，而其他选项可能需要更多的解释或背景知识才能被理解。

"执剑人"译为"Swordholder"，将动词"hold"转化为名词形式，呈现出一种稳定和坚定的形象，突出了执剑人作为持有剑（能够毁灭两个文明的能力引力波威慑系统）的角色特质。"Swordbearer"更强调承载剑的角色，它可能无法传达"执剑人"在战斗或领导方面的意义，而"Sword Guardian"更侧重于保护剑或执剑人所代表的价值，而不一定包括其他方面的角色。

（4）传达派系核心特点和目标的术语英译

英译中，"降临派""拯救派"和"幸存派"分别译为"the Adventists"

"the Redemptionist"和"the Survivors"，直接传达了派系的核心特点和目标。"降临派"强调他们期望三体文明降临地球来改造人类文明的信念，"拯救派"强调他们希望通过拯救三体人来改变和拯救地球文明的信念，"幸存派"强调他们通过与三体人共存来保护后代生存的目标。英译中，译者使用冠词"the"，并采用了派系名称的复数形式，以表示这些派系的集体身份。"the Adventists"保留"降临"意思，并且已经广泛用于描述那些期待末日或重大事件降临的宗教团体。"the Arrivalists"和"the Descendists"强调了降临的概念，但它们更强调一群相信或期待降临的人。"the Redemptionist"与基督教中的"救赎"概念相关联，指的是神通过拯救和救赎人类来解救他们的罪恶。"the Rescuers"强调了拯救的行为，但可能没有充分涵盖"拯救派"所代表的更广泛的内涵。原文中的"拯救派"不仅仅是一群救援者，他们还具有一定的信仰和情感成分。"幸存派"译为"the Survivors"，既表示个体或个人的幸存者，同时又用了复数形式强调了幸存者所组成的集体身份，也常用于描述那些在灾难或战争中幸存下来的人群，因此它在英文中具有一定的常见性和可理解性。这使得读者能够直观地理解"幸存派"的含义，并且能够将其与个体幸存者和集体身份联系起来。"the Surviving Faction"和"the Surviving Group"更侧重于描述幸存者的群体性质，而没有直接强调他们作为个体的幸存者身份。它们更加突出了集体行动或组织结构，而不是个人的幸存状态。尽管"the Remnant"在某种程度上可以表示幸存者，但它可能没有直接传达"幸存派"中所涵盖的组织身份和目标。

（5）描述计划或项目特征或目的术语英译

"掩体计划"的目的是为人们提供避难所或保护措施，而"雪地工程"可以简要地描述为利用恒星级氢弹和海王星的油膜物质来创建太空中的尘埃云，并将多个尘埃云组合成一个环绕太阳系的尘埃环，形成一个类似于雪地的环境，任何经过该环境的外星文明都会在其中留下脚印。这些名称描述了计划或项目的主要特征或目的，以直观的方式传达它们的基本含义和概念。英译中，"掩体计划"译为"Bunker Project"。"Bunker"是一常用词汇，常指地下避难所或防御工事，与中文"掩体"的意义非常接近，传达了计划中隐蔽、保护和避难的概念。其他译本如"Shelter Plan"强调了避难所的概念，但可能没有完全传达"掩体"的保护和隐蔽含义；"Concealment Plan"强调了隐匿的概念，可能过于具体化，只突出了其中一方面的保护和隐蔽，而未完全涵盖整个计划的目的和内涵。同样，"Camouflage Project"则强调了伪装的技术性，可能过于专注于外部伪装和技术层面，而未完全传达计划的整体意图。

"雪地工程"译为"Snow Project"突出了工程中的关键元素，即创造一个以雪地为特征的环境，路过的人会留下脚印，帮助读者更直观地理解原文中的概念。"Snowfield"可能暗示特定的地形或地貌特征，"Snowy"可能强调雪的属性或特征，"Frozen"可能涉及冰冻状态。这些词汇在一定程度上扩展了译文的语义范围，但也可能导致更多解释和理解上的困惑。

（6）传达特定概念、现象或理论的术语英译

"宇宙社会学""大撕裂""裸移民""各向同性"和"中华田园"在命名中包含了相关的关键词汇，以便准确地表达所描述的内容。"宇宙社会学"译为"cosmic sociology"，使用了常见的形容词"cosmic"修饰"sociology"，直接表达了宇宙与社会的关系。这种构词方式更符合英语的惯例，以更自然和常见的方式传达所需的概念。相比之下，"Astrosociology"将"astro"前缀（宇宙）与"sociology"（社会学）结合，"Cosmosociology"使用了前缀"cosmo"（宇宙）与"sociology"相结合，这种结合虽然也暗示与宇宙相关的概念，但与社会学结合不够自然，也不常见。

"大撕裂"形容两个领域相遇，领域机制重新修改兼容，形成新领域，译为"the Great Rip"强调了剧烈的、突然的分裂或撕裂。"the Great Rupture"和"the Grand Schism"都强调了分裂和分离的概念，但不如"rip"直观地表达出相遇时的撕裂现象。同样，"the Massive Tear"和"the Cataclysmic Split"强调了剧烈的撕裂，但缺乏"rip"中突然性和迅速性的准确传达。此外，较长的词组可能会使翻译冗长，而简洁性更有利于有效传达原文的意义。

"裸移民"译为"Resettle naked"保持了"裸"和"移民"两个关键词的对应关系，并且在语义上保持了一致性。而"Nude migrants"和"Naked immigrants"强调了裸体状态，但未明确表达迁移或重新安置的含义。而"Bare migrants"和"Unclad immigrants"则侧重于身体状态而不太突出迁移或

重新安置的含义。

"各向同性"译为"Isotropic"。"向同性"指人工智能可以实现某些特殊的功能，比如数据处理和情感交流等。"Isotropic"指物体或系统在各个方向上具有相同的性质或特征。这与"各向同性"的含义一致，确保了翻译的准确性和语义的一致性。而"Homogeneous"指具有相同或相似性质或组成的事物，可以用来描述物质的一致性、组织的均匀性等。"Uniform"用于表示均匀分布或一致性，可以用于描述数据分布、物理场的分布、人群分布等各种情况。"Equally distributed"指的是物体、数据或属性在空间或时间上均匀分布，主要用于描述数据分布或资源分配的情况等。

"中华田园"译为"Pastoral China"。"中华田园"是一个实验社会，社团置身于最大城市中，没有一分钱财产，包括食物在内的所有生活用品均来自城市垃圾。"Pastoral China"使用"Pastoral"直接呼应原文中"田园"，保持了翻译的一致性。"Rural China"在语义上可能偏重于农村地区而缺乏文化和价值观的维度。类似，"Countryside China"侧重于农村地区，强调的是地理概念而非全面的文化和生活方式。"中华田园"通常涉及对农耕文明、自然环境和人文价值的理解，而"Traditional China"更侧重于整体的传统文化而非特定的"田园"概念。虽然"Idyllic China"包含了"田园"的含义，但"Idyllic"强调了理想化的诗意的形象，但可能忽略了实际生活的复杂性和现实面。

（7）描述物体功能或特征的术语英译

"四维碎块"和"避雨器"都直接描述了物体的功能或特征。"四维碎块"指一种具有四维特性的碎块，强调在四维空间中的特殊性质。"避雨器"指一种用于避雨的设备或装置，突出其保护作用。"四维碎块"译为"Fragment"。英文中，"四维"概念不易直接表达，为保持简洁和易于理解，译者选择了更常见的"fragment"，用以表示物体被分割或破碎的特性。"fragment"没有特定的科幻或数学背景要求，因此更易于理解并且适用范围更广。如果译成"Tesseract"可能会引入与数学和几何学相关的语义细节和特定背景知识，而译成"Quadrant Fragment"可能会暗示这个碎块具有四等分的性质。

"避雨器"译为"Rainshield"。"避雨器"是一种设备，用于遮蔽和保护人们免受降雨的影响。"Rainshield"直接将"rain"（雨）与"shield"（保护罩）相结合，清晰地传达了避雨器的主要功能，即提供一种屏障来保护人们免受雨水的影响。"Rain cover"强调了设备的遮蔽功能，然而它没有明确强调设备的保护性质。"Rain shelter"更强调提供安全避难的地方，而"Rain protector"中"protector"可能更倾向于指代一种保护性的装置，与保护人们免受降雨影响的直接关联不如"Rainshield"明显。

3. 结合角色或功能

译者结合角色或功能选择词汇，旨在准确传达原文概念和含义。科技领域的术语通常涉及特定技术、理论或概念，直接翻译可能无法完整表达原文意思。因此，译者需要考虑角色或功能，选择适当词汇，确保翻译后的术语准确传达相应的概念。

"微波背景探测卫星"译为"Cosmic Background Explorer"，通过"Explorer"突出其探测和探索功能，同时加入"Cosmic Background"准确描述了其探测目标。同样，"感应服"译为"V-suit"，这里的翻译与之前提到的"V装具"相同，使用了"V-suit"表示特定的服装或装备。"反应黑箱"指三体文明中用于进行某种反应的装置或设备，而"main reaction chamber"通过"main"（主要）一词，强调了该反应腔室的重要性和主导地位，"reaction"（反应）表明它是用于特定反应的设备，而"chamber"（腔室）则指示了其容器的特点。

"去设施化"译为"elimination of single-purpose facilities"，"single-purpose facilities"表达设施的特定功能，而"elimination"表示去除或消除的行动。同样，"去威胁化"译为"defanging of humanity"，选择"defanging"来描述对人类威胁的处理，暗示了对威胁的消除或削弱，传达了对威胁进行处理和减弱的角色或功能。

"人列计算机"译为"Trisolaran-formation computer"，"Trisolaran"指三体人，"formation"表示形成或构建，"computer"表示计算机。通过这个翻译，角色和功能得以结合，准确传达了原文中关于三体人计算机的含义。同样，"群星计划"译为"Stars Our Destination Project"，表达了计划涉及星星、宇宙或星系的目的地或目标，以便读者理解和感受原文的内涵。

"思想钢印"译为"mental seal"，"mental"用于表示与思想或心理相关的概念，而"seal"则指出了一种封印或密封的功能，传达了将思想封印或密封的概念，暗示了思想的保密性或控制性质。同样，"钢印族"译为"the Imprinted"，通过"Imprinted"传达了这个族群在文中被标记、刻印或植入某种特质或信息的特征。将"归零者"翻译为"Zero-Homers"，"zero"表示归零或重置的概念，而"homers"指这些角色与归零或重置有关。

"三日凌空"译为"trisolar day"。"三日凌空"指三体星系中的一种特殊现象，即三个恒星在太阳系周围的运行周期为三日。译者选用"trisolar"作为一个特定词汇，指代三体星系的角色和特征，同时，加入"day"来表达时间的概念，以突出"三日"的特殊性。"三日连珠"译为"trisolar syzygy"。"三日连珠"用来描述三个恒星在一段时间内排列成一条直线的现象。译者继续用"trisolar"指代三体星系，强调其中的角色和特征，同时，使用天文术语"syzygy"，指恒星或行星在同一直线上排列的现象。

"结合角色或功能"和"使用特定词汇"具有相似性，但在分析和讨论时，将它们区分开是有意义的，这是因为它们强调了不同的翻译思路和侧重点。"使用特定词汇"通常会在目标语言中选择与原文相似意思的词汇，以保持翻译的一致性和准确性。这种方法更倾向于直译，即尽可能地保持原文的字面意思。译者会根据已有的英文词汇或术语，选择最适合的词汇来传达原文的含义，这种方法注重专业术语和行业惯例的一致性。而"结合角色或功能"则更注重考虑目标语言读者的理解和接受。译者选择与原文角色或功能相关的词汇，但不一定要求直译。译者可能选择更符合目标语言读者习惯的表达方式，以确保译文更加自然流畅，并使读者更容易理解，故这种方法更重视译文的可读性和接受度。

4. 利用词根和词缀

"使用特定词汇"和"结合角色或功能"都是在整体翻译策略中考虑读者的理解和接受，旨在选择最适合的词汇或术语，以传达原文的含义和风格。"利用词根和词缀"更侧重于术语层面的处理，着眼于术语的结构和构成，通过创造新的术语，结合词根、前缀和后缀，译者能够保持翻译的准确性和专业性，尤其在特定领域的术语翻译中很常见。"世界灭绝罪"译为"Suspected mundicide"，"mundicide"是由词根"mundi-"（世界）和后缀"-cide"（杀死）组合而成，译者创造了一个新词来表达"世界灭绝罪"的含义。"浸泡"译为"rehydration"，选择了前缀"re-"表示"重新"或"再次"，以及词根"hydrate"表示"水分"，成功表达了重新给物体加水或吸收水分的意思。将"脱水"译为"dehydrate"，利用词根"de-"表示"去除"或"剥离"，以及后缀"-ate"表示"使……发生某种过程或状态"，直观地表达了从物体中去除水分的意思。"干仓"译为"dehydratory"，结合词根"dehydra-"（脱水）和后缀"-tory"（表示工具或设备），用于表达原文中"干仓"的含义。"幽灵倒计时"译为"the ghostlike countdown"，译者选择词根"ghost"表示"幽灵"，以及后缀"-like"表示"类似于"，并加上"countdown"表示"倒计时"，形象地描述了倒计时的状态像幽灵一样的特点。"二向箔"译为"dual-vector foil"，前缀"dual-"表示"两个"或"双重"，"foil"表示一种薄片或覆盖物。将"光粒"译为"the photoid"，词根"photo-"表示"光"，后缀"-oid"表示"类似的"或"形态的"。

四、小结

提高术语翻译质量，可减少语言障碍，确保信息一致和准确，为对外话语体系提供更好服务（李学军，2017：83）。通过分析《三体》系列科技术语英译，本研究得出在进行术语翻译时，译者需要考虑多个因素，包括文化背景、读者的理解能力、故事情节、场景以及术语的准确性和一致性。根据目标读者对原文的熟悉程度，可选择直译或根据情节和场景选择合适的特定术语进行替代。术语与角色、工具之间存在密切的关系，因此可以结合选词来传达术语的含义，确保翻译的准确性和连贯性。在描绘科幻世界的技术和工具时，译者可以创造新词汇来增加独特性，以更好地传达原作中的科幻概念和想象力。术语翻译应该采用灵活的方法和多种翻译策略的组合，以达到更好的翻译效果，最终目标是确保翻译的准确性和易读性，使读者能够清晰地理解科幻技术和工具的含义。对未来的译者来说，学习这些方法将有助于他们以灵活创新的方式翻译科幻小说中的科技术语，讲好中国故事，并准确传达原文中的科幻概念和想象力。通过这些努力，我们可以为国际读者提供更好的中国科幻翻译，促进文化交流和理解。

第五节　文化想象的传递：对《三体Ⅱ：黑暗森林》译者周华的访谈

科幻文学体现一个民族想象力和对人类命运的关怀，代表一国科技发展水平与社会经济水准。《三体》作为首个获得国际科幻最高奖项雨果奖的亚洲作品，墙外开花墙内香，不仅助推中国科幻从边缘走向主流，实现文化交流目的，还帮助开启中国科幻文学发展新篇章。中国科幻海外传播离不开译者努力。译者访谈是研究翻译策略与翻译过程的重要材料，遗憾的是目前尚未有《三体》系列译者相关的学术采访。笔者有幸对译者周华进行专访，探讨了译者翻译选材、策略及标准，刘慈欣科幻英译对原作的反哺，中国科幻翻译与文化传播，译者科幻翻译经验分享等重要话题。

一、简介

周华（Joel Martinsen）是刘慈欣科幻小说重要译者之一，翻译了《三体Ⅱ：黑暗森林》（2015）、《球状闪电》（2018）和《超新星纪元》（2019）3部长篇小说和《思想者》（2011）、《时间移民》（2020）、《欢乐颂》（2020）和《地火》（2020）4篇短篇小说。

副文本是研究文学作品及翻译的重要材料，法国文学评论家热奈特（Gérard Genette）将副文本分为内副文本（如封面、标题、引语、注释等）和外副文本（如翻译活动参与者的访谈、日记等）（Genette，1997：5）。翻译活动参与者的访谈是解释译者翻译规范与策略，译者与作者、出版社之间互动，和翻译过程的重要依据（张泔，2021：134），对翻译事件和译者展开微观研究具有重要价值与意义。

二、译者选材与翻译策略探析

邓高胜（以下简称"邓"）：周华先生您好，非常感谢您在百忙之中接受访谈。您从事中国科幻翻译多年，成果丰硕。在采访前，能否请您做一个简短自我介绍，让读者对您的教育背景，及您选择中国科幻翻译的缘由有一个更深入的了解？

周华（以下简称"周"）：高胜好，非常荣幸接受这次访谈，也希望通过这次机会，让更多学生、老师与研究人员了解中国科幻及翻译。我本科在美国马里兰大学学习数学，多年数学课程学习，让我怀疑自己是否希望从事此行业，故决定尝试新事物。我中学起就学习汉语，有一定基础，因此，我来到中国，像当时大多数来中国的美国人一样从事英语教学。我中学就接触汉语，并在大学期间继续将其选为外语学习。但在美国中学，选汉语作为外语的学生较少，课程学习不深，主要是学习语音，阅读如五四文学等短篇作品和参加少量汉语写作课程。来中国后，我才大量接触并有能力阅读中国现当代文学，并大受震撼。我对中国文学兴趣日增，并到北京师范大学攻读中国现当代文学硕士学位。

在北师大，我选了吴岩教授①的科幻研究课程，吴教授的科幻课让我读到不同于之前接触的主流文学，我在欣喜之余，迫不及待想把我的感触与一些优秀作品分享给美国好友，鉴于未找到这些作品英译本，故开始了中国科幻的翻译与分享。

邓：您是如何加入《三体》系列翻译的？

周：中国科幻让我从不同角度了解中国的社会、文化，以及其他各方面，

---

① 吴岩，著名科幻作家，北京师范大学与南方科技大学教授，长期致力于科幻文学的教学与研究。自 1991 年起，吴岩在国内首创开设了科幻文学本科课程科幻阅读与研究，这一开创性举措标志着科幻文学在中国高等教育体系中的正式纳入与系统化。2003 年，吴岩在北京师范大学进一步开创了科幻文学硕士研究方向，为学术界提供了专门的科幻文学研究平台。自 2003 年以来，吴岩在硕士层级开设了包括科幻文学理论研究、中西科幻比较研究和科幻名著选读等系列课程。这些课程不仅系统地探讨了科幻文学的理论框架和比较研究，还涵盖了经典科幻名著的详细分析，显著推动了中国科幻文学教育的深入发展。吴岩的课程设计与教学方法为科幻文学的学术研究和人才培养奠定了坚实基础，为该领域的发展作出了重要贡献。

其中令我印象最深的是《球状闪电》①。首次阅读，我就为其情节和想象力折服，迅速完成小说前几十页的翻译，并与朋友分享了手稿。我希望将其分享给更多英语读者，故将修改后的稿件投给了 *Words Without Borders* 杂志。幸运的是，杂志很快录用并发表了《球状闪电》节译本，这也成了我首次公开发表的中国科幻英译本，进而激起继续翻译《球状闪电》的想法。所以，当《三体》系列公开招募英译者时，我踊跃报名，不仅因为《三体》系列的情节同样吸引我，还因为我觉得如果我不参与《三体》系列翻译，《球状闪电》的翻译也可能就会落到别人头上。所以，我加入了《三体》系列翻译团队，并在之后如愿以偿地翻译了《球状闪电》。

邓：您选择中译英而非英译中，除了希望分享中国科幻给更多的美国朋友和读者，还有其他原因吗？

周：分享中国科幻作品给朋友是我最初的一个想法，之后在系统地从事翻译工作后，我也思考过中译英和英译中的选择。我选择的原因如下，一是，我认为我英语表达和写作能力肯定超过中文。我虽然参加过中学和大学汉语写作课程，但还是难以超越母语能力。第二，目前从事英译中的译者很多，但从事中译英的译者却相对较少，我希望我能通过自己的一点努力，将更多

---

①　《球状闪电》是科幻作家刘慈欣创作的一部长篇科学幻想小说，以球状闪电为核心主题，展开了一系列探讨科技与伦理的复杂叙事。小说讲述了一个经历了球状闪电事件的男主角，围绕他对这一现象的深入研究与探索，构建了一个神秘而离奇的世界。尽管书中的主角处于当代社会，非"前人类"或"后人类"，也非"新物种"，但从詹明信的观点来看："科幻小说是认识后现代的一条重要途径，是继历史小说之后表达乌托邦的重要文类。"《球状闪电》在其乌托邦式的表达中，提供了对小说奇异性的深刻考察。科幻文学创作的本质在于跨越式的想象，将视角投向远未来。刘慈欣通过其文本，不仅描绘了可能成真的科技现象，还对"未来"的设想进行了乌托邦式的探讨。王峰指出，科幻小说中现实与未来存在隐喻性关系，包括"正面乌托邦（善的）"和"负面乌托邦（恶的）"。从这一角度审视《球状闪电》，可以发现小说中蕴含了对"武器—科技"关系的深刻思考。刘慈欣通过对科技的控制与合理利用构建了一个善的乌托邦，即对科技伦理进行反思的同时，警示了科技武器在战争中的毁灭性。作者通过文学的形象性而非直接说教，呈现了科技伦理的问题。例如，小说中"宏聚变"技术的研发导致了国家1/3的国土退回农业时代，这一情节揭示了高科技武器在战争中的破坏性。此外，女主角林云的命运发展体现了作者对科技伦理的倾向：林云的母亲在越南战争中死于新兴生物武器，这一事件对林云造成了巨大的伤害，使她对新式武器充满执着与偏执。在"球状闪电"和"宏原子核聚变"的研究过程中，她近乎疯狂，最终由于"宏聚变"技术的失控而走向量子化的结局。林云的自杀可以被视为一种寓言式的结局，象征着对自身疯狂行为的最终偿还。然而，这种对科技伦理的诉求是否会得到现实的回应仍然充满不确定性，特别是在冷战时期"核战争"阴影刚刚散去之后。2018年8月14日，刘慈欣2005年出版的《球状闪电》英文版正式发行，标志着其科幻作品在国际文学界的进一步推广和认可。

优秀的中国作品分享给英语读者。

邓：您如何选择您要翻译的作家和作品？标准是什么？

周：我主要是翻译刘慈欣的作品。有时我读到一些比较喜欢的作品，而恰巧其未有英译本，也会将其发给出版社编辑。无论是我自己申请还是出版社委托的，我都会去思考这部作品是否足够吸引我，是否包含让我一直坚持下去的内容，这是我做出决定的主要考量。翻译与阅读不同。阅读自己喜欢的书籍是个快速且享受的过程，你并不需要在意书中的每一个细节。但翻译却是长期的坚持，需要更多时间与精力。读者一扫而过的几行字词，可能需要译者几小时去琢磨，如怎么理清句中逻辑关系，怎么将作者想表达的思想更好地传达出来。

很多读者对科幻作品中的科技成分着迷，而我更看重科幻中的社会成分。我加入《三体》系列翻译时，出版社给予我任选一册翻译的自由，我选择《三体Ⅱ：黑暗森林》，是因为其蕴含了深刻的社会哲理，如黑暗森林法则。而这些描写人类文明行为与心理的内容更值得人们去思考，就像梁晓声①的作品一样。

邓：您在选择翻译作品时，是否会参考中国重要文学奖项，如中国科幻银河奖等？

周：我特别看重奖项，因为我不可能看遍所有中国科幻，并且中国科幻作品分布极广，不光在各个地方发行的科幻杂志、主流文学杂志，甚至科幻

---

① 梁晓声（原名梁绍生），1949年9月22日生于黑龙江省哈尔滨市，祖籍山东威海市泊于镇温泉寨，是中国当代杰出的作家，现为中国作家协会会员。梁晓声在中国现代文学中具有重要地位，尤其以知青文学为其创作特色之一。现居北京，担任北京语言大学人文学院汉语言文学专业教授。梁晓声在1968年至1975年间，曾在黑龙江生产建设兵团第一师劳动。1971年，他在《兵团战士报》上发表了首部小说《向导》，标志着其文学创作的起步。1974年，梁晓声考入复旦大学中文系，继续学习文学与文化理论。1977年，梁晓声转至北京电影制片厂担任编辑及编剧，后于1988年调至中国儿童电影制片厂担任艺术委员会副主任，同时担任中国电影审查委员会委员及中国电影进口审查委员会委员。2002年，他开始在北京语言大学中文系教授相关课程，并于2012年6月被聘为中央文史研究馆馆员。梁晓声的文学创作涵盖了小说、散文、随笔及影视剧本等多个领域，其作品风格主要包括现实主义的英雄化、平民化及寓言化风格。在2019年7月，他因其卓越的创作成就获得了第二届吴承恩长篇小说奖；同年8月16日，其作品《人世间》荣获第十届茅盾文学奖。此外，2019年9月23日，梁晓声的长篇小说《雪城》被纳入"新中国70年70部长篇小说典藏"，进一步彰显了他在中国文学史上的重要地位。梁晓声通过其现实主义风格的创作，深刻反映了社会变迁中的人性与历史，塑造了具有广泛影响力的文学作品，为中国当代文学的发展作出了重要贡献。

征文比赛、微信公众号中，都能找到海量科幻作品。在这时，知名科幻奖项，尤其是奖项提名名单，则给我提供一个该领域专业人士推荐的阅读书单，从而缩小我的搜索范围，让我更快速发现更多的优秀作品和作者。

邓：您从事翻译多年，有没有自己的一套翻译方法与表达习惯？

周：每次翻译实践都有助于翻译方法的完善，之前翻译活动中探索的方法，或经验和教训，都会在下次类似的翻译实践中给予指导。除翻译实践的积累，我还会阅读翻译理论书籍和论文、译本的译者后记、译者访谈和网上经验分享，来帮助我在碰到不同翻译难题时，通过他们的经验分享，去思索适当处理策略。出版社编辑也会帮助我提高自身翻译能力。在翻译《三体Ⅱ：黑暗森林》时，托尔出版社编辑利兹就给了上千条的修改批注。根据批注进行修改的过程，也是提高翻译能力的过程。《三体Ⅱ：黑暗森林》所获得的经验，在我翻译《球状闪电》和《超新星纪元》时，也给予我更多思考。此外，我还有全职工作，即为媒体网站做翻译。媒体网站的读者熟悉我从中国报纸和杂志上翻译故事的整体背景，因此，我不需要在翻译中提供更多的语境。

在《三体》系列翻译时，作者刘慈欣，我和其他译者，版权方中国教育图书进出口有限公司和美国托尔出版社，以及一些中国著名科幻作家，聚在一起商讨《三体》系列的翻译事宜。我们探讨了标题、故事情节、人名和文化词等内容的翻译，在讨论到脚注时，我们认为中文版的脚注大多是对科技术语、名人的介绍，或英文缩写的全称及中文翻译。在英文版中，我们觉得刘慈欣在文中已对文化背景等相关内容进行了铺垫和解释，故不需更多脚注进行补充。如果读者对某些内容感兴趣，他们可以直接在维基百科或百度百科上进行搜索。

然而，由于我翻译的是第二部，刘宇昆在翻译第一册时，为了让美国读者理解《三体》的政治背景，他加入了大量脚注，涵盖类型包括政治文化背景、历史文化背景、历史人物背景、宗教文化背景、汉语语言文化特有表达和天文科技知识等。《三体》系列第一部的较多中国文化背景和刘宇昆美籍华裔的身份，让我能够理解他加脚注的原因。托尔出版社编辑在审校第一部译本时，也保留了脚注这一风格，故第二、三部的译本也需要延续相同风格。

因此，我最终保留了翻译手稿中大部分注解，在译本出版时加了 26 条注释。再后来，《三体》系列的其他语种译本在出版时，有些也保留了我们英译本脚注风格，并且有些是直接使用我们的脚注内容。

邓：您刚聊到您的全职工作，那么您的全职工作对科幻翻译工作有哪些影响？

周：多年来，我主要从事媒体网站的翻译，这家公司后来演变成了咨询公司，做品牌咨询业务。因工作原因，我需要在网上搜索大量资料，这锻炼了我的资料查询能力，而这对我的科幻翻译工作帮助很大。此外，我还从事中国电影的字幕翻译工作，翻译了如冯小刚的《只有芸知道》（2019年）、《芳华》（2017年）、《我不是潘金莲》（2016年）等电影字幕。我在媒体网站的翻译工作与字幕翻译工作相似，这些翻译都有一定字数限制，所以在翻译时，我需要进行一定删减和改写。而在大、小标题翻译时，我还需要考虑标题空间，读者和观众期望与视觉效果等因素，进而创作出言简意赅且能够吸引读者读下去的译文。因此，我认为这些工作极大锻炼了我的叙事能力，让我能从多个角度，使用不同技巧去创作一个不平淡且精准的译文。

三、原作与译作的双向互动：刘慈欣科幻的文化回馈

邓：我发现您的翻译中对原作内容有一些增减，这些都是出于什么考虑呢？

周：在翻译《三体Ⅱ：黑暗森林》时，我和编辑发现一些性别相关的描述，在中文语境中无伤大雅，但在英文语境中，却可能引起歧义，进而可能会影响到译本的传播与接受。因此，我与编辑商定，优先考虑故事情节和想象力描述，而对于一些可能引起歧义的内容，我们有两种处理策略。（1）淡化英文中的性别。在中国语境中往往不引人注目的性别化术语，但如果直接翻译成英文，就可能被认为是性别歧视。例如，小说中的女性经常被称为"姑娘"，我最初将其译为"girl"或"young woman"，但编辑指出，对于 21 世纪的英语读者来说，这读起来有些居高临下和性别歧视。然后我开始意识到，在上下文中，中文即使措辞暗示有一些性别或幼稚化，

中国读者可能不会觉得那么明显，但在英语中可能情况就不一样。我于是修改了这个词的翻译，并在不牺牲对原文忠实的情况下，替换英文中可能会引起性别歧视误解的表述，将"姑娘"译为"woman"。（2）译本删除了相当多的诸如"美丽"和"漂亮"等形容词。小说中的"美丽"和"漂亮"大多描述的是女性。编辑认为，不断将女性角色描述为美丽，有损于她们所应具备的技能和才干。所以在修改中，我对于这一类的形容词进行了删减。

邓：除删减外，在翻译中，您有没有一些增补呢？

周：《球状闪电》中文版先于《三体Ⅱ：黑暗森林》出版，但在翻译《三体Ⅱ：黑暗森林》时，《球状闪电》却只有几十页的节译本。而《三体Ⅱ：黑暗森林》的一个主要章节承接《球状闪电》的人物和情节，所以我们需要在《三体Ⅱ：黑暗森林》的英译本中增加一些球状闪电和量子幽灵的背景内容。我们最初考虑是将《球状闪电》的基本情节提炼成倒叙，为读者提供必要的背景。然而，这增加的新内容，严重扰乱了叙事流畅性，而且如果出版，还会破坏读者对《球状闪电》的期待，而《球状闪电》恰恰是读者在《三体》系列之后最有兴趣阅读的。因此，在与作者和编辑商量后，我们决定由刘慈欣重写大约1万字的内容，并最终放进《三体Ⅱ：黑暗森林》的英文版中。

在《三体Ⅱ：黑暗森林》中，我还发现一个情节漏洞。在小说中，主人公罗辑在威胁外星人，外星人需要停止他们的入侵行为，而罗辑需要证据。外星人说我们已经停止了我们的入侵，这是我们的证据。我与刘慈欣联系，我说："等等，他不会看到证据，因为光线在几年内都不会到达地球，他怎么会知道？"刘慈欣回答说："这是个大问题"。我们经过商量后，将其改成了"罗辑现在并没有什么办法去核实，但他感到周围的空间有了一些微妙的变化，就像某种因持续存在而不为人察觉的背景音消失了，当然，这也许是幻觉，人是感觉不到电磁辐射的"。在之后的《三体Ⅱ：黑暗森林》中文版再版时，我发现，这个情节也进行了相应修改。

除《三体Ⅱ：黑暗森林》外，在《超新星纪元》①翻译中也淡化了一些可能的性别歧视色彩。小说中，男孩都在参加战争活动，他们是领导者，而女孩则是护理人员，在医院和托儿所工作。然后当情节进行到南极战争时，参加的都是男孩，而没有女孩。在翻译时，编辑建议我加入一些女孩，以便在性别方面有一些平衡。这些性别方面的改动会微妙地反映作者对性别角色的想法。尽管刘慈欣并没有将此作为情节要素，小说里也没有任何内容说这是必须的方式，但这体现了作者对世界的看法。因此，编辑提议，我们把战争中的一些儿童兵变成女孩，这是一个简单的转变，因为你所要做的就是改变代词，而刘慈欣也同意了。

四、中国科幻的翻译路径与全球传播

邓：您认为翻译中国科幻小说最困难的是什么？

周：文学翻译最具挑战的是抓声音（catch the voice）②。翻译作品的前10或15页对我来说是最困难的，总觉得翻译得有些生硬。一旦我找到感觉并继续下去，翻译就会变得流畅，然后，等我回过头去修改翻译的前十几页时，也能够更加得心应手。此外，表达出作品中的幽默也极具挑战。我们的文化

---

① 《超新星纪元》是刘慈欣于1991年出版的科幻小说，标志着他在中国科幻文学领域的开创性探索。在这部作品中，刘慈欣构建了一个由儿童掌控的世界，这一设定对传统儿童形象进行了大胆的颠覆和再构造。小说描绘了一个极具想象力的世界，其中，儿童不再是单纯的天使，而是以战争作为游戏，运用坦克、航母、歼击机和核弹头等武器进行血腥的战斗。小说的设定将南极大陆变成了儿童们进行最残酷战争的场所，从而将战争的严酷性与儿童的纯洁性进行对比，揭示了这种颠覆性设定下的极端情境。有人将《超新星纪元》称为中国长篇科幻小说的"零坐标"，这体现了该作品在中国科幻文学中的开创性和标志性地位。在小说的后记中，刘慈欣表达了对人类普遍恐惧的深刻理解。他以"黑暗中丢失了爸爸妈妈的手"作为隐喻，揭示了人类面对未知与无助时的根本恐惧。这种恐惧不仅根植于个人的童年记忆中，也是全人类在面对广袤宇宙时的普遍情感。刘慈欣通过这种隐喻，指出了人类在面对无限黑暗和未知时的脆弱，以及这种恐惧对人类文明的深远影响。刘慈欣在后记中进一步阐释了科幻文学的意义，将其视为一种追寻与梦想的途径，尽管这种梦境最终可能会消逝，但它促使我们在探索的道路上不断前进、成长。他将《超新星纪元》中的儿童世界比作一种追梦的过程，指出了科幻文学如何通过创造性的幻想与现实的交织，反映人类在未知领域的探索和对自身存在的深刻反思。《超新星纪元》不仅仅是对儿童世界的幻想，更是对人类社会、恐惧及其存在意义的深刻探讨。这部小说通过对传统儿童形象的颠覆和对人类恐惧的剖析，展示了刘慈欣作为科幻作家的独特视角和深邃思考。

② 抓声音（catch the voice）是一种游戏，即教师假装用手把说的单词和短句抓住，然后扔出去，让小朋友去接住，接住的小朋友重复说一遍。

构成了幽默，有些幽默还非常依赖汉语词语的发音和原文文字的历史背景，大多情况，我会从英语中找到当地的表达方式，去替代汉语的幽默内容。

邓：您如何克服翻译中的文化差异，使美国读者更容易阅读和理解？

周：我会对某些文化相关的内容进行一定的阐述，如在涉及某位历史人物时，我会简短介绍下他的基本信息，但通常不会增加太多内容。我会根据翻译目的选择增加的内容，如果我的译本只是希望告诉别人一个故事，而不是成为中国的百科全书或中文系教材，我通常不加太多额外的知识去影响文本可读性。

我现在正在翻译一部晚清科幻小说《轩亭复活记》①，因是晚清作品，故文中有大量典故与引用。在翻译时，我会认真查找并研究这些词与典故。在我的翻译草稿中，我加入了大量脚注，但我没必要将我所有查到的知识都放进小说，因为这样会影响到阅读流畅性，也会给读者增加认知负荷。作为一个译者，我要理解文中的某些内容和含义，以使情节更有逻辑性。但我不一定要像教我自己一样去教所有的读者，我只需要很好地表达出原文内容就可以。虽然，读者们可能并不知道我在某些文本上进行了大量研究，但我还是会做，这是提高翻译质量的一个必经之路。

邓：您认为谁是中国科幻小说最好的英文译者？母语是汉语/英语的译者？还是中英翻译之间的合作？

周：我认识所有这些模式的译者，他们的经验极不相同。我知道刘宇昆曾担任一些新手译者的指导，你可以在译本致谢找到相关信息。这是一种非常有效的方法，可以向新手译者传授经验，帮助他们处理一些潜在的翻译难题。

翻译是一种技能，不是每个有多语背景的人都拥有这个技能。我读过一些翻译家写的译文，他们都是英语大师，然而在翻译时，他们的译文却有待商榷，因为他们没有考虑到某些基本翻译问题。一个人的写作包含了其个人风格，而有些人的风格是大不同的，这些都会影响到对文本的理解与翻译。

①　1907 年 7 月 15 日，秋瑾在绍兴轩亭口被斩首。不到两个月后的 9 月 7 日，王钟麒（笔名牙生）创作《轩亭复活记》开始连载于《神州日报》，叙述秋瑾的灵魂如何被"自由尊者"玛利侬送回人间，尸体如何被神医张岂行带到悬岙岛之后以先进科学起死回生。

因此，我认为母语并不像文学写作那样关键，文学翻译还有一些技术层面的问题。

译者间的合作方面，我认为效果取决于合作形式。中国译者出草稿，外国译者进行编辑和改写，很少产生高质量的译文。合作翻译需要更多互动，需要来回讨论其中具体细节。我认为合作翻译可能更适合短篇小说，在翻译长篇小说时，多个译者去传达同一种声音是极具挑战的，这需要译者间的合一，即用相同的方式看待世界，进行逻辑思考和表达情感，而这些远比文字的风格统一要难得多。

邓：您能谈谈中国科幻翻译目前面临的问题以及你对这些问题的看法吗？

周：科幻翻译的问题与任何文学翻译的问题基本相同，如果你的合作编辑没有任何的编辑译本经验，那么，译者与编辑的交流会有些不便。因为，负责原创作品的编辑可能会比负责翻译作品的编辑具有更强的主观能动性。因为原文作者可以对文本进行各种修改，但译者可能没有任何修改权力。我曾经听到某些译者哭诉，即在编辑面前没有任何权力，甚至对于编辑提出的要求，译者无权同意或不同意。但有时碰到一些需要对原文进行内容增加、删减或章节顺序调整的情况，译者是需要拥有修改权力的，而不是总盯着一个一个的单词而不考虑全文。因此，为了出版更多优秀翻译作品，出版社与编辑需要给予译者更大的主观能动，而编辑翻译作品的规则也必须基于实际情况，而不是一成不变的教条。

邓：您认为您的翻译作品的意义和价值是什么？

周：我认为其意义是传播了一种特殊的想象空间。以《三体》系列为例，它的作用不仅在于吸引了包括美国在内的各个国家的读者，而在于基于这部作品所产生的延续。在文学方面，如宝树创作的《三体》同人作品《三体X·观想之宙》，后来也被翻译成英文 *The Redemption of Time*（2019）。然后就是影视改编方面，近期《三体》动画已在中国视频网站 Bilibili 播出，观看量和媒体评价也很好。除已开播的动画外，腾讯和网飞的影视剧版《三体》也已拍摄完成，预计明年就会分别在中美两国上映。我认为这就是翻译的意义，从一本书产生更多书，从一个想象创造出更多想象。

五、小结

邓：您在中国科幻翻译领域作出了巨大的贡献和成就。那么，请您分享一下你多年来在翻译方面的经验。

周：我从与译者的交流、讨论和小组翻译中学到了很多。我认为一个人独自从事翻译工作，不仅过程孤独，还很难感受到自身的进步。与别人一起讨论，并得到别人关于翻译的反馈则让我收获更多，即使，我收到的可能是消极反馈。因此，我认为做翻译并不总是你与文本，你与作者，你还需要更广泛的社交圈子，去与他们讨论各种想法并得到回应。

邓：您如何看待翻译理论与翻译实践之间的关系？

周：对翻译理论的了解至关重要。当然，这不是说，我读到某个翻译理论，就能立马将其应用在翻译中。了解一些翻译理论更多是给了我选择，让我在下次碰到类似翻译难题时，有更多解决方案，而不是固守之前的习惯。因此，我相信阅读理论、实践翻译、阅读更多的理论、进行更多实践翻译，这样来来回回，能不断提高译者翻译能力。同一文本的两位译者可能会产生极为相似又或截然不同的结果，翻译理论与相关讨论则为他们的决策过程提供启示。

邓：最后，您能给那些对科幻翻译感兴趣的人一些建议吗？

周：我认为译者需要广泛地阅读目标语言文本。如我们谈论将一个人从一个地方转移到另一个地方，我们可以有"transporter"（瞬间传送）、"jumping"（宇宙跳跃）、"wormhole"（虫洞或时空洞）等多种不同表达。而具体选择传送、跳跃还是穿越或其他更多的表达方式，则取决于原文作者阐述的是哪种类型。如果你在目标语言或体裁中读得不够多，你就很难找到与作者向读者传达感觉一样的表达。如果你去看 20 世纪中国的一些文学作品，你会发现对于某些未曾广泛使用的新技术，其译文是各不相同的，比较出名的例子就是"computer"一词的翻译，到目前为止，计算机和电脑都是这个词的正确译法。所以对于某个未有通用共享术语的词的翻译，则需要译者去广泛阅读，选择最符合作者想传达意思的表述。

结论与展望

习近平总书记在 2019 年 5 月 15 日亚洲文明对话大会开幕式上的讲话中指出："今日之中国，不仅是中国之中国，而且是亚洲之中国、世界之中国。未来之中国，必将以更加开放的姿态拥抱世界，以更有活力的文明成就贡献世界。"（新华网，2019）这一论述充分彰显了中华文化的包容性与开放性。我们应广泛学习和吸收世界上最先进的科学技术及一切有利于中华民族伟大复兴的文明成果，同时，以敢为天下先的精神，创造世界上最先进、最具活力的文化文明成就。

"世界之中国"的理念为我们向世界讲好中国故事提供了最佳框架。要实现这一目标，我们需要从"中国与世界"的视角转变为"世界的中国"的视角。因此，我们不仅要从中国的角度看待世界，也需要从世界的角度看待中国。我们应当强调"越是民族的，就越是世界的"，同时也要强调"越是世界的，才越是中国的"。前者要求我们做到"中国故事，世界表述"，后者则要求实现"世界故事，中国表述"。这两者的侧重点虽不同，但共同目标是捍卫中国的国际话语权。

作为武侠小说的经典之作，《射雕英雄传》凭借其丰富的中国文化元素和动人的英雄故事，吸引了大量海外读者。对《射雕英雄传》的英译研究，可以深入探讨其翻译策略、文化适应以及译者在传播中国文化中的角色。与此同时，刘慈欣的《三体》系列作为中国科幻文学的代表，通过其深刻的哲学思考和复杂的故事结构，成功吸引了全球科幻爱好者。围绕《三体》英译进行研究，不仅可以揭示其中的翻译技巧，还能探索该作品在海外市场的接受度和影响力。通过对《射雕英雄传》和《三体》的英译研究，探讨其翻译策略和文化适应问题，为理解中国通俗文学在全球范围内的传播和接受提供了宝贵的经验。这不仅有助于提升中国文学的国际传播与影响力，也为捍卫中国的国际话语权提供了重要的理论支持和实践借鉴。

武侠小说作为一种反映生活和表达思想的文学体裁，其文类标签决定了它的故事性与通俗性。与其他金庸小说的英译本相比，《射雕英雄传》的英译更注重其故事性与通俗性，更符合通俗小说的本质，更易被寻求轻松便捷阅读体验的目标读者接受与认可。选择适合的出版机构对译本的传播至关重要。《射雕英雄传》的英译本由大众读物出版社麦克莱霍斯出版社出版，而其他金庸小说的英译本则由学术出版社出版，二者定位不同，读者的接受度也不同。国外出版社在当地拥有良好的社会公共形象，熟悉当地的商业出版运作，对目标读者的阅读兴趣和需求有深入了解，这些因素对图书的海外出版与传播及接受具有重要作用。《射雕英雄传》的英译本作为民间译本，这种身份帮助其在西方读者中赢得了一定的信任与青睐。民间译本的成功经验表明，中国文学的对外译介可以由政府主导和支持逐渐转向以民间组织和个人行为为主，在传播实践中以民间交流为主体，弱化政治和意识形态色彩，从而更易被西方受众接受。

《射雕英雄传》译本的畅销表明，武侠小说不仅在国内受欢迎，也能够走出国门，获得西方读者的青睐，其成功为中国文学走出去提供了重要借鉴。在讨论"走出去"战略时，除了要斟酌原语文本的选择，还需考虑译本的可读性、译者的话语权、译本文类标签、目标读者需求和国外主流书店的出版营销等因素。这不仅能使武侠小说的西行之路更加顺畅，也能加快中国文学走出去的步伐。金庸小说中的人名和绰号在英译时需传达其文化意义，使目标读者获得与源语读者相似的文化情感共鸣。翻译时应关注目标读者的理解，同时加强本国文化的交流与传播。从"knight-errant"到"xia"的转变，体现了翻译方法的变化，也反映了中国文学走出国门的自信和中国文化在多元系统中趋于中心的位置。翻译不仅是不同文化之间沟通的桥梁，更是文化移植的过程。中国文化"走出去"是一个长期的系统工程，需要处理文化负载词的翻译问题。翻译时可采用归化策略和异化策略，以体现中国文化特色，让国外读者感受地道的中国味。在翻译和宣传中国文化时，需拥有民族自豪感与文化自信心，用中国腔调讲述中国故事，而不能一味迎合国外读者。

　　《射雕英雄传》译本的成功也得益于译者采取的重构策略，通过副文本运用，为读者整合并重构了中国历史文化背景，实现了中西文化的动态交流。这种策略有助于打破读者心中刻板的中国人物形象，增加对中国文化的兴趣。文学体裁或作品在英语国家的接受需要一个过程，解构策略可以使文本以译语读者熟悉的形式出现，缩短这一过程。《射雕英雄传》译本的读者接受度表明这是一次成功的中国文学译介。郝玉青和张菁的合译实践提供了有价值的经验，强调协作、多样性、文化解释和适应目标受众的重要性。未来的中国文学合译实践可以考虑多种模式，包括合作式合译、专业领域合译、与出版商及代理合作，以及文学翻译工作坊等。根据不同情境和需求，选择适当的模式，以保持灵活性和适应不断变化的文学市场。通过深入分析《射雕英雄传》的翻译过程，本研究揭示了合译中实现一致性的方法。郝玉青和张菁在合译过程中保持高度一致，确保了合译与独译的一致性，为未来中国文学合译实践提供了有益启示。结合不同模式，应因情境而异，未来的中国文学合译实践将更加多样和灵活。

　　副文本与译文本相辅相成。《三体》英译研究表明，副文本和译文本共同构建了翻译与传播的完整过程。副文本作为翻译研究中的重要史料，对理解原文及其译本起到了关键作用。译者刘宇昆和周华不仅在阅读、接受和理解原作时充当了重要角色，还通过各种渠道将他们对原作的解读传达给目标语读者。这不仅增强了译文的文学性与艺术价值，还为译者提供了一个传达其对作品解析的重要文本空间。在《三体》系列的英译本中，各类内外副文本起到了引导、介绍和信息预告的功能，涵盖了译作选材、主题、写作技巧等方面的阐释，同时参与了对原作艺术性的建构，帮助目标语读者更好地理解作品的文学观点和主张。

　　通过对《三体》系列科技术语英译的分析，本研究强调了术语翻译中的多重考虑因素，包括文化背景、读者理解能力、故事情节和场景等。译者需要在直译和情境替代之间进行选择，并确保术语的准确性和一致性。术语翻译应结合角色和工具的描绘，甚至创造新词汇，以传达原作中的科幻概念和想象力，最终目标是使译文既准确又易读。未来，译者需灵活运用多种翻译策略，以提升翻译质量，讲好中国故事，促进文化交流和理解。

《三体》系列作为首个获得雨果奖的亚洲作品，不仅实现了中国科幻从边缘走向主流的转变，还开启了中国科幻文学发展的新篇章，而《三体》在英语世界的成功离不开译者的努力。译者访谈作为研究翻译策略与过程的重要材料，对于解释译者翻译规范与策略、译者与作者及出版社的互动具有重要意义。通过对译者周华的专访，本研究探讨了译者翻译选材、策略及标准等话题，进一步丰富了对《三体》英译研究的理解。《三体》系列的英译成功不仅依赖于作品本身的文学性和跨文化价值，还得益于译者、出版商及各种社会资本的共同努力。通过系统的研究和分析，《三体》不仅为中国科幻在国际文学场域中赢得了声誉，还为未来的译者提供了宝贵的经验和策略参考，为进一步的文化交流和理解奠定了基础。

在全球化背景下，中国文学的传播和接受已成为重要的研究领域。其中，古典传奇《射雕英雄传》和未来科幻《三体》在海外市场的成功引起了广泛关注。未来研究可深入探讨这两部作品的英译过程及其文化影响力，从多个维度分析跨文化传播中的经验和教训。首先，继续探讨《射雕英雄传》和《三体》的文本选择与翻译策略，重点关注文本类型与翻译策略的匹配，了解如何根据不同文学类型选择合适的翻译策略。例如，武侠小说强调故事性和通俗性，而科幻小说则重在术语翻译和背景文化的传达。此外，还需要探讨译者角色与话语权，分析他们如何在忠实原文与适应目标语文化之间找到平衡，从而提升译本的接受度。其次，进一步分析《射雕英雄传》和《三体》在海外的出版模式及其对市场接受度的影响，具体包括出版机构选择，不同类型出版社（如大众读物出版社与学术出版社）在图书推广中的作用及其对读者群体的影响。同时，市场营销策略的有效性也是研究的重点，探讨成功案例中的关键因素，了解这些策略如何帮助作品在海外市场立足并取得成功。此外，还需关注文化负载词的翻译及其对目标读者的影响。如何在翻译过程中处理文化负载词，使其既能传达原作的文化内涵，又能为目标读者所理解。

未来研究还可进一步探讨翻译策略如何影响读者的文化共鸣和情感体验。人名与绰号的翻译是一个关键点，如何在翻译人名和绰号时保留其文化意义，使目标读者能够产生与源语读者相似的情感共鸣。此外，通过副文本等方式帮助目标读者理解作品的背景文化，增强他们对作品的认同感，也是未来研究的重要方向。探讨合译在文学翻译中的应用，分析不同合译模式的优势与挑战，可以为翻译实践提供宝贵的经验。同时，结合具体案例提出新的翻译策略，以应对不同类型文学作品的跨文化传播需求。

社会因素在翻译与传播中的影响也是未来研究的重点之一。分析政府主导的翻译项目在推动文学作品海外传播中的作用，探讨如何在社会资本的支持下提升翻译质量和传播效果，将为未来的翻译工作提供有益的借鉴。同时，研究译者、出版商与作者之间的互动，了解这种互动如何影响译本的质量和市场表现。希望通过系统的研究，进一步促进中国文学在国际文学场域中的地位提升，推动中西文化的互通与融合。

参考文献

［1］艾布拉姆斯. 镜与灯［M］. 郦稚牛，等译. 北京：北京大学出版社，2004.

［2］爱克曼. 歌德谈话录［M］. 朱光潜，译. 北京：人民文学出版社，2008.

［3］埃文－佐哈尔. 翻译文学在文学多元系统中的位置［M］. 庄柔玉，译//陈德鸿，张南峰. 西方翻译理论精选. 香港：香港城市大学出版社，2000.

［4］白桦. 中国侠客与西方骑士之比较［J］. 东南大学学报（哲学社会科学版），2009.

［5］布迪厄. 文化资本与社会炼金术——布尔迪厄访谈录［M］. 包亚明，译. 上海：上海人民出版社，1997.

［6］布迪厄，华康德. 实践与反思：反思社会学导引［M］. 李猛，等译. 北京：中央编译出版社，2004.

［7］蔡高梅. 目的论视角下《射雕英雄传》英译本中诗词翻译研究［D］. 辽宁师范大学，2021.

［8］蔡蒙. 基于语料库的周华译者翻译风格研究［D］. 北京外国语大学，2020.

［9］蔡筱雯. 副文本视角下的译者伦理研究——以《射雕英雄传》译者郝玉青为例［J］. 山东外语教学，2021（2）：125－135.

［10］蔡翔. 侠与义：武侠小说与中国文化［M］. 北京：北京十月文艺出版社，1993.

［11］常安怡. 多元系统理论视角下《三体》的译者主体性研究［D］. 上海外国语大学，2017.

［12］陈惇，刘象愚. 比较文学概论［M］. 北京：北京师范大学出版社，2014.

［13］陈芳蓉. 类型文学在美国的译介与传播研究：以《三体》为例［J］. 浙江师范大学学报（社会科学版），2017（3）：96－102.

［14］陈洪，孙勇进. 世纪回首：关于金庸作品经典化及其他［J］. 南开学报，1999

（6）：110 - 115.

［15］陈建生，王琪. 《三体》英译本显化特征考察——语料库翻译学研究［J］. 外国语言文学，2017（3）：175 - 186.

［16］陈墨. 金庸小说人论［M］. 南昌：百花洲文艺出版社，1996.

［17］陈墨. 金庸小说与中国文化［M］. 南昌：百花洲文艺出版社，1999.

［18］陈山. 中国武侠史［M］. 上海：上海三联书店，1992.

［19］陈水生，陈光明. 卢曼社会系统理论视域下的翻译与翻译研究［J］. 延安大学学报（社会科学版），2012（6）：97 - 101.

［20］陈欣蓓. 基于语料库的刘宇昆译者翻译风格研究［D］. 北京外国语大学，2022.

［21］陈晓. 金庸武侠小说译介的翻译伦理探索——以郝玉青译《射雕英雄传》为例［J］. 湖南工程学院学报（社会科学版），2019（3）：44 - 47.

［22］陈向明. 质的研究方法与社会科学研究［M］. 北京：教育科学出版社，2000.

［23］陈莹. 接受理论视域下《三体》四字成语的英译策略［D］. 广东外语外贸大学，2018.

［24］陈颖. 中国英雄侠义小说通史［M］. 南京：江苏教育出版社，1998.

［25］陈子越. 从切斯特曼的翻译规范看科幻小说的翻译——以《三体》的英译本为例［D］. 华中师范大学，2015.

［26］程功. 语义翻译与交际翻译视角下《射雕英雄传》武功招式及人物字号的英译研究［D］. 辽宁师范大学，2019.

［27］程雨欣. 斯坦纳阐释学翻译观视角下科幻小说英译的译者主体性研究——以《三体Ⅲ·死神永生》为例［D］. 湖北大学，2022.

［28］崔波，陈子馨. 中国文学作品的海外扩散机制研究——基于《三体》的考察［J］. 数字出版研究，2024（1）：104 - 112.

［29］崔东丹，辛红娟. 从杨译本《红楼梦》看中国典籍的对外译介［J］. 广东外语外贸大学学报，2018（5）：88 - 93.

［30］崔向前. 从译者主体性角度分析《三体》系列《三体》、《黑暗森林》英译本［D］. 北京外国语大学，2016.

［31］邓冬旭. 前景化理论视角下《三体》的英译研究［D］. 吉林大学，2017.

［32］邓高胜. 先秦游侠的侠义精神与江户武士的义勇仁思想［J］. 哈尔滨师范大学

社会科学学报，2018（9）：105－108.

［33］丁进. 中国大陆金庸研究述评（1985—2003）［J］. 江西社会科学，2004（5）：253－254.

［34］范纯郁. 文学翻译中陌生化现象研究——以刘宇昆翻译小说《三体》为例［D］. 上海师范大学，2021.

［35］方开瑞. 意识形态与小说翻译中人物形象的变形［J］. 外语与外语教学，2005（3）：52－56.

［36］冯慧怡，许明武. 陶瓷典籍术语英译中的文化建构与传播——以《陶说》为例［J］. 外语教学，2023，44（3）：86－92.

［37］冯小冰，王建斌. 中国当代小说在德语国家的译介回顾［J］. 中国翻译，2017（5）：34－39.

［38］冯艳雨. 功能翻译理论视角下小说《射雕英雄传》英译本——《英雄诞生》的研究［D］. 中国地质大学（北京），2020.

［39］冯永林. 关于韩侂胄评价的几点看法［J］. 内蒙古大学学报（哲学社会科学版），1983（1）：93－101.

［40］冈崎由美. "剑客"与"侠客"——中日两国武侠小说比较［A］//淡江大学中国文学系主编. 纵横武林：中国武侠小说国际学术研讨会论文集［C］. 台北：台湾学生书局，1998.

［41］高茜，王晓辉. 中国科幻小说英译发展述评：2000—2020年［J］. 中国翻译，2021（5）：57－64.

［42］高巍，常婧. 论科幻小说中译者主体性的发挥——以 The Three-body Problem 为例［J］. 牡丹江大学学报，2017（11）：97－99.

［43］耿强. 文学译介与中国文学"走出去"［J］. 解放军外国语学院学报，2010（3）：82－87.

［44］耿强. 国家机构对外翻译规范研究——以"熊猫丛书"英译中国文学为例［J］. 上海翻译，2012（1）：1－7.

［45］龚鹏程. 大侠［M］. 台北：台湾锦冠出版社，1987.

［46］古常宏. 中国人的名字别号［M］. 北京：商务印书馆，1997.

［47］顾忆青. 科幻世界的中国想象：刘慈欣《三体》三部曲在美国的译介与接受［J］. 东方翻译，2017（1）：11－17.

［48］顾知秋. 中国科幻小说翻译的语篇语言学视角——以《三体》英译研究为例［D］. 上海财经大学，2020.

［49］郭可. 当代对外传播［M］. 上海：复旦大学出版社，2003.

［50］郭洁，刘磊，王志伟. 基于 LancsBox 的郝玉青译者风格分析——以《射雕英雄传》英译本为例［J］. 宿州学院学报，2019（4）：52－57.

［51］郭沫若. 十批判书［M］. 北京：人民出版社，1954.

［52］韩淑芹. 翻译适应选择论视域下《三体Ⅰ》的英译解读［J］. 中国石油大学学报（社会科学版），2019（3）：82－87.

［53］韩袁钧. 改写理论视角下刘宇昆《三体》译本的翻译研究［D］. 华中师范大学，2017.

［54］韩云波. 侠的文化内涵与文化模式［J］. 西南师范大学学报（哲学社会科学版），1994（2）：91－96.

［55］韩子满. 中国文学走出去的非文学思维［J］. 山东外语教学，2016（6）：77－84.

［56］何罗兰. 规范理论视角下《三体》英译本研究［D］. 四川外国语大学，2016.

［57］何雯慧. 接受美学视角下武侠小说英译研究——以霍姆伍德《射雕英雄传》译本为例［D］. 成都体育学院，2023.

［58］何晓明. 姓名与中国文化［M］. 北京：人民出版社，2001.

［59］何玉芳. 乐手"绎"原意：从赞助人角度看刘宇昆英译《三体Ⅲ·死神永生》中的性别［J］. 巢湖学院学报，2022（5）：127－133.

［60］胡安江. 从翻译美学的角度论小说翻译中人物语言的审美再现［J］. 西南政法大学学报，2005（2）：24－28.

［61］胡安江. 中国文学"走出去"之译者模式及翻译策略研究——以美国汉学家葛浩文为例［J］. 中国翻译，2010（6）：10－16，92.

［62］胡安江. 改革开放四十年中国文学"走出去"的成就与反思［J］. 中国翻译，2018（6）：18－20.

［63］胡丽娟. 传播学视阈下刘慈欣科幻小说的海外接受效果研究——以《三体》在美国的传播为例［D］. 山东大学，2022.

［64］胡清韵，谭渊.《西游记》德译本中副文本对中国文化形象的建构研究［J］. 中国翻译，2021（2）：109－116.

［65］胡艳. 中国文学"走出去"之译介主体模式——以寒山诗和《孙子兵法》在英语世界的成功译介为例［J］. 广东外语外贸大学学报，2015（4）：64-69.

［66］胡杨柳. 接受美学视角下刘宇昆《三体》英译本研究［D］. 郑州大学，2019.

［67］黄程玲. 叙事文体学视角下《射雕英雄传（一）》引语英译研究［D］. 四川外国语大学，2022.

［68］纪晓斌，申迎丽. 对话翻译与小说人物形象的再现——兼评《傲慢与偏见》的三个中译本［J］. 解放军外国语学院学报，2007（5）：83-87.

［69］季泽端，牟宜武. 中国文学"译出翻译"的修辞研究——以《三体》明喻翻译为例［J］. 黑河学院学报，2022（11）：120-124.

［70］姜培培. 传播学视角下《三体》英译本的译者模式研究［J］. 昌吉学院学报，2017（6）：57-60.

［71］姜培培，郑新民. 融媒时代中国文学译介的传播路径研究——以《三体》英译为例［J］. 黄山学院学报，2024（2）：102-105.

［72］蒋童，张叶. 同心同理与文学回归：《射雕英雄传》译传中的主体性［J］. 中国翻译，2023（1）：69-76.

［73］蒋小梅. 基于语料库的《射雕英雄传》英译本操作规范研究［D］. 北京外国语大学，2022.

［74］蒋欣. "经典中国"主题出版走出去问题与对策［J］. 中国出版，2018（23）：28-32.

［75］江云凤. 诗琳通公主与泰国的华文教育［J］. 内蒙古农业大学学报（社会科学版），2010（3）：342-343.

［76］焦佳. 基于语料库的《三体》英译本的中国形象再现研究［D］. 西南大学，2019.

［77］教育部基础教育课程教材发展中心首次向全国中小学生发布阅读指导目录［EB/OL］.［2020-04-23］. http://www. moe. gov. cn/jyb_ xwfb/gzdt_ gzdt/s5987/202004/W020200422556593462993. pdf.

［78］金惠康. 跨文化交际翻译续编［M］. 北京：中国对外翻译出版公司，2004.

［79］晋利利. "他者"视域下《射雕英雄传：英雄诞生》译者态度及翻译行为研究［D］. 成都体育学院，2021.

［80］金胜昔，李浩宇. 知识翻译学视域下《三体》英译本风格比较研究［J］. 当代

外语研究，2024（4）：145－157.

［81］金庸，池田大作. 探求一个灿烂的世纪——金庸/池田大作对话录［M］. 北京：北京大学出版社，1998.

［82］金庸. 射雕英雄传［M］. 广州：广州出版社，2015.

［83］景宇昊. 译者行为批评视阈下《三体》中科幻虚构词的翻译研究［D］. 江南大学，2022.

［84］康硕. 基于女性主义翻译理论的《三体》系列英译研究［D］. 山东大学，2017.

［85］老舍. 老舍作品集［M］. 南京：译林出版社，2012.

［86］冷慧，蔡高梅. 目的顺应论视角下《射雕英雄传》英译研究［J］. 辽宁师范大学学报（社会科学版），2021（2）：103－108.

［87］李爱华. 大陆金庸研究二十年［J］. 浙江学刊，1999（2）：125－130.

［88］李慧. 浅析场域和资本对译者翻译选择的影响——以《三体1》译者刘宇昆为例［D］. 四川外国语大学硕士学位论文，2017.

［89］李晖. 终有襄阳城破时：金庸小说的英译与经典化［EB/OL］. ［2019－01－12］. https：//m. weibo. cn/status/4330999221121874

［90］李锦. 功能对等理论视角下俗语翻译策略分析——以《三体》英译本为例［D］. 扬州大学，2019.

［91］李静茹.《三体》三部曲的英译研究［D］. 山西大学，2019.

［92］李庆明，习萌.《三体》英译本之多重互动性［J］. 北京科技大学学报（社会科学版），2018（5）：113－118.

［93］李伟，颜海峰. 中国武侠小说英译的译者行为批评分析——以《射雕英雄传》（卷一）郝玉青英译本为例［J］. 中国文化研究，2022（1）：162－171.

［94］李学军. 提升术语翻译质量服务对外话语体系［J］. 外语研究，2017（2）：80－83.

［95］李妍.《三体》和《黑暗森林》译者伦理研究［D］. 华南理工大学，2017.

［96］李洋. 从翻译伦理视角看《三体》英译本中的译者责任［D］. 上海外国语大学，2017.

［97］李卓容. 模因论视角下《三体》英译本中文化负载词的翻译策略研究［J］. 内蒙古师范大学学报（哲学社会科学版），2019（3）：96－100.

［98］林保淳. 从游侠、少侠、剑侠到义侠——中国古代侠义观念的演变［M］//淡江大学中文系. 侠与中国文化. 台北：台湾学生书局，1993.

［99］林文艺. 建国十七年中国国家形象的塑造与传播——以《中国文学》（英文版）革命历史题材作品的选取为例［J］. 福建论坛（人文社会科学版），2012（10）：108－113.

［100］梁启超. 中国之武士道自序. 林志钧主编. 饮冰室合集·饮冰室专集［M］. 上海：中华书局，1932.

［101］刘慈欣. 三体［M］. 重庆：重庆出版社，2008.

［102］刘慈欣. 三体Ⅱ：黑暗森林［M］. 重庆：重庆出版社，2008.

［103］刘慈欣. 三体Ⅲ：死神永生［M］. 重庆：重庆出版社，2010.

［104］刘舸，李云. 从西方解读偏好看中国科幻作品的海外传播——以刘慈欣《三体》在美国的接受为例［J］. 中国比较文学，2018（2）：136－149.

［105］刘桂芳. 互文性视角下《射雕英雄传（一）》的英译研究［D］. 安徽大学，2020.

［106］刘汉波. 当代美国海外华人科幻小说中的中国想象［J］. 民族文学研究. 2018（5）：22－30.

［107］刘会然，张德玉.《三体》系列风靡海外的生态翻译学考量［J］. 山东外语教学，2019（2）：125－132.

［108］刘健. 当前海外中国科幻文学研究述论［J］. 天津师范大学学报（社会科学版）. 2021（4）：58－63.

［109］刘璟莹. 布迪厄反思性社会学视角下《三体》英译中刘宇昆的译者惯习研究［D］. 西安外国语大学，2019.

［110］刘康. 阐释学视域下的科幻小说翻译研究——以《三体》英译为例［D］. 山东师范大学，2018.

［111］刘宓庆. 新编当代翻译理论［M］. 北京：中国对外翻译出版公司，2005.

［112］刘琪. 概念整合视角下《三体》英译本七空间模式研究［D］. 温州大学，2017.

［113］刘秋香. 近几年国内中世纪骑士研究综述［J］. 世界历史，2006（8）：124－128.

［114］刘维杰. 目的论视角下《三体》中文化负载词的翻译策略［D］. 北京外国语大

学，2022.

[115] 刘肖，蒋晓丽. 国际传播中的文化困境与传播模式转换 ［J］. 思想战线，2011 （6）：108 - 111.

[116] 刘欣. 行动者网络视角下的《射雕英雄传》英译研究 ［D］. 浙江大学，2022.

[117] 刘洋. 从性别视角谈《三体》三部曲刘宇昆、周华译本的英译策略 ［D］. 北京 外国语大学，2018.

[118] 刘毅.《射雕英雄传》在西方的译介传播：行动者网络、译者惯习与翻译策略 ［J］. 解放军外国语学院学报，2021 （2）：58 - 65.

[119] 刘荫柏. 中国武侠小说史：古代部分 ［M］. 石家庄：花山文艺出版社，1992.

[120] 刘宇昆. 奇点遗民 ［M］. 耿辉，译. 北京：中信出版社，2017.

[121] 刘育文. 解构主义视角下的文学翻译批评 ［M］. 杭州：浙江大学出版社， 2014.

[122] 刘云虹. 翻译家的选择与坚守——杜特莱译介中国当代文学之路 ［J］. 中国翻 译，2019 （4）：104 - 110.

[123] 刘云虹. 关于新时期中国文学外译评价的几个问题 ［J］. 中国外语，2019 （5）：103 - 111.

[124] 刘再复. 金庸小说在二十世纪中国文学史上的地位 ［J］. 当代作家评论，1998 （5）：19 - 24.

[125] 罗斯曼. 刘慈欣是中国对阿瑟·克拉克的回答 ［EB/OL］. ［2015 - 03 - 10］. https://www.jacobinmag.com/2015/03/international - womens - day - kollontai/.

[126] 罗希. 关联理论下《射雕英雄传》文化缺省翻译研究 ［D］. 广东外语外贸大 学，2019.

[127] 罗永洲. 金庸小说英译研究——兼论中国文学走出去 ［J］. 中国翻译，2011 （3）：51 - 55.

[128] 吕俊. 翻译学应从解构主义那里学些什么——对九十年代中期以来我国译学研 究的反思 ［J］. 外国语（上海外国语大学学报），2002 （5）：48 - 54.

[129] 马新国. 西方文论史 ［M］. 北京：高等教育出版社，2002.

[130] 梅佳. 她翻译了《射雕》，外国人直呼：很遗憾人生五张，才开始看金庸 ［EB/OL］. ［2018 - 06 - 23］. https://www.jianshu.com/p/85a63e67e1f6.

[131] 穆雷. 翻译研究方法概论 ［M］. 北京：外语教学与研究出版社，2011.

［132］倪匡. 我看金庸小说［M］. 重庆：重庆大学出版社，2009.

［133］倪秀华. 建国十七年外文出版社英译中国文学作品考察［J］. 中国翻译，2012
（5）：25－30.

［134］宁雅楠. 基于豪斯翻译质量评估模式郝玉青英译《射雕英雄传》研究［D］. 西
安外国语大学，2019.

［135］帕斯卡尔·卡萨诺瓦. 文学世界共和国［M］. 罗国祥，陈新丽，赵妮，译. 北
京：北京大学出版社，2015.

［136］潘炳信. 姓名的翻译与跨文化交际［M］//郭建中. 文化与翻译. 北京：中国
对外翻译出版公司，2000.

［137］裴氏翠芳. 中国现当代文学在越南［D］. 华东师范大学，2011.

［138］彭文青，冯庆华. 从褒贬词语英译探究文学人物形象重塑［J］. 外语电化教
学，2016（2）：28－34.

［139］钱凤强，刘叶华. 论中国图书海外推广中的政府扶持与市场机制——以经典中
国国际出版工程的海外推广为例［J］. 中国出版，2016（7）：39－43.

［140］秦海鹰. 互文性理论的缘起与流变［J］. 外国文学评论，2004（3）：19－30.

［141］阙春花. 刘宇昆翻译的"劫持"策略研究——以《三体1》和《三体3》为例
［D］. 福建师范大学，2020.

［142］任晶蕾. 刘宇昆的译者惯习研究——以《三体Ⅰ》英译为例［J］. 现代英语，
2020（20）：82－84.

［143］人民网. 高举中国特色社会主义伟大旗帜　为全面建设社会主义现代化国家而
团结奋斗——习近平同志代表第十九届中央委员会向大会作的报告摘登
［EB/OL］.［2022－10－17］. http://hb. people. com. cn/n2/2022/1017/c194063
－40162102. html.

［144］阮姗. 译介学视角下《三体》英译本研究［D］. 陕西师范大学，2017.

［145］单春艳. 布迪厄惯习理论视角下的《三体》英译浅析［J］. 长江丛刊，2019
（25）：93－94.

［146］单继刚. 翻译的哲学方面［M］. 北京：中国社会科学出版社，2007.

［147］时应权. 接受美学理论指导下《射雕英雄传》郝玉青英译本评析［D］. 西华大
学，2021.

［148］史凯，吕竞男. 文学出版走向世界：谁来译？——谈中国文学图书翻译的译者

主体［J］. 中国出版，2013（16）：57－60.

［149］舒晋瑜，饭塚容. 一个日本翻译家眼里的中国当代文学——访中国图书特殊贡献奖获得者饭塚容［N］. 中华读书报，2013－02－20.

［150］斯万维克. 迈克尔·斯万维克致中国科幻界的一封公开信［EB/OL］.［2015－09－03］. http://floggingbabel. blogspot. com/2015/09/an－open－letter－to－chinese－science. html.

［151］搜狐新闻. 国外权威期刊点评《三体》：想起《悲惨世界》［EB/OL］.［2016－02－03］. https://www. sohu. com/a/57805142_ 114954.

［152］搜狐新闻. 同一本《三体》，画风为啥差得那么大？［EB/OL］.［2018－05－09］. https://www. sohu. com/a/231051183_ 99994828.

［153］宋升华. 布尔迪厄社会学视角下的《三体》英译研究［D］. 湖南大学，2017.

［154］宋婷. "丝路书香工程"实施中重点翻译图书出版产业链研究与对策［J］. 中国出版，2017（6）：13－16.

［155］宋雪婷. 科幻小说《三体Ⅱ：黑暗森林》中文化负载词英译研究［D］. 中北大学，2021.

［156］孙菲菲. 生态翻译学视角下《射雕英雄传》（第一卷）英译本翻译策略研究［D］. 内蒙古大学，2020.

［157］孙若圣.《季刊中国现代小说》的创刊与竹内好的思想遗产［J］. 中国现代文学研究丛刊，2019（6）：234－246.

［158］孙艺风. 离散译者的文化使命［J］. 中国翻译，2006（1）：3－10.

［159］孙艺风. 翻译研究与世界文学［J］. 中国翻译，2019（1）：5－18.

［160］沈芳婷. 翻译伦理视角下的郝玉青《射雕英雄传》英译研究［D］. 浙江师范大学，2022.

［161］陶秋惠，刘江凯. 翻译先行、研究滞后——余华作品在越南［EB/OL］.［2019－08－12］. https://www. sohu. com/a/333200023_ 670305.

［162］谭华. 金庸武侠小说《射雕英雄传》英译本传播效果研究——基于亚马逊读者评论的文本挖掘分析［J］. 翻译与传播，2023（2）：98－116.

［163］唐羽婷. 从变译理论视角分析《三体Ⅰ》刘宇昆译本［D］. 北京邮电大学，2021.

［164］滕雄，文军. 理雅各《诗经》三种英译版本的副文本研究［J］. 外语教学，

2017（3）：79－85.

[165] 屠国元. 布尔迪厄文化社会学视阈中的译者主体性——近代翻译家马君武个案研 [J]. 中国翻译，2015（2）：31－36.

[166] 汪宝荣. 中国文学译介与传播行动者网络模式——以西方商业出版社为中心 [J]. 解放军外国语学院学报. 2020（2）：34－42，159.

[167] 王秉钦. 文化翻译学——文化翻译理论与实践（第二版）[M]. 天津：南开大学出版社，2007.

[168] 王洪涛. 建构"社会翻译学"：名与实的辨析 [J]. 中国翻译，2011（1）：14－18.

[169] 汪聚应. 中国侠起源问题的再思索 [J]. 兰州大学学报（社会科学版），2009：（9）：42－48.

[170] 汪静. 从读者接受理论视角浅析《三体》的英译 [D]. 华东师范大学，2018.

[171] 王珺. 出版业助力"一带一路"文化传播的作用与启示——以丝路书香工程为例 [J]. 出版广角，2019（21）：6－9.

[172] 王齐. 中国古代的游侠 [M]. 北京：商务印书馆国际有限公司，1997.

[173] 王泉根. 中国人名文化 [M]. 北京：团结出版社，2000.

[174] 汪世蓉. 身份博弈与文化协调：论华人离散译者的文化译介 [J]. 中国比较文学. 2017（2）：103－115，14.

[175] 王天宇，高方. 小议科幻小说的术语翻译问题——从《三体》法译本谈起 [J]. 外国语文研究（辑刊），2020（0）：95－103.

[176] 王骁. 奥巴马把《三体》读完了，这是他的读后感 [EB/OL]. [2017－01－24]. https://www.sohu.com/a/125040511_612623.

[177] 王新新. 日本《火锅子》杂志开设"华语文学人物"专栏 [J]. 当代作家评论，2010（2）：201－203.

[178] 王烟朦. 基于《天工开物》的中国古代文化类科技术语英译方法探究 [J]. 中国翻译，2022（2）：156－163.

[179] 王杨. 郝玉青：读英文版的金庸也要有同样的乐趣 [N]. 文艺报，2018－06－11.

[180] 网易新闻. 香港新地标用汉语拼音命名！杠精来劲了，但是没想到…… [EB/OL]. [2019－01－03]. https://www.163.com/dy/article/E4K5VDV505188

DEN. html.

［181］汪涌豪. 中国游侠史［M］. 上海：复旦大学出版社，2001.

［182］王悦晨. 从社会学角度看翻译现象：布迪厄社会学理论关键词解读［J］. 中国翻译，2011（1）：5－13，93.

［183］王喆. 叙事学视角下《射雕英雄传》英译本研究［J］. 上海理工大学学报（社会科学版），2020（2）：127－131.

［184］魏清光. 中国文学"走出去"：现状、问题及对策［J］. 当代文坛，2015（1）：155－159.

［185］文媛媛. 从顺应论角度看《三体》中的新词翻译［D］. 电子科技大学，2017.

［186］武光诚. 图解日本人也不知道的武士道［M］. 台北：台湾东贩出版社，2012.

［187］吴瑾瑾. 中国当代科幻小说的海外传播及其启示——以刘慈欣的《三体》为例［J］. 山东大学学报（哲学社会科学版），2021（6）：172－184.

［188］吴庆娟，张丽云. 刘宇昆《三体》英译本中译者的创造性叛逆研究［J］. 齐齐哈尔大学学报（哲学社会科学版），2021（8）：143－146.

［189］吴攸，陈滔秋. 数字全球化时代刘慈欣科幻文学的译介与传播［J］. 上海交通大学学报（哲学社会科学版），2020（3）：33－45.

［190］吴玥璠，刘军平. 小议《射雕英雄传》英译本的海外热销［J］. 出版广角，2019（14）：88－90.

［191］吴赟，顾忆青. 困境与出路：中国当代文学译介探讨［J］. 中国外语，2012（5）：90－95.

［192］吴赟. 中国当代文学对外传播模式研究——以残雪小说译介为个案［J］. 外语教学，2015（6）：104－108.

［193］吴赟，何敏.《三体》在美国的译介之旅：语境、主体与策略［J］. 外国语（上海外国语大学学报），2019（1）：94－102.

［194］习萌. 生态翻译学视域下《三体》英译本解读［D］. 西安理工大学，2019.

［195］夏云，李德凤. 评价意义的转换与小说人物形象的翻译效果——以《飘》两个译本为例［J］. 外语与外语教学，2009（7）：44－47.

［196］肖丽. 副文本之于翻译研究的意义［J］. 上海翻译，2011（4）：17－21.

［197］现代汉语词典（第7版）［M］. 北京：商务印书馆，2016.

［198］鲜雷英，王林. 基于原型－模型翻译理论的《三体》英译本的生成模式［J］.

乐山师范学院学报，2022（1）：51-59.

[199] 谢天振. 多元系统理论：翻译研究领域的拓展［J］. 外国语，2003（4）：59-66.

[200] 谢天振. 中国文学走出去：问题与实质［J］. 中国比较文学，2014（1）：1-10.

[201] 新渡户稻造. 武士道［M］. 上海：上海三联书店，2011.

[202] 新华网. 习近平提出文明交流互鉴的"中国方案"［EB/OL］.［2019-05-16］. http://www.xinhuanet.com/politics/xxjxs/2019-05/16/c_1124502802.htm.

[203] 邢杰，黎壹平，张其帆. 拉图尔行动者网络理论对翻译研究的效用［J］. 中国翻译，2019（5）：28-36.

[204] 许德金，周雪松. 作为类文本的括号——从括号的使用看《女勇士》的文化叙事政治［J］. 外国文学，2010（2）：48-56.

[205] 许多，许钧. 中华文化典籍的对外译介与传播——关于《大中华文库》的评价与思考［J］. 外语教学理论与实践，2015（3）：13-17.

[206] 许多. 罗慕士《三国演义》全译本中的刘备形象建构［J］. 外语教学，2022（4）：76-81.

[207] 许浩. 厚翻译理论视角下科幻小说《三体》英译文中文化词语的翻译策略研究［D］. 广东外语外贸大学，2017.

[208] 许建楼. 中国侠义与西方骑士精神之比较［J］. 黄山学院学报，2006（4）：65-68.

[209] 徐健顺，辛宪. 命名——中国姓名文化的奥妙［M］. 北京：中国书店，1999.

[210] 许钧. 从翻译出发：翻译与翻译研究［M］. 上海：复旦大学出版社，2014.

[211] 徐赛颖，韩嘉辉. 《射雕英雄传》英译本的评价与接受研究［J］. 宁波大学学报（人文科学版），2022（3）：80-87.

[212] 许诗焱. 中国文学英译期刊评析［J］. 小说评论，2015（4）：41-47.

[213] 许欣. 操纵理论视角下《三体》的译者主体性研究［D］. 上海外国语大学，2019.

[214] 许兴阳. 大陆2000—2006年金庸小说研究述评［J］. 菏泽学院学报，2008（3）：36-44.

［215］许正秋. 概念隐喻理论视角下《黑暗森林》中隐喻的英译研究［D］. 华北电力大学（北京），2020.

［216］雅玉国. 从语义空缺角度分析《射雕英雄传》中文化负载词的翻译［D］. 北京外国语大学，2019.

［217］严家炎. 似与不似之间——金庸和大仲马小说的比较研究［J］. 南京师范大学文学院学报，2002（1）：84－90.

［218］杨晶妍. 雨果奖与中国科幻文学外译——从布迪厄社会学角度看《三体》与《北京折叠》的获奖［D］. 上海外国语大学，2017.

［219］杨四平. 跨文化的对话与想象：现代中国文学海外传播与接受［M］. 上海：东方出版中心，2014.

［220］叶小宝. 跨文化传播中的汉语新词英译原则与译文整治［J］. 现代传播，2013（5）：159－160.

［221］宣森钟. 剑气飘香——中国武侠小说鉴赏［M］. 南宁：广西人民出版社，1992.

［222］尹文卓. 刘宇昆：科幻界的"攫心刘". 北京日报［EB/OL］.［2018－01－02］. http://character. workercn. cn/364/201801/02/180102083646936_ 2. shtml.

［223］于婧娴. 从文化翻译观看刘宇昆《三体》英译本中译者主体性的体现［D］. 新疆大学，2019.

［224］袁良骏. 武侠小说指掌图［M］. 北京：新华出版社，2003.

［225］曾祥宏. 论译文的文学性再现与译者主体性的发挥［D］. 上海外国语大学，2013.

［226］张沉香. 影响术语翻译的因素及其分析［J］. 上海翻译，2006（3）：63－66.

［227］张德禄. 语言的功能和文体［M］. 北京：高等教育出版社，2005.

［228］张剑. 从副文本审视佐藤春夫《车尘集》的编译意图［J］. 中国文学研究，2020（2）：175－182.

［229］张恒. 中国科幻文学作品在德国，从一篇硕士论文开始的文学交流［EB/OL］.［2019－10－24］. https://dy. 163. com/article/ES97AJCA0514R9OJ. html.

［230］张红日. 奥巴马高级经济顾问谈最怀念的时光：跟奥巴马讨论中国的《三体》［EB/OL］.［2017－01－27］. https://www. guancha. cn/america/2017_ 01_ 27_ 391634. shtml.

［231］张奂瑶，马会娟. 中国现当代文学英译研究：现状与问题［J］. 外国语，2016（6）：82－89.

［232］张飞. 译者主体性视阈下《三体》三部曲文化负载词的英译研究［D］. 山东大学，2018.

［233］张继光. 国内翻译研究动态的科学知识图谱分析（2005—2014）——基于12种外语类核心期刊的词频统计［J］. 东北大学学报（社会科学版），2016（4）：429－435.

［234］张林熹. 布迪厄社会学理论视角下刘宇昆的译者行为分析［J］. 沈阳大学学报（社会科学版），2019（5）：616－620.

［235］张璐. 从Python情感分析看海外读者对中国译介文学的接受和评价：以《三体》英译本为例［J］. 外语研究，2019（4）：80－86.

［236］张美芳. 翻译中的超文本成分：以新闻翻译为例［J］. 中国翻译，2011（2）：50－55.

［237］张汨. 翻译微观史书写：理论与方法［J］. 外语与外语教学，2021（5）：129－137.

［238］张汨. 金庸武侠小说英译场域中资本的解读及运作研究——以郝玉青译《射雕英雄传》为例［J］. 翻译界，2023（2）：36－47.

［239］张琦.《三体》译介及其对中国当代文学海外传播的启示［J］. 长江大学学报（社会科学版），2020（2）：85－90.

［240］张生祥，秦君. 阐释学视域下的类型文学英译过程——以《三体》为例［J］. 当代外语研究，2018（3）：57－63.

［241］张晓丹. 框架理论视角下《三体》三部曲中文化负载词的英译研究［D］. 山东大学，2022.

［242］张小曼，孙晓璐. 科幻小说《三体》的文本特征与翻译［J］. 六盘水师范学院学报，2020（5）：32－38.

［243］张延龙.《三休Ⅱ：黑暗森林》（节选）翻译项目报告［D］. 四川外国语大学，2013.

［244］张莹. 副文本翻译研究新视角："第二世界构建意识"——以《射雕英雄传》（第一册）副文本英译为例［J］. 解放军外国语学院学报，2023（1）：113－119.

［245］张永喜. 解构主义翻译观之再思［J］. 外语研究，2006（6）：55－58.

［246］赵刚，苟亚军. 以译语读者为中心的"创造性翻译"：《射雕英雄传》英译研究［J］. 中国矿业大学学报（社会科学版），2019（6）：116－128.

［247］赵辉辉. 人物塑造之维小说翻译的得与失［J］. 湖北社会科学，2009（12）：143－145.

［248］赵世举，程海燕. 刍议术语命名理念与策略的更新——以"元宇宙"为例［J］. 语言文字应用，2023（1）：67－75.

［249］郑春元. 侠客史［M］. 上海：上海文艺出版社，1999.

［250］郑苗. 归化与异化的结合—从接受美学角度看《三体》的翻译策略［D］. 西安外国语大学，2017.

［251］中国新闻网. 九阴白骨爪、懒驴打滚：金庸笔下招式英文怎么说？［EB/OL］. ［2018－10－31］. https://baijiahao. baidu. com/s?id＝1615809781513169574&wfr＝spider&for＝pc.

［252］周果. 《射雕英雄传》中"文化缺省"的翻译研究［J］. 新疆财经大学学报，2020（1）：56－63.

［253］周静. 翻译操纵论视阈下的郝译版《射雕英雄传》称谓英译研究［D］. 北京交通大学，2020.

［254］周领顺. "乡土语言"翻译及其批评研究［J］. 外语研究，2016（4）：77－82.

［255］周敏，林闽钢. 族裔资本与美国华人移民社区的转型［J］. 社会学研究. 2004（3）：36－46.

［256］邹蔚苓，李法宝. 《射雕英雄传》在海外的传播及启示［J］. 编辑之友，2019（11）：24－27.

［257］朱晓烽. 《苗族史诗》英译的语境重构——基于副文本的解读［J］. 外语电化教学，2019（4）：19－24.

［258］朱玉彬，陈晓倩. 翻译中可变之"门"——《荒人手记》及其英译本的伴生文本［J］. 学术界，2015（2）：149－158.

［259］朱振武. 中国学者文学英译的困顿与出路［J］. 广东社会科学，2019（1）：151－159.

［260］Abrams, Meyer Howard & Harpham, Geoffrey. A Glossary of Literary Terms［M］.

Boston: Cengage learning, 2014.

[261] Appiah, Kwame Anthony. Thick translation [J]. Callaloo, 1993 (4): 808 - 819.

[262] Apter, Emily. Against World Literature: On the Politics of Untranslatability [M]. London: Verso, 2013.

[263] Bennett, DeeDee. Scientific Eventuality or Science Fiction: The Future of People with Different Abilities [J]. Futures, 2017 (87): 83 - 90.

[264] Bhabha, Homi K. The Location of Culture [M]. London: Routledge, 2004.

[265] Boase-Beier, Jean. Stylistic Approaches to Translation [M]. London: Routledge, 2014.

[266] Bourdieu, Pierre & Loïc Wacquant. An Invitation to Reflexive Sociology [M]. Chicago: The University of Chicago Press, 1992

[267] Bourdieu, Pierre. Outline of a Theory of Practice [M]. Cambridge: Cambridge University Press, 1977.

[268] Bourdieu, Pierre. The Specificity of the Scientific Field [M] //Lemert & Charles. French Sociology, Rupture and Renewal Since 1968. New York: Columbia University Press, 1981.

[269] Bourdieu, Pierre & Monique de Saint Martin. La sainte famille. L'épiscopat francais dans le champ du Pouvoir [J]. Actes de la recherche en sciences socials, 1982 (44 - 45): 2 - 53.

[270] Bourdieu, Pierre. The Field of Cultural Production, or the Economic World Reversed [J]. Poetics, 1983 (4 - 5): 311 - 356.

[271] Bourdieu, Pierre. Distinction: A Social Critique of the Judgment of Taste. Trans. Richard Nice [M]. Cambridge: Harvard University Press, 1984.

[272] Bourdieu, Pierre. The Forms of Capital [M] //Richardson, J. (ed.), Handbook of Theory and Research for the Sociology of Education. New York: Greenwood, 1986.

[273] Bourdieu, Pierre. Homo Academicus [M]. Stanford: Stanford University Press, 1988.

[274] Bourdieu, Pierre. The Logic of Practice [M]. Stanford: Stanford University Press, 1990.

[275] Bourdieu, Pierre. Language and Symbolic Power [M]. Trans. Gino Raymond and

Matthew Admson. Cambridge：Harvard University Press，1991.

［276］Bourdieu，Pierre & Loïc. D. Wacquant. An Invitation to Reflexive Sociology ［M］. Chicago：University of Chicago Press，1992.

［277］Bourdieu，Pierre. The Field of Cultural Production：Essays on Art and Literature ［M］. Cambridge：Polity Press，1993.

［278］Bourdieu，Pierre. The Forms of Capital ［M］//A. H. Halsey et al. （eds.）， Education：Culture，Economy，and Society. Oxford& New York：Oxford University Press，1997.

［279］Bourdieu，Pierre & Roger Chartier. Sociologists and historians：a dialogue between Bourdieu and Chartier ［M］. Translated by Ma Shengli. Beijing：Peking University Press，2012.

［280］Burroway，Janet & Elizabeth Stuckey-French & Ned Stuckey-French. Writing Fiction： A Guide to Narrative Craft ［M］. 7th. ed. Chicago：The University of Chicago Press， 2019.

［281］Buzelin，Hélène. Sociology and translation studies ［M］//Millan & F. Bartrina. The Routledge Handbook of Translation Studies. London & New York：Routledge，2013.

［282］Casanova，Pascale. The World Republic of Letters ［M］. Trans. M. B. DeBevoise. Cambridge：Harvard University Press，2004.

［283］Casanova，Pascale. Consecration and Accumulation of Literary Capital：Translation as Unequal Exchange ［M］//Mona，Baker. Critical Readings in Translation Studies. London：Routledge，2009.

［284］Chang，Gigi. Legends of the Condor Heroes：A Bond Undone ［M］. London： MacLehose Press，2019.

［285］Chen，Lin. Translating Jin Yong's Wuxia World into English：an Interview with Gigi Chang ［J］. Asia Pacific Translation and Intercultural Studies，2021（3）：331 – 341.

［286］Chen，Lin & Ruoyu Dai. Translator's Narrative Intervention in the English Translation of Jin Yong's *The Legend of Condor Heroes* ［J］. Perspectives，2022（6）：1043 – 1058.

［287］Chesterman，Andrew. The Name and Nature of Translator Studies ［J］. HERMES-

Journal of Language and Communication in Business, 2009 (42), 13 – 22.

［288］ Dalzell, Tom. The Routledge Dictionary of Modern American Slang and Unconventional English ［M］. London: Routledge, 2008.

［289］ Davis, Edward. Encyclopedia of Contemporary Chinese Culture ［M］. London and New York: Routledge, 2005.

［290］ Deng, Gaosheng & Sang Seong Goh. Star effect and indirect capital preponderance: A case study of *The Three-Body Trilogy* ［J］. Translation and Translanguaging in Multilingual Contexts, 2022 (2): 186 – 205.

［291］ Deng, Gaosheng & Sang Seong Goh. An interview with Joel Martinsen: translating The Dark Forest and Cixin Liu's other Sci-fi ［J］. Asia Pacific Translation and Intercultural Studies, 2023 (1) 80 – 94.

［292］ Dionne, Obeso. How Multicultural is Your Multiverse? ［J］. Publishers Weekly, 2014 (40).

［293］ Elizabeth de Freitas and Sarah E. Truman. Science fiction and science dis/trust: Thinking with Bruno Latour's Gaia and Liu Cixin's *The Three-Body Problem* ［J］. Rhizomes: Cultural Studies in Emerging Knowledge, 2020 (36).

［294］ Gary Zhexi Zhang. Can Chinese Blockbuster "The Wandering Earth" Take Climate Fiction Mainstream? ［EB/OL］. ［2019 – 03 – 01］. https://frieze. com/article/can – chinese – blockbuster – wandering – earth – take – climate – fiction – mainstream? language = de.

［295］ Genette, Gérard. Introduction á l' architexte ［M］. Paris: Seuil, 1979.

［296］ Genette, Gérard. The Proustian Paratexte ［J］. Trans. Amy G. McIntosh. SubStance, 1988 (2): 63 – 77.

［297］ Genette, Gérard. The Architext: An Introduction ［M］. Trans. Jane E. Lewin. Berkeley: University of California Press, 1992.

［298］ Genette, Gérard. Introduction to the Paratext ［J］. Trans. M. Maclean. New Literary History, 1992 (22): 261 – 272.

［299］ Genette, Gérard. Paratexts: Thresholds of Interpretation ［M］. Trans. Jane E. Lewin. Cambridge: Cambridge University Press, 1997.

［300］ Genette, Gérard. Palimpsests: Literature in the Second Degree ［M］. Trans. Channa

Newman & Glaude Doubinsky. Lincoln: University of Nebraska Press, 1997.

[301] Gouanvic, Jean-Marc. Translation and the Shape of Things to Come. The Emergence of American Science Fiction in Post-War France [J]. The Translator, 1997 (2): 125 – 152.

[302] Gouanvic, Jean-Marc. The Stakes of Translation in Literary Fields [J]. Across Languages and Cultures, 2002 (2): 159 – 168.

[303] Gouanvic, Jean-Marc. A Model of Structuralist Constructivism in Translation Studies [M] //T. Hermans (ed.), Cross-cultural Transgressions. Beijing: Foreign Language Teaching and Research Press, 2002.

[304] Gouanvic, Jean-Marc. A Bourdieusian Theory of Translation, or the Coincidence of Practical Instances: Field, "Habitus", Capitcal and "Illusio" [J]. The Translator, 2005 (2): 147 – 166.

[305] Harvey, Kerric. Encyclopedia of Social Media and Politics [M]. Los Angeles: Sage Publications, 2014.

[306] Heino, Anu. Investigating Literary Translators' Translatorship through Narrative Identity [M] //Literary Translator Studies. Klaus Kaindl et al. (eds.), 123 – 136. Amsterdam: John Benjamins Publishing Company, 2021.

[307] Hermans, Theo. Translation in Systems: Descriptive and System-oriented Approaches Explained [M]. Shanghai: Shanghai Foreign Language Education Press, 2004.

[308] Hermans, Theo. Translation, Ethics, Politics [M] //Munday, Jeremy. The Routledge Companion to Translation Studies. London: Routledge, 2009.

[309] Holmes, James. Translated: Papers on Literary Translation and Translation Studies [M]. Amsterdam: Rodopi, 1972.

[310] Holmwood, Anna. Legends of the Condor Heroes: A Hero Born [M]. London: MacLehose Press, 2018.

[311] Holmwood, Anna & Gigi Chang. Legends of the Condor Heroes: A Snake Lies Waiting [M]. London: MacLehose Press, 2020.

[312] Hong, Diao. Translating and Literary Agenting: Anna Holmwood's *Legends of the Condor Heroes* [J]. Perspectives. 2022 (6): 1059 – 1073.

[313] Hong, Diao. Cinematic Literary Translation: the Case of *A Hero Born* [J]. Translation

Studies, 2023（1）: 135 – 151.

［314］ Hong Jie. Translations of Louis Cha's Martial Arts Fiction: A Genre-oriented Study ［D］. Shangdong University, 2015.

［315］ Hsia, Chih-tsing. The Classic Chinese Novel: A Critical Introduction ［M］. Bloomington: Indiana University Press, 1980.

［316］ Even-Zohar, Itamar. Polysystem Studies ［M］. Tel Aviv: The Porter Institution for Poetics and Semiotics, 1990.

［317］ James Hibberd. Game of Thrones Showrunners to Adapt Sci-fi Epic *The Three-Body Problem* into Netflix Series ［EB/OL］. ［2020 – 09 – 01］. https://ew. com/tv/netflix – game – of – thrones – three – body – problem/.

［318］ Jane Sullivan. Turning Pages: The Sorry Story of Books and Two Presidents ［EB/OL］. ［2017 – 02 – 03］. http://www. smh. com. au/entertainment/books/ turning – pages – the – sorry – story – of – books – and – two – presidents – 20170202 – gu4723. html.

［319］ Kovala, Urpo. Translations, Paratextual Mediation, and Ideological Closure ［J］. Target, 1996（1）: 119 – 147.

［320］ Kress, Gunther & Theo van Leeuwen. Reading Images: The Grammar of Visual Design ［M］. London: Routledge, 2006.

［321］ Kumar, Ranjit. Research Methodology: A Step-by-Step Guide for Beginners ［M］. Los Angeles: Sage Publications, 2018.

［322］ Lily Kuo. China Challenges Hollywood with Own Sci-fi Blockbuster ［EB/OL］. ［2019 – 02 – 11］. https://www. theguardian. com/world/2019/feb/11/china – first – blockbuster – sci – fi – film – wandering – earth.

［323］ Liu, Cixin. Beyond Narcissism: What Science Fiction Can Offer Literature ［J］. Trans. Holger Nahm and Gabriel Ascher. Science Fiction Studies, 2013（1）: 22 – 32.

［324］ Liu, Cixin. The Three-Body Problem ［M］. Trans. Ken Liu. New York: Tom Doherty Associates, 2014.

［325］ Liu, Cixin. The Dark Forest ［M］. Trans. Joel Martinsen. New York: Tom Doherty Associates, 2015.

［326］ Liu, Cixin. Death's End ［M］. Trans. Ken Liu. New York: Tom Doherty Associates, 2016.

［327］ Liu, James J. Y. The Knight Errant in Chinese Literature: A Lecture Delivered on January 23 ［J］. Journal of the Hong Kong Branch of the Royal Asiatic Society, 1961 (1): 30 – 41.

［328］ Liu, James J. Y. The Chinese Knight-errant ［M］. Chicago: The University of Chicago Press, 1967.

［329］ Link, Eugene Perry Jr. Mandarin Ducks and Butterflies: Popular Fiction in Early Twentieth-century Chinese Cities ［M］. Oakland: University of California Press, 1981.

［330］ Lyu, Liangqiu & Zhengqiu Xu. A Study on the Influence of Target Language's Ideology and Poetics on The English Translation of *The Dark Forest* from The Pespective of Rewriting Theory ［J］. Research Journal of English Language and Literature (RJELAL), 2019 (3): 166 – 171.

［331］ Merkle, Denise et al. Lost and Found in (Self-) Translation: From Colonial to Post-colonial Contexts ［J］. TranscUlturAl, 2018 (1): 1 – 8.

［332］ Meylaerts, Reine. Habitus and Self-image of Native Literary Author—Translator in Diglossic Societies ［J］. Translation and Interpreting Studies, 2010 (1): 1 – 19.

［333］ Meylaerts, Reine. The Multiple Lives of Translators ［J］. TTR: Traduction, terminologie, rédaction, 2013 (2): 103 – 128.

［334］ Michiko, Kakutani. Transcript: President Obama on What Books Mean to Him. The New York Times (16) ［EB/OL］. ［2017 – 01 – 16］. https://www. nytimes. com/ 2017/01/16/books/transcript – president – obama – on – what – books – mean – to – him. html.

［335］ Mok, Olivia Wai Han. Fox Volant of the Snowy Mountain ［M］. Hong Kong: The Chinese University Press, 1993.

［336］ Mok, Olivia Wai Han. Martial Arts Fiction: Translational Migrations East and West ［D］. University of Warwick, 1998.

［337］ O'Neill, Patrick. Fictions of Discourse: Reading Narrative Theory ［M］. Toronto: University of Toronto Press, 1996.

［338］ Patrick Brzeski. GOP Senators Send Letter to Netflix Challenging Plans to Adapt Chinese Sci-Fi Novel "The Three Body Problem" ［EB/OL］. ［2020 – 09 – 24］ https://www. hollywoodreporter. com/news/gop – senators – send – letter – to – netflix – challenging – plans – to – adapt – chinese – sci – fi – novel – the – three – body – problem.

［339］ Pearson Education ESL. Longman Dictionary of American English ［M］. London: Pearson Education ESL, 2008.

［340］ Pellatt, Valerie. Text, Extratext, Metatext and Paratext in Translation ［M］. Newcastle: Cambridge Scholars Publishing, 2013.

［341］ Pym, Anthony. Method in Translation History ［M］. London: Routledge, 2004.

［342］ Pym, Anthony. Method in Translation History ［M］. London: Routledge, 2014.

［343］ Davis, Rebecca. "Wandering Earth 2" Adds Andy Lau, Will Begin Production in the Fall After Being Approved by Censors ［EB/OL］. ［2021 – 07 – 21］. https:// variety. com/2021/film/news/the – wandering – earth – chinese – sci – fi – sequel – cast – 1235025037/.

［344］ Roberts, Adam. Science Fiction ［M］. London: Routledge, 2002.

［345］ Rothman, Joshua. China's Arthur C. Clarke ［EB/OL］. ［2015 – 03 – 06］. https:// www. newyorker. com/books/page – turner/chinas – arthur – c – clarke.

［346］ Ruth Kinane & David Canfield. Every Book Barack Obama Recommended During (and After) His Presidency ［EB/OL］. ［2019 – 08 – 15］. https://ew. com/books/2017/ 01/18/barack – obama – book – recommendations/.

［347］ Siefring, Judith. The Oxford Dictionary of Idioms ［M］. Oxford: Oxford University Press, 2005

［348］ Simeoni, Daniel. The Pivotal Status of the Translator's Habitus ［J］. Target. International Journal of Translation Studies, 1998 (1): 1 – 39.

［349］ Swartz, David. Translated by Tao Dongfeng. Culture and Power: The Sociology of Pierre Bourdieu ［M］. Shanghai: Shanghai Century Publishing (Group) Co. , Ltd, 2012.

［350］ Heffer, Simon. Donald Trump's Camp Now Scents Blood. Even Victory Won't End Hillary Clinton's Nightmare ［EB/OL］. ［2016 – 10 – 29］. http://www. telegraph.

co. uk/news/2016/10/29/donald – trumps – camp – now – scents – blood – even – victory – wont – end – hillar/.

［351］Song, Mingwei. Variations on Utopia in Contemporary Chinese Science Fiction ［J］. Science Fiction Studies, 2013（1）：86 – 102.

［352］Teo, Stephen. Chinese Martial Arts Cinema：the Wuxia Tradition ［M］. Edinburgh：Edinburgh University Press, 2009.

［353］Toury, Gideon. Descriptive Translation Studies and Beyond ［M］. Amsterdam：John Benjamins Publishing Company, 1995.

［354］Toury, Gideon. Descriptive Translation Studies and Beyond ［M］. Shanghai：Shanghai Foreign Language Education, 2001.

［355］Tymoczko, Maria. Translation in a Postcolonial Context：Early Irish Literature in English Translation ［M］. Manchester：St. Jerome Publishing, 1999.

［356］Wang, Ning & Sun Yifeng. Translation, Globalisation and Localisation：A Chinese Perspective ［M］. Cleveldon, Buffalo, Toronto：Multilingual Matters. , 2008.

［357］Wu, You. Globalization, Science Fiction and the China Story：Translation, Dissemination and Reception of Liu Cixin's Works across the Globe ［J］. Critical Arts, 2020（6）：56 – 70.